Max Claro

Der Rausholer

Roman

HELLER VERLAG

Die Deutsche Nationalbibliothek verzeichnet diese Publikation in der Deutschen Nationalbibliografie. Detaillierte bibliografische Daten sind im Internet unter *www.dnb.de* abrufbar.

Taschenbuchausgabe

2. Auflage 2023

© by HELLER VERLAG, Postfach 1204,
D-82019 Taufkirchen bei München
www.heller-verlag.de

ISBN 978-3-929403-71-8
Printed in Germany   All rights reserved

Umschlaggestaltung: Sigrid Kowalewski, München, *sidko.de*
mit Motiven des Autors und von 123RF
Satz: Dietmar Schmitz, Heimstetten
Druck & Bindung: Pustet, Regensburg

Jede Art der Vervielfältigung oder Wiedergabe dieses Werkes oder von Auszügen daraus, sowie Übersetzung oder Verfilmung (auch einzelner Episoden) erfordert die schriftliche Genehmigung des Verlags.

Dieses Buch gibt's in jeder guten Buchhandlung und im Internet auf allen großen Portalen. Das Werk ist in folgenden Formaten erschienen:

eBook 978-3-929403-63-3
Hardcover, Leinen, mit Schutzumschlag 978-3-929403-48-0
Hörbuch auf 2 MP3-CDs (ca. 9 Stunden) 978-3-929403-73-2
Hörbuch Download 978-3-929403-43-5

Website zum Buch: *www.der-rausholer.de*

Autoren erzählen
Geschichten.
Journalisten schreiben
Fakten, Fakten, Fakten!
Oft ist es umgekehrt.
Dieser Roman beruht
auf wahren
Begebenheiten.

Inhalt

Prolog 7

1 Mutterliebe 11

2 Uncle Sam wants you 15

3 Der längste Tag 41

4 Agent wider Willen 66

5 Hilferuf aus Teheran 104

6 Schüsse in Istanbul 149

7 Tod im Schlafwagen 157

8 Codewort Pekingente 187

9 Der Ölminister 218

10 Deutsche Geiseln in Buschehr 265

11 Die ganze Macht dem Volk! 281

12 Der größte Coup 320

13 Wie alles weiterging 345

Glossar 348

Prolog

Nichts könnte mich heute, im Zeitalter von Julian Paul Assange und Edward Joseph Snowden, zwei Männern, deren Aktivitäten vielen namenlosen Agenten das Leben gekostet und noch mehr hinter Gitter gebracht haben, dazu bewegen, wieder in die Welt der Geheimdienste einzusteigen. Dennoch: Ich bereue nichts und würde alles genauso wieder tun.

Alles, was ich getan habe, war mit meinem Gewissen zu vereinbaren. Bis heute quält mich zuweilen die Ungewissheit, ob nicht möglicherweise in der Folge oder Folgesfolge meines Handelns Menschen zu Schaden kamen. Aber, soweit man überhaupt Menschenleben gegen Menschenleben aufrechnen kann, eines ist sicher: Ich habe um ein Vielfaches mehr Menschen, deren Leben in höchster Gefahr war, in Sicherheit gebracht als Leben gefährdet oder vernichtet.

Dieser Roman spielt zwischen 1971 und 1979 und beruht auf wahren Begebenheiten.

Im Vietnamkrieg, einem Stellvertreterkrieg zwischen den Supermächten USA, Russland und China, verloren Millionen Menschen das Leben. Er endete 1975 mit dem Sieg der kommunistischen Vietcong.

Mohammed Zahir Schah führte bis 1973 fast 40 Jahre lang friedfertig das Königreich Afghanistan. Schah Mohammad Reza Pahlavi regierte autokratisch Persien, bis er im Januar 1979 vom Volk verjagt wurde. Ajatollah Ruhollah Chomeini installierte im Februar 1979 ein

Mullah-Regime und rief am 1. April 1979 die Islamische Republik Iran aus. Zu diesem Zeitpunkt hatte die Siemens-Tochter Kraftwerk Union AG in Buschehr am Persischen Golf ein Atomkraftwerk errichtet, dessen Block 1 zu 85 Prozent und Block 2 zu 50 Prozent fertiggestellt waren.

Damals war vieles anders als heute, manches einfacher, manches schwieriger. Es war üblich und legal, dass Konzerne ausländische Politiker bestachen und die Bestechungsgelder von der Steuer absetzten. Man durfte noch Flüssigkeiten, Scheren und Messer mit ins Flugzeug nehmen und auf Flügen rauchen. Das digitale Zeitalter lag in weiter Ferne. Es gab weder Internet noch E-Mails noch Handys, Smartphones, Apps, GPS oder DNA-Analysen. Die Videoüberwachung von Bahnhöfen, Flughäfen, Grenzübergängen, öffentlichen Plätzen und Wohnräumen war technisch ebenso wenig möglich wie ein weltweit vernetzter Datenaustausch. In Kameras musste man Filme einlegen und die beliebteste Spionagekamera war die Minox C, ein Meisterwerk deutscher Ingenieurskunst. Es war ein Leichtes, Pässe zu fälschen, Passfotos auszutauschen und mit einem selbst geschnitzten Gummistempel das Amtssiegel echt aussehen zu lassen. In den meisten Ländern der Erde, einschließlich Deutschlands, wurde dem Angerufenen nie die Telefonnummer des Anrufers angezeigt und aus jeder Telefonzelle konnte man anonym telefonieren. Telefonate waren mittels ausgetauschter Sprechkapsel, Induktionsspule oder angezapfter Leitung leicht abzuhören. Kraftfahrzeuge aller Hersteller und Größen ließen sich mit einfachen Mitteln reparieren, manipulieren und knacken. Türschlösser waren mit einem Dietrich, Sicherheitsschlösser mit zwei Heftklammern oder Haarnadeln zu öffnen. Die gefürchtetste Alarmanlage war ein Hund.

Zwischen den Westmächten unter der Führung der USA und dem Ostblock, angeführt von der Sowjetunion, herrschte der Kalte Krieg. Der Eiserne Vorhang teilte Deutschland und spaltete die Sowjetunion, Polen, die damalige Tschechoslowakei, Ungarn, Rumänien und Bulgarien vom Westen ab. Bürger der Westmächte durften in den Ostblock, aber Bürger des Ostblocks nicht in den Westen reisen. Die Grenzen waren scharf gesichert und schienen schier unüberwindlich. Dennoch gelang Tausenden aus politischen, privaten und wirtschaftlichen Gründen die Flucht in den Westen. Fluchthilfe war ein lukratives Geschäft. Geheimdienste beteiligten sich daran vor allem dann, wenn sie der Gegenseite strategisches oder wissenschaftliches Know-how entziehen konnten, zum Beispiel durch den Seitenwechsel eines hochdekorierten Generals oder eines genialen Atomwissenschaftlers in das eigene Lager, oder wenn das Leben eigener, im Feindesland operierender Agenten in Gefahr war. Heute sind die Grenzen offen. Ein Virus konnte sich daher schnell weltweit ausbreiten und hat im ersten Jahr der Pandemie um ein Vielfaches mehr Menschenleben gefordert als der Eiserne Vorhang in den Jahrzehnten seines Bestehens.

KAPITEL 1

Mutterliebe

Es war nicht einfach gewesen, mit dem stumpfen Blechmesser, das ich zwei Tage zuvor auf dem Pan American Airlines Flug Nr. 3748 von Los Angeles nach München-Riem aus dem Bordverpflegungsset mitgenommen hatte, Rosen im Stadtpark zu schneiden, die unteren Drittel der Stile zu entdornen und den Strauß ikebanamäßig mit Gräsern aufzuhübschen. Aber ein besonderer Anlass erfordert eben besondere Anstrengungen. Ob es verboten war? Es gab jedenfalls kein Schild mit der Aufschrift »Rosen schneiden verboten« in der Grünanlage am Münchner Böhmerwaldplatz. Und was nicht verboten war, musste erlaubt sein.

Ich wunderte mich, welche Gedanken mir plötzlich durch den Kopf gingen, denn in den letzten Monaten hatte mich nichts weniger geschert als die Frage, was verboten und was erlaubt war. Und dabei ging es noch um viel mehr als um ein paar rote Rosen!

Nun stand ich also vor dem schicksalhaften Haus in der Lisztstraße im Stadtteil Bogenhausen, in dem ich aufgewachsen war. Es war ein sonniger Augusttag im Jahr 1972. Ich atmete tief durch und zögerte, den Klingelknopf am Hauseingang zu drücken. Da sprang plötzlich die Eingangstür auf und eine etwas untersetzte Dame mit kugelrundem Kopf und hellwachen Augen bat mich herein. Frau Angermeier aus der Hausmeisterwohnung im Erdgeschoss links beäugte mich neugierig und sagte:

»Mensch, Michael! Lange nicht mehr gesehen! Mit den kurzen Haaren hätte ich dich fast nicht erkannt. Wie läuft's denn mit dem Medizinstudium in Hamburg?«

»Bestens!«, log ich, machte mich, etwas irritiert, auf den Weg in den ersten Stock und klingelte am Türschild »Müller«.

Eine unscheinbare Frau von schlanker Gestalt mit brünetten Locken und kantigem Gesicht öffnete. Wie oft hatte ich mir diesen Moment des Wiedersehens und der Aussöhnung in den schillerndsten Farben ausgemalt? Meine Mutter würde sich über die Rückkehr des verlorenen Sohnes freuen und ich würde ihr alles verzeihen, was sie mir je angetan hatte.

Ich breitete die Arme aus, um die Frau, die mir vor 20 Jahren das Leben geschenkt hatte, herzlich zu umarmen und ganz fest zu drücken. Aber meine Mutter nahm die Rosen, wich ein paar Schritte zurück und deponierte den Strauß in der Küchenspüle, gleich neben der Diele. Dann warf sie mir mit versteinerter Miene und den Worten »Hier ist die Post, die für dich gekommen ist« vier Briefe vor die Füße. Ich schloss hinter mir die Wohnungstüre.

Wenn ich in der Lage gewesen wäre, Tränen zu vergießen, dann wäre das jetzt der Moment dafür gewesen. Aber Weinen wurde mir von klein auf aberzogen. Schon im Kleinkindalter brüllte mich meine Mutter an, wenn ich wagte zu weinen, hielt mir Mund und Nase zu, bis mir schwarz vor Augen wurde. Manchmal schlug sie, wenn Tränen über meine Wangen kullerten, so kräftig mit der flachen Hand in mein Gesicht, dass Blut aus meiner Nase schoss. So lernte ich, Tränen zu vermeiden und Gefühle, die Anlass zum Heulen gegeben hätten, mit aller Gewalt zu verdrängen – bis ich schließlich nicht mehr weinen konnte. Das ist so geblieben bis zum heutigen Tag.

Nachdem ich mich etwas gefasst hatte, fragte ich leise:

»Wie kommt denn Frau Angermeier auf die Idee, ich würde in Hamburg Medizin studieren?«

»Das musste ich ihr und den Nachbarn erzählen, weil ich die Schande anders nicht ertragen konnte!«, zischte meine Mutter.

»Welche Schande?«, fragte ich unschuldig, obwohl ich mir denken konnte, welche Tirade nun folgen würde.

»Das fragst du noch? Du, der Sohn einer Oberlehrerin und Enkel eines Oberregierungsrats, schmeißt kurz vor dem Abi einfach hin!«

Das Blut meiner Mutter geriet nun richtig in Wallung, ihre Gesichtszüge mutierten zu einer Teufelsfratze, sie holte ganz tief Luft und brüllte aus Leibeskräften:

»Ver-sa-ger! Voll-i-di-ot! Weich-ei! Tau-ge-nichts! Schma-rot-zer! Durch-fal-ler! Schul-ab-bre-cher!«

Nach einem tiefen Atemzug brachte sie noch den Satz heraus, den ich ebenfalls schon hunderte Male von ihr gehört hatte:

»Du bist nicht so viel wert, wie Dreck unter meine Fingernägel geht!«

Ich bückte mich und hob die Briefe auf, die sie mir vor die Füße geworfen hatte, während sie nachsetzte:

»Verlass' meine Wohnung! Hau' ab! Geh! Du gottverdammter Hurensohn!«

»Aber Mutti, das würde ja heißen …«, entfuhr es mir spontan.

»Du weißt genau, wie das gemeint ist! Raus mit dir! Sofort! Lass dich hier bloß nicht mehr blicken!«

Ihre Demütigungen glichen aufs Wort genau denen, mit denen sie mich vor 15 Monaten vor die Tür gesetzt hatte. Als Kind und Teenager hatte ich die seelischen und körperlichen Misshandlungen der kurz nach meiner Geburt geschiedenen Frau Oberlehrerin über mich ergehen lassen. Bis zum Zeitpunkt meines verpatzten Abis. Da war ich einfach gegangen. Genauso wie jetzt.

Warum war meine Mutter so, wie sie war? Warum quälte sie mich, wo sie nur konnte und warf mir immer wieder vor, ich sei wie mein Vater, den ich mir weder ausgesucht hatte, noch jemals kennenlernen durfte? Mein Erzeuger habe sie einfach mit einem Berg Schulden sitzen lassen und keine einzige Windel für mich bezahlt, machte mir meine Mutter immer wieder zum Vorwurf. Viel später fand ich für mich eine Erklärung für das feindselige Verhalten der in meiner Kindheit wichtigsten Bezugsperson: Meine Mutter hatte vermutlich ihren ganzen Hass, den sie gegen meinen Vater hegte, auf mich projiziert. Eine Entschuldigung war das jedoch nicht.

Ich machte mich auf den Weg zu Boris, einem alten Schulkameraden, bei dem ich für ein paar Tage Unterschlupf gefunden hatte, und steckte die Briefe in die Gesäßtasche meiner Jeans, nicht ohne vorher einen Blick auf die Absender zu werfen: Drei Briefe stammten von einem Kreiswehrersatzamt und ein blauer Luftpostbrief mit schrägen, grün und rot wechselnden Streifen am Rand des Umschlags kam aus dem fernen Teheran.

KAPITEL 2
Uncle Sam wants you

15 Monate zuvor

Es war ein aufregendes und im wahrsten Sinne des Wortes erhebendes Gefühl, als ich ein paar Wochen vor meinem 19. Geburtstag aus dem Fenster des nagelneuen Jumbo-Jets, einer Boeing 747 der Pan American Airlines, blickte und erstmals die Landschaft aus der Vogelperspektive sah: Wälder, Wiesen, Kirchtürme, Friedhöfe, Häuser, Straßen und bunte Fahrzeuge, kleiner als Spielzeugautos. Nachdem wir die Welt unter uns gelassen hatten, Raucher- und Anschnallzeichen erloschen waren, bestellte ich mir ein Glas Bourbon Whiskey. Niemand kam auf die Idee, von einem langhaarigen Hippie mit Vollbart einen Altersnachweis zu verlangen. Auch die Passkontrolle vor dem Einstieg war mehr als lax gewesen. Wahrscheinlich hätte ich auch mit meinem Schülerausweis reisen können.

Ich steckte mir eine Zigarette an, ließ die letzten Monate Revue passieren und träumte von meiner goldenen Zukunft. Nach dem Rauswurf bei meiner Mutter kannte ich nur ein Ziel: Amerika! Das Land der unbegrenzten Möglichkeiten! Das Land von Elvis und den Beach Boys! Zuvor musste jedoch das Ticket verdient werden. Der Vater eines Schulfreunds besaß die Wäscherei Würth in der Wagenbauerstraße und stellte mich bei wöchentlicher Auszahlung als »Mädchen für alles« ein. Ich sortierte Kleiderbügel und Wäsche jeglicher Art, räumte die Waschmaschinen ein und aus, dampfte Blusen auf und bügelte Hemden, so lange, bis ich die

630 DM für den Flug und 200 DM Taschengeld beisammenhatte.

Das Gefühl, in diesem Riesenvogel hoch über den Wolken von Kontinent zu Kontinent zu schweben, war atemberaubend. Im Landeanflug konnte man aus dem Fenster die Freiheitsstatue sehen, das Symbol für das gelobte Land.

»New York, New York – if you can make it there, you can make it anywhere!«

Hier konnte es jeder vom Tellerwäscher zum Millionär bringen. Wenn das nicht wenigstens einen Versuch wert war!

Knapp zwei Stunden nach der Landung überwältigte mich der Big Apple. Ich irrte vom Times Square zum Empire State Building, hoch zum Rockefeller Center, zurück zum Times Square, den Broadway hoch, die 54th Street gen Osten und dann die 7th Avenue nach Norden bis zum Central Park. In einer der zahlreichen Wechselstuben am Broadway ließ ich mir, nach intensivem Vergleich, für meine sauer verdienten 200 DM satte 57 US$ und 25 Cent auszahlen.

Die Menschen hier waren anders als die Deutschen. Freundlicher, gesprächiger und vor allem: kontaktfreudiger! Viele, die ich noch nie in meinem Leben gesehen hatte, fragten mich auf offener Straße, beim Anstehen an der Wechselstube oder mitten auf dem Times Square einfach mal so, wie mein Tag heute war, wie es mir ginge, wo ich herkäme und wo ich hinwolle.

Die Sonne neigte sich dem Horizont zu, als ich auf einer Parkbank im Central Park langsam müde wurde und sich Hendrix zu mir gesellte. Hendrix, der aussah wie Bob Marley, bot mir einen Joint an und gab mir ein paar Tipps für den Großstadtdschungel, den ich – davon war er felsenfest überzeugt – ohne ihn nicht lange überleben würde. Er meinte, er sei nun mein Bruder, ich könne ihm alles erzählen und er würde mich die nächsten Tage unter seinen persönlichen Schutz stellen. Es klang, als würde der Pate von Upper Manhattan seine schützende Hand über mich halten. Ein zutiefst beruhigendes Gefühl!

Hendrix riet mir, mein Bargeld zu verteilen, 20 US$ in jeden meiner Schuhe, das sei das sicherste aller Verstecke, und den Rest in die rechte und linke Jeanstasche. Dann zeigte er mir den sichersten aller Schlafplätze im Central Park, mit »eingebauter Alarmanlage«. Die bestünde darin, dass Vögel auf dem Busch nisteten und ein Riesengeschrei veranstalten würden, wenn sich nachts jemand näherte. Mann, war ich froh, dass ich Hendrix kennengelernt hatte, einen Vollprofi, der mit allen Wassern gewaschen war und sich richtig gut auskannte!

Am nächsten Morgen waren meine Schuhe verschwunden. Samt Geld natürlich. Dafür prangten zwei große Kleckse Vogelscheiße auf meiner Jeansjacke. Glücklicherweise gab es genug Wasserstellen im Park, um die Jacke zu reinigen und sich ein wenig frisch zu machen.

Ich beschloss, mich in der Gastronomie zu bewerben, genauer gesagt als Tellerwäscher – der Vorstufe zum Millionär – und als Küchenhilfe. Zwei lange Tage bot ich meine Arbeitskraft in wirklich jedem Restaurant zwischen East Harlem und East Village für lumpige zwei US$ pro Stunde an. Leider ohne Erfolg. Ob es an meiner etwas heruntergekommenen Erscheinung lag? Oder daran, dass die überwältigende schwarze Konkurrenz vielleicht für noch weniger Geld arbeitete?

Am Times Square lernte ich Jimmy kennen, einen großen, athletischen Typ aus Texas, der mich spontan auf ein Bier einlud und mir in seinem eigenwilligen, aber sympathisch klingenden Südstaatenslang erzählte, wie toll es in seinem Dorf zuging: Rinder, Cowboys, Wildwest-Romantik pur. Da müsse ich unbedingt hin! Nach dem Bier meinte er, ich solle kurz warten, er müsse nur schnell Geld besorgen. Dann ging er etwa 15 Meter weiter zur Ecke W 46th Street und sprach mit einer Nutte, die ihm etwas zusteckte. Es gab eine kurze Auseinandersetzung. Plötzlich riss er die Frau zu Boden, packte ihren Kopf mit beiden Händen und schlug ihn so lange auf die Bordsteinkarte, bis sie sich nicht mehr rührte. Ich schloss aus der Situation, dass er ihr Zuhälter war und sie zu wenig verdient hatte. Ein Polizist, der noch näher dran war als ich, hatte die Szene beobachtet, die Straßenseite gewechselt und war seelenruhig davonspaziert, als wäre nichts geschehen. Mir wurde schlecht. Aber was sollte ich tun? Gegen Jimmy antreten, der mir körperlich weit überlegen war? Ohne Ahnung Erste Hilfe bei einer Schwerstverletzten, möglicherweise sogar frisch Ermordeten leisten?

Plötzlich wollte ich raus aus dieser kranken Stadt, nur noch weg hier! Die Port Authority Busstation war knappe zehn Gehminuten entfernt. Wie weit würde ich mit meinen verbliebenen 6,45 US$ kommen? Nach San Francisco, Los Angeles oder Chicago?

Es reichte gerade mal bis Detroit und das auch nur, weil mir die freundliche dunkelhäutige Dame am Schalter mitleidig die noch fehlenden fünf Cent auf den vollen Fahrpreis erließ.

Die Fahrt im Greyhound-Bus dauerte rund 15 Stunden. Trotz der bequemen Liegesitze und der ruhigen

Nachtfahrt schlief ich kaum, hatte ständig die Bilder der wahrscheinlich ermordeten Nutte, des gleichgültigen Polizisten und der Mega-Stadt New York mit ihren Hochhausschluchten und Menschenmassen vor Augen. Dazu das Tag und Nacht mehr oder weniger laute an- und abschwellende Sirenengeheul der Polizei-, Feuerwehr- und Rettungswagen.

In Detroit säumten Reifenhändler die Straße von der Busstation Richtung Stadt. Angesichts meiner gähnend leeren Taschen fragte ich im nächstbesten Laden, ob sie einen Job für mich hätten und was sie zahlen würden. Tatsächlich durfte ich bei »Rudy K« für 1,60 US$ die Stunde Reifen mit kleinen Fehlern aussortieren, und das bei freier Kost und Logis im Reifenlager. Rudy, ein ausgewanderter Tschechoslowake, schenkte mir ein Paar ausgelatschte Arbeitsschuhe, damit ich nicht barfuß über den heißen Teer laufen musste.

Nach zwei Wochen hatte ich genug angespart für ein Paar Sandalen, ein Greyhound-Ticket nach Los Angeles und etwas Startkapital am neuen Zielort. Die zweieinhalbtägige Fahrt führte mit zahlreichen Zwischenstopps durch die äußerst abwechslungsreichen Landschaften der Bundesstaaten Michigan, Illinois, Iowa, Nebraska, Colorado, Utah, Arizona und Nevada ins sonnige Kalifornien. Ich gewann wieder an Mut, Zuversicht und Selbstvertrauen. Allein diese Busfahrt war schon die Reise in die USA wert! Und die vielen Menschen und ihre Geschichten, die ich kennenlernen durfte.

Am Straßenrand entdeckte ich immer wieder riesige Plakate, die einen alten Mann zeigten. Er trug einen weißen Spitzbart, einen Zylinderhut in den Farben der amerikanischen Flagge, hatte eine lange, spitze Nase im

Gesicht und schaute mit bösem, hypnotischem Blick direkt in meine Augen. Dazu deutete er mit seinem rechten Zeigefinger direkt auf mich! Unter dem Bild stand in großen Lettern:

»*Uncle Sam wants you!*« – »Onkel Sam will dich!«

›So ein Quatsch‹, dachte ich, ›warum will Onkel Sam mich beziehungsweise jeden, der hier vorbeifährt? Ist er schwul? Wenn ja, darf er dann überhaupt Werbung machen? Hab' ich da im Englischunterricht etwas verpasst? Und wenn er mich oder jemand anderen wirklich will, dann sollte er nicht so böse dreinschauen. Der sieht ja aus wie der Teufel, der einen in die Hölle einlädt.‹

Den Mann neben mir, einen übergewichtigen, etwas schmuddeligen Mexikaner, konnte ich nicht fragen. Er sprach nur Spanisch und hätte wahrscheinlich auch keine Antwort gewusst. Irgendwo mitten in Iowa bekam ich einen neuen Sitzplatznachbarn, einen älteren gepflegten Mann mit Flanellhose und Nickelbrille. Er grüßte mich freundlich und wollte gleich wissen, wie mein Tag heute so war, wie es mir ginge, wo ich herkäme und wo ich hinwolle. Nach einer Weile Smalltalk deutete ich auf eines der riesigen Straßenposter und fragte ihn:

»Wer ist Uncle Sam?«

»Hoho«, lachte er, »du kennst Uncle Sam nicht?«

»Sorry, nein!«

»Uncle Sam verkörpert Amerika. Ich war mal in Augsburg stationiert. In Deutschland habt ihr doch auch so eine Symbolfigur, ich glaube, die heißt bei euch German Michael?«

»Deutscher Michel«, korrigierte ich ihn, »ja, den gibt's. Aber das ist eher ein Einfaltspinsel, der nicht gerade den typischen Deutschen repräsentiert.«

»Uncle Sam repräsentiert auch nicht den typischen Amerikaner, er steht als Symbol für den amerikanischen Staat.«

»Und wen will dieser Uncle Sam haben und warum?«, hakte ich nach.

»Die Vereinigten Staaten von Amerika befinden sich im Krieg«, begann der alte Herr.

»Im Vietnamkrieg«, ergänzte ich, um nicht ganz weltfremd dazustehen.

»Richtig, mein Junge. Und immer, wenn sich die Vereinigten Staaten von Amerika im Krieg befinden, sucht Uncle Sam Freiwillige, die für das Vaterland kämpfen.«

»Aber ihr habt doch auch die Wehrpflicht. Da muss doch ohnehin jeder junge Kerl in den Krieg ziehen, ob er will oder nicht.«

»Das reicht Uncle Sam nicht«, wusste der Alte, »viele kaufen sich frei oder besorgen sich ein ärztliches Attest. Außerdem kann Uncle Sam immer Kanonenfutter brauchen, ohne Ende. Und Freiwillige sind meist besser motiviert als Wehrpflichtige.«

»Das klingt ja wie aus dem Munde eines ehemaligen Generals«, lächelte ich und wollte herausfinden, ob er einer war. Das Dementi kam sofort:

»Ich habe es nur zum Sergeant gebracht, war in der Army nicht besonders ehrgeizig. Aber mit den Jahren weiß man halt, wie der Hase läuft.«

An der Grenze zu Nebraska stieg der alte Herr aus und ein hübsches schlankes Mädchen mit blonden langen Haaren nahm seinen Platz an meiner Seite ein. Sie stellte sich mit einem bezaubernden Lächeln als »Blondie« vor, fragte, wie mein Tag so war, wie es mir ginge, wo ich herkäme und wo ich hinwolle.

›Unvorstellbar, dass sich in Deutschland im Bus ein hübsches Mädel neben dich setzt und ein Gespräch anfängt‹, dachte ich.

Blondie war 16, also deutlich jünger als ich. Sie war ein Junkie, bei ihrer Mutter rausgeflogen und hatte keinen müden Cent mehr in der Tasche. Für einen kurzen Moment empfand ich so etwas wie Solidarität.

»Was willst du jetzt machen?«, fragte ich Blondie.

»Ich fahre bis Vegas und versuche dort mein Glück!«

»Spielen? Roulette? Pokern? Was kannst du?«

Blondie verdrehte die Augen:

»Ich kann gut mit Männern spielen, ihnen einen blasen, vielleicht auch mehr …«

Mein Schock blieb ihr nicht verborgen und amüsierte sie offensichtlich.

»Willst du mit mir kommen?«, fragte sie mit anzüglichem Blick.

Ich zögerte einen Moment, überlegte und seufzte, um ein bisschen Zeit zu gewinnen. Mit einer minderjährigen heroinabhängigen Prostituierten durch Vegas ziehen, das klang nach Abenteuer, das ich suchte, aber auch nach einem Sack voller Probleme, denen ich mich nicht gewachsen fühlte.

»In L.A. wartet ein Freund auf mich. Den kann ich nicht im Stich lassen«, log ich.

Blondie nickte verständnisvoll.

Ich versuchte es mit einem neuen Thema: Uncle Sam. Aber das interessierte sie überhaupt nicht.

Schließlich schlief ich ein. Als ich aufwachte, war Blondie weg und der Fahrer kündigte an, wir würden Los Angeles in einer Stunde erreichen.

Downtown L.A., Hollywood, Beverly Hills – nach genau drei Tagen und Nächten war mein Erspartes verbraucht und ich war endlich im Paradies angekommen: Venice Beach! Der schönste Strand im Großraum Los Angeles mit einer bunten Flaniermeile, auf der sich Arme und Reiche, Weiße, Schwarze, Asiaten, Bodybuilder, Handleserinnen, Hippies, Touristen, Banker, Musiker, Sannyasins, Juden, Christen, Moslems und Hare-Krishna-Jünger ein harmonisches Stelldichein gaben. Hunderte kleine Kunstgewerbebuden, Cafés, Fressecken, Restaurants und Bekleidungsläden säumten die Uferpromenade.

Der Zufall wollte es, dass ich hier Gustl traf, einen g'standnen Bayern mit wildem Rauschebart, Stirnband und Stars-and-Stripes-Hosenträgern. Gustl Harry Lechner war ein Unikum mit bewegter Vergangenheit. Er hatte seinen Anteil an einer gut laufenden Münchner Steuerkanzlei für ein symbolisches Butterbrot an seinen Partner verkauft, weil ihm eine Oktoberfestbekanntschaft den Einstieg in deren internationale Kanzlei in Beverly Hills versprochen hatte. Zuvor mussten einige Mass Bier geflossen sein, denn als Gustl in Beverly Hills anklopfte, kannte ihn der Staranwalt nicht mehr.

Jetzt fabrizierte Gustl Sandbilder in der Garage einer deutschstämmigen Freundin, die er noch aus Schulzeiten kannte, und verkaufte sie am Venice Beach. Ich durfte ihm ein wenig bei der Herstellung zur Hand gehen: Zwei Glasscheiben wurden parallel zueinander mit etwa drei Millimeter Abstand in ein Gestell eingespannt und dann bis auf einen kleinen Spalt rundherum mit Silikon abgedichtet. Nun füllte der große Meister eine Emulsion aus Wasser, Öl und Farbe in den Spalt und gab letztlich noch eine Prise Sand dazu. Die Kunstwerke gab es in verschiedenen Größen und Farben und je nachdem, wie man sie drehte, entstanden immer neue Sandbilder.

Gustl war »the president of the garage« und machte mich zum »vice president«. Ich durfte in der Garage nächtigen, und sobald seine Gastgeberin, eine strikte Veganerin, aus dem Haus war, brutzelte Gustl für uns beide eine kräftige Portion Rührei mit Schinken.

Gustl bot mir eine großzügige Provision an, wenn ich zusammen mit ihm die Sandbilder am Venice Beach verkaufen wollte: 30 Prozent für jedes Bild, das verkauft wurde, wenn wir beide am Stand saßen, und 50 Prozent für jedes Bild, wenn ich alleine den Stand betreute. So machte der Geschäftsbetrieb mehr Spaß und einer von uns konnte abwechselnd das bunte Treiben auf der Promenade genießen oder auch mal eine Runde im Meer schwimmen. Es war eine wunderbare Zeit! Wir hatte viel Spaß miteinander, aber auch mit dem bunten Völkchen am Beach, den Musikern und den von den Beach Boys so treffend besungenen »California Girls«.

Es hätte ewig so weitergehen können, wenn ich nicht – vielleicht war das ein Fehler – nach gut zwei Wochen mal Bilanz gezogen hätte. Wo stand ich? Was wollte ich erreichen?

Gustls Provision war sicherlich großzügig. Aber wie viel sind noch mal 50 Prozent von Null? Tatsache war, dass ich gerade mal zwölf US$ in den Taschen hatte und irgendwie eine erfolgversprechende Herausforderung suchte. Gustl meinte, es gäbe kein ordentliches Brot, keine Brezn und keine Weißwürste in Kalifornien und angeblich in den gesamten USA keine Gummibärchen in den Supermärkten. Möglicherweise hätten wir es wirklich mit der ersten Gummibärchenfabrik der Vereinigten Staaten zu Multimillionären bringen können. Aber uns fehlte einfach das Startkapital.

Wir umarmten uns kräftig, küssten uns rechts und links auf unsere Bärte und ich trampte auf der legendären Interamericana, die von Alaska bis Feuerland führt, ein kleines Stückchen weiter gen Süden, nach San Diego, an der Grenze zu Mexiko.

Die Rolle, die in New York den Schwarzen zugefallen war, übernahmen in San Diego die Mexikaner: Sie waren jederzeit in Massen verfügbare und gnadenlos unterbezahlte Arbeitskräfte. Nur dem Mitleid eines Fischers verdankte ich, dass ich nicht völlig vor die Hunde ging. Er bot mir 1,50 US$ pro Stunde, wenn ich morgens um 5:30 Uhr seinen Fang nach Art und Größe sortierte. Zwei Tassen schwarzen Kaffee gab's gratis dazu. Die Arbeit war meist in zwei bis drei Stunden erledigt. Zwar hatte ich mich nun immerhin vom Reifensortierer zum Fischsortierer hochgearbeitet, allerdings bei deutlich reduziertem Tageslohn.

Meist reichte das Geld gerade für einen Hamburger am Tag und ein Bierchen am Abend in einer der heruntergekommenen Hafenkneipen. Manchmal war auch noch eine Portion Pommes oder ein zweites Bierchen drin. Ich schlief, relativ bequem, in einer Hängematte hinter dem Fischerhäuschen. So war auch gewährleistet, dass ich nicht verschlafen konnte.

Eines Tages, die Sonne stand gerade im Zenit und ich schaukelte gemütlich in meiner Hängematte, kamen zwei groß gewachsene schwarze Soldaten der U.S. Army in weißer Paradeuniform und mit jeder Menge Lametta an der Brust auf mich zu, stellten sich höflich als Larry Brown und Washington Theophil Smith vor, fragten, wie mein Tag heute so war, wie es mir ginge, wo ich herkäme und wo ich hinwolle, und sagten schließlich:

»Wir brauchen dich!«

Fast hätte ich den Kaugummi verschluckt, auf dem ich gerade herumkaute.

»Ja! Wir brauchen dich! Die Army braucht dich!«

»Uncle Sam wants me? Me, Michael Müller from Germany?«, fragte ich ungläubig.

»*Yes*, Uncle Sam wants *you*!«, antworteten die beiden unisono.

»Aber ich bin Deutscher. Was will Uncle Sam mit einem Deutschen?«

»No problem at all«, fanden Larry Brown und Washington Theophil Smith und luden mich völlig unverbindlich zu einem Big Mac, Pommes und einer Riesen-Coke im nahe gelegenen McDonalds ein. Allein der Gedanke, mich mal wieder richtig satt essen zu können, trieb mich dazu an, mitzugehen. Vielleicht war es auch schlauer, nicht sofort auf die U.S. Army und den Vietnamkrieg loszuschimpfen, gegen den ich noch vor ein paar Monaten lautstark mit »Ho-Ho-Ho-Chi-Minh«-Rufen unter Tausenden Gleichgesinnten auf der Münchner Leopoldstraße protestiert hatte. Vielleicht waren bei Uncle Sam ja noch eine Nachspeise oder weitere Mahlzeiten drin.

Das Burger-Restaurant befand sich gleich neben dem U.S. Army Recruiting Center am Haupteingang zur Diego Mall, einem riesigen Einkaufszentrum.

Larry Brown, der dünnere der beiden Soldaten, schlug vor, vier Big-Mac-Menüs »to go« mit ins Recruiting Center zu nehmen, wo ein weiterer Soldat namens Enrique Castellanos die Stellung gehalten hatte.

»Wir haben der Army viel zu verdanken«, sagte Larry

mit ernster Miene und Enrique fügte Burger mampfend hinzu:

»Die Army ist unser Zuhause, unsere Familie!«

Dann erzählten die beiden einige berührende Geschichten aus ihrem Leben.

Enrique entstammte einer mexikanischen Familie, die vor acht Jahren ohne Papiere in die USA gekommen war. Die Mutter arbeitete als Haushälterin bei einer deutschstämmigen Geschäftsfrau, der Vater als Putzkraft in einem Restaurant. Enrique trieb sich auf der Straße herum und wusste nichts mit seinem Leben anzufangen. Mit 18 war er immer noch Analphabet und hatte keine Schule besucht. Da kam das Angebot der Army. Er erhielt die amerikanische Staatsangehörigkeit, lernte lesen, schreiben, kochen, den Umgang mit Waffen und machte den Führerschein. Dann wurde er ein Jahr nach Vietnam geschickt und war dort für eine Feldküche und den Lebensmittelnachschub zuständig. Nun war er Corporal, zufrieden mit seinem Leben und dem regelmäßigen Einkommen und konnte sogar seine Eltern unterstützten.

Larry kam aus New York City, genauer: aus der Bronx, und war in einem Umfeld von Junkies und Dealern aufgewachsen. Sein älterer Bruder war in Vietnam gefallen und seine Mutter weinte viel, als Larry sich freiwillig zur Army meldete. Aber er wollte nicht mehr von Dealern verprügelt werden, wenn er sich weigerte, Stoff zu verticken, und er wollte auch nicht selbst an der Nadel enden. Er wollte stark sein, ein richtiger Mann. Nach der Einzelkämpferausbildung in Fort Campbell hätte er es mit jedem Dealer in der Bronx aufnehmen können. Aber das war nicht mehr nötig. Er war jetzt in der U.S. Army und hatte seinem Leben einen Sinn gegeben.

»Apropos Vietnam«, kam ich langsam aus der Deckung, »kann es sein, dass ihr vor allem Kanonenfutter für den Krieg sucht?«

»Don't worry about Vietnam«, antwortete Larry, »Nixon steht unter Druck. Der Vietnamkrieg wird bald zu Ende sein. Wenn du heute der Army beitrittst und mit deiner Ausbildung durch bist, wirst du keinen vietnamesischen Boden mehr sehen. Aber dir muss klar sein: Die Army macht aus dir einen richtigen Mann und du musst bereit sein, für die Vereinigten Staaten von Amerika zu kämpfen, wo und wann man es auch immer von dir verlangt. Vielleicht wird man dich irgendwo in Asien, auf Kuba oder in Europa einsetzen. Und noch was: Das Problem ist nicht das Risiko, in Vietnam sterben zu müssen, sondern vielmehr, dass sie dich im eigenen Land bespucken und demütigen. Unser Präsident hasst Neger und Hippies und sagt das auch ganz offen. Da fällt es nicht immer leicht, diesem Präsidenten aufrecht und bedingungslos zu dienen. Aber bei der Army lernst du, sowohl physisch als auch psychisch stark zu sein. Ein richtiger Mann eben!«

Die drei Recruiter machten mir ein nahezu unwiderstehliches Angebot: Ich könne die nächsten drei Tage immer mittags vorbeikommen, mich auf Uncle Sams Kosten richtig satt essen und ihnen so viele Fragen über die Army stellen, wie ich nur wollte.

In den folgenden Nächten schlief ich sehr unruhig, wachte meist gegen vier Uhr morgens auf, schlenderte den Strand entlang, setzte mich auf einen Felsvorsprung, gegen den unablässig die Wellen peitschten, dachte nach, blickte hinaus aufs Meer und hoffte, es würde mir eine Antwort auf meine brennenden Fragen geben.

Würde ich, falls ich in die Army einträte, in einem

sinnlosen Krieg kämpfen und unschuldige Menschen töten müssen? Könnte ich, falls es jemals so weit käme, nicht einfach danebenschießen? Würde mich die Army tatsächlich physisch und psychisch stark und zu einem richtigen Mann machen, wie Larry Brown gesagt hatte?

Seit meiner Kindheit träumte ich davon, Fallschirmspringer zu werden. Wäre das die Chance? Würden sie mich bei einer Elitetruppe wie den Fallschirmjägern überhaupt nehmen? Könnte ich so meiner Mutter und auch mir selbst endlich beweisen, dass ich weder ein Weichei noch ein Versager bin?

Als sich am dritten Tag Washington Theophil Smith meinen Pass anschaute, schlug er sich mit beiden Händen auf die Schenkel und schüttelte sich vor Lachen.

»Das gibt's doch nicht!«, brüllte er und ließ seine schneeweißen Zähne blitzen, »Born on the 4th of July! Hast du deinen Pass gefälscht oder ist das wirklich dein Geburtsdatum?«

»Das ist mein Geburtsdatum. Was ist daran besonders?«, antwortete ich.

»Der 4. Juli ist die Geburtsstunde Amerikas! Unser Unabhängigkeitstag! Der Nationalfeiertag der Vereinigten Staaten von Amerika!«

»Was ist da passiert?«

»Ich versteh' zwar sonst nicht viel von Geschichte, aber das weiß in Amerika jedes Kind: Am 4. Juli 1776 haben 13 ehemals britische Kolonien ihre Unabhängigkeit von Großbritannien erklärt und damit den Grundstein für unseren heutigen Staat gelegt«, wusste Washington.

»Uncle Sams Geburtstag?«

»Richtig! Und den musst du dir auch für deinen Einbürgerungstest gut merken!«, sagte Washington und drückte mir ein Pamphlet mit dem Titel »Application for Naturalisation« und ein Empfehlungsschreiben seines Büros in die Hand.

Ich büffelte einen Nachmittag im McDonald's die Grundzüge der amerikanischen Verfassung, die erste Strophe der amerikanischen Nationalhymne »The Star-Spangled Banner« und ein paar Fakten über die amerikanische Geschichte sowie die Namen und Leistungen der bedeutendsten US-Präsidenten.

Am nächsten Tag absolvierte ich im Immigration Office meinen Test, musste noch ein paar Fragen einer sehr korpulenten, aber ebenso freundlichen dunkelhäutigen Staatsbeamtin beantworten und sollte dann amerikanischer Staatsbürger werden und einen US-Pass bekommen. Es gäbe nur ein Problem, meinte die nette Beamtin:

»Wir haben keinen Umlaut in unserer Sprache. Das – sie zeigte mit der Spitze ihres Kugelschreibers auf das ›ü‹ – muss weg! Sie können sich entscheiden zwischen Mueller, Muller oder Miller.«

Ich entschied mich für Miller und hieß fortan Michael Miller.

* * *

Nach der Grundausbildung bewarb ich mich bei den *Screaming Eagles*, der 101st Airborne Division in Fort Campbell, Kentucky und wurde nach dreitägiger Aufnahmeprüfung angenommen. Ich musste bei Gott schwören, dem Präsidenten der Vereinigten Staaten und meinen Vorgesetzten bedingungslos zu gehorchen. Dabei beschlich mich für einen kurzen Moment der

Gedanke, was ein solcher Schwur eigentlich bei einem Atheisten wert wäre.

Die anschließende Fallschirmjäger- und Einzelkämpferausbildung hatte mich »zu einem richtigen Mann« gemacht. In diesem Punkt hatte Larry recht behalten. Ich konnte nun Autofahren, Fallschirmspringen – zumindest mit automatischer Schirmauslösung –, mit Handgranaten und Waffen umgehen und einen oder mehrere Gegner notfalls auch mit bloßen Händen töten. Es war für mich kein Problem, unter Stacheldrahtzäunen und durch Schlamm zu robben, über Dächer, Zäune und andere Hindernisse zu klettern.

Nur wenige der Kameraden liefen 100 Yard schneller als ich. Zwei Kilometer joggen und dabei martialische Lieder singen oder ein langer Marsch mit schwerem Sturmgepäck machten mich dagegen völlig fertig. Da wäre ich so manches Mal auf der Strecke geblieben, wenn mir nicht meine Leidensgenossen, allen voran Private First Class Eugene Coleman, Wasser ins Gesicht geschüttet, mein Sturmgepäck getragen und mich auf den letzten paar hundert Metern gestützt und mitgeschleift hätten. Ich lernte, die Zähne zusammenzubeißen, allerletzte Kraftreserven zu aktivieren und erreichte letztlich doch noch aufrecht jedes Ziel.

Als mein Ausbilder eines Tages zu mir sagte: »Miller, Sie haben das Zeug zum Scharfschützen«, sank meine Trefferquote plötzlich und rapide. Der Gedanke, einem ahnungslosen Menschen, dem ich nie in die Augen geschaut hatte und über den ich überhaupt nichts wusste, mit einem gezielten Schuss zwischen die Augen das Lebenslicht auszublasen, war für mich ein Albtraum, den ich hütete wie Fort Knox das Gold.

Noch ein Kuriosum offenbarte meine Seele: Fast alle Kameraden hatten spürbar Angst vor dem Absprung aus unserer C-7 Caribou. Sie zitterten, kalter Schweiß rann über ihre Stirn. Gedanken wie »Was mache ich bloß, wenn der Schirm nicht aufgeht? Werde ich sterben? Werde ich mir die Beine brechen?«, zeichneten Sorgenfalten in ihre Gesichter. Und verursachten Blähungen, Darmwinde, die sich spätestens während der Öffnung der Heckrampe wie Gewitterstürme entluden.

Das war bei mir ganz anders: Ich freute mich auf jeden Sprung, genoss den Absprung ins Leere, den kurzen freien Fall, bis die Reißleine den Fallschirm aus dem Rückenpaket gezogen hatte. Den Öffnungsstoß empfand ich immer wieder als einen kleinen, von Uncle Sam finanzierten Orgasmus. Jede Minute des langsamen Schwebens zur Erde war ein Hochgenuss für mich. Den Luftraum neben, unter und über mir ebenso wie das Bodenziel hatte ich dabei immer im Blick und war stets bemüht, letzteres möglichst präzise anzusteuern. Schon nach meinem ersten Fallschirmsprung wuchs in mir der Wunsch, die schier grenzenlose Freiheit des freien Falls so lange wie möglich auszukosten, ob als militärischer HALO-Springer oder als ziviler Freifallspringer. Viel später hat mir ein Psychologieprofessor erklärt, ich hätte wohl ein »Springer-Gen«, das jegliche Angst vor dem Absprung, der Tiefe und der Höhe ausschalten würde.

Ich wollte es vom *Private First Class* zum Rang eines *Specialist*, möglichst zum *Medical Specialist* bringen. Medizin interessierte mich, und verletzten Kameraden zu helfen wäre noch am ehesten mit meinem Gewissen zu vereinbaren. Günstiger Nebeneffekt: Sanis gehen immer relativ weit hinten im Zug, damit sie im Ernstfall die Verwundeten aus der Vorhut versorgen können. Ich bewarb mich also beim 326th Medical Battalion, einer Unterabteilung der 101st Airborne Division, wurde angenommen und besuchte die Army Medical School.

* * *

5 Monate später

Da Nang, Vietnam, Anfang Dezember 1971. Larry Brown hatte sich geirrt. Zusammen mit meinen Kameraden Bill McPherson aus Hershey, Pennsylvania, und Isamu Takahashi aus San Francisco, Kalifornien, beide um die zwanzig, fand ich mich im Army Evacuation Hospital wieder. In der Medical School hatte man uns viel über Anatomie, Vitalfunktionen, Schockbehandlung und Wiederbelebung gelehrt und das Anlegen von Verbänden und Schienen üben lassen. Auch die Eingruppierung von Verwundeten in Leicht-, Mittelschwer- und Schwerverletzte und solche, die keinerlei Überlebenschance hatten, war ein Thema. Aber es floss nie echtes Blut. Uns fehlte die Praxis. Deshalb waren wir hier. Wir sollten vier bis sechs Wochen täglich wechselnd mal im Operationssaal und mal im Verbandsraum arbeiten, bevor wir in Platoons eingegliedert und ins Feld geschickt wurden.

Das Army Evacuation Hospital war ein autarkes 400-Betten-Zelthospital mit eigener Strom- und Wasserversorgung, Wäscherei und Kantine. Acht Chirurgen, zwei Anästhesisten, zehn Krankenschwestern, zehn Krankenpfleger und wir arbeiteten rund um die Uhr in Zwölf-Stunden-Schichten, das hieß zwölf Stunden Arbeit, zwölf Stunden frei. Einmal pro Woche gab es für die Chirurgen, Krankenschwestern und Pfleger einen freien Tag und danach meist einen Schichtwechsel vom Tag- in den Nachtdienst oder umgekehrt. Bill, Isamu und ich hatten nur Tagdienst und unter der Woche einen Tag frei. Wir desinfizierten Wunden, wechselten Verbände, legten Infusionen an, beatmeten Patienten und durften oft nach den Operationen die Wunden zunähen.

Als ich eines Tages gerade mit ein paar Infusionsflaschen unterm Arm durch das Patientenzelt lief, zischte hinter mir eine Stimme in einwandfreiem Deutsch:

»Hey Kraut, komm doch mal her!«

Wie konnte jemand wissen, dass ich Deutsch verstand? Als »Kraut« bezeichneten die Amerikaner nach dem Zweiten Weltkrieg die Deutschen, da sich diese damals vorwiegend von Sauerkraut und Kartoffeln ernährten. Ich drehte mich langsam um, sah die Jacke am Kopfende des Betts, blickte in das Gesicht des Patienten und meinte trocken:

»Nennen Sie mich nie wieder Kraut, Captain Meeker!«

Der baumlange Patient mit dem dichten Haarwuchs, den markanten Koteletten und dem sympathischen Kinngrübchen grinste entwaffnend und antwortete:

»Dann sag mir deinen Namen, Soldat! Wir sind hier nicht auf dem Schlachtfeld. Ich hab' hier keine Befehlsgewalt und will auch gar keine haben. Du kannst einfach Barry zu mir sagen. Du kommst doch aus Deutschland, oder?«

Ich nickte und stellte mich als Michael vor. Weil ich einen Kittel über der Uniformjacke trug, konnte der Captain meinen Namen nicht lesen. Er verriet mir, dass er schon zum zweiten Mal als Hubschrauberpilot abgeschossen worden war; sein linkes Bein sei durchschossen und gestern operiert worden. Er dürfe das Bett nicht verlassen, wolle aber so schnell wie möglich wieder fliegen, vielleicht in zwei Wochen, so hoffe er. Dann winkte er mich ganz nah zu sich heran und flüsterte mir etwas ins Ohr. Ein Angebot, das durchaus verlockend klang.

Die Freizeit verbrachte das Personal des Hospitals sehr unterschiedlich: Manche spielten Karten, andere lasen ein Buch oder glotzten in der Kantine in den Fernseher, der dort 24 Stunden lief. Nicht wenige dröhnten sich unmittelbar nach Dienstende mit Bier und Whiskey zu und schliefen bis kurz vor Dienstbeginn, dem stets eine eiskalte Dusche und eine Tasse schwarzer Kaffee vorausgingen.

Mittwochs war Posttag. Dann herrschte helle Aufregung. Die meisten lasen sich gegenseitig die Briefe aus der Heimat vor, kommentierten sie und machten sich gleich an die Antworten. Ich war der Einzige, der nie einen Brief bekam und auch keinen aufgeben wollte. Wem hätte ich schreiben sollen? Meiner Mutter? Alten Schulfreunden? Vom wem hätte ich Post erhalten sollen? Es wusste ja niemand, dass ich hier war. Aber es machte mir nichts aus, keine Briefe zu bekommen. Ich konnte gut damit leben. Manchmal ging ich an diesen Tagen in den Saal und beschloss, in ein paar traurige Patientengesichter ein kleines Lächeln zu zaubern. Zugegeben, nicht alle meine Scherze waren lustig, manche recht plump, aber in dieser Gesellschaft kamen sie doch fast immer gut an. So forderte ich etwa die drei Patienten in der linken hinteren Saalecke auf:

»Hey Jungs, nutzt die Chance des Tages! Macht euch bereit! Ich zähle bis drei! Wer am schnellsten auf der Toilette ist, wird heute noch nach Hause geschickt!«

Obwohl alle drei keine Beine mehr hatten, entlockte ihnen meine Ansage ein müdes Lächeln. Einer meinte sogar:

»Ich habe gewonnen. Meine Toilette ist hier! Ich habe ins Bett gepisst. Jetzt musst du mich nach Hause bringen!«

Bei Dienstschluss wollte ich nur noch raus, weg von Schmerz und Leid, Meeresluft schnuppern, ein fremdes Land, eine fremde Kultur erleben, asiatisch essen, mit Menschen reden. Da fiel mir das Angebot des abgeschossenen Hubschrauberpiloten ein. Ich wartete, bis Oberschwester Nancy Goodman in ihrem Zelt verschwunden war, besorgte ein paar Krücken aus dem Verbandsraum und ging zu Barry, der damit – ein Bein hochhaltend – leise aus dem Saal tippelte. Es waren die längsten Achselkrücken, die wir hatten. Dennoch musst sich der 1,95 Meter lange Pilot ordentlich krumm machen, um damit herumhumpeln zu können.

Eine Fahrradrikscha brachte uns zu *Suzie Wong*, einer Mischung aus Kneipe, Restaurant und Nachtclub, in der GIs, Reporter aus aller Welt, Mitarbeiter von NGOs, einheimische Händler und Geschäftemacher, Bargirls, Hausfrauen, Tänzerinnen und Prostituierte Vergnügen, Informationen und Arbeit suchten. Barry hatte mir 20 Dollar versprochen, wenn ich ihn für mindestens vier Stunden aus dem Hospital entführen, mit ihm ins Nachtleben eintauchen und ihn möglichst unbemerkt wieder zurückbringen würde. 20 Dollar waren eine Menge Geld, wenn man bedenkt, dass die Fahrradrikscha 50 Cent, ein 33er-Export-Bier einen Dollar (der Wucherpreis für GIs), eine Schüssel Pho Bo (Reisnudelsuppe mit Rindfleisch) oder Pho Ga (Reisnudelsuppe mit

Huhn) ebenfalls einen Dollar kostete und ein Schäferstündchen mit einer mandeläugigen Schönheit in einem der Zimmer hinter dem Tresen für zehn Dollar zu haben war.

Barry Winslow Meeker entpuppte sich als idealer Saufkumpan und eloquenter Unterhalter. Er legte sein erst am Tag zuvor operiertes Bein auf einen der Tische, bestellte eine Schüssel Pho Ga, fünf Bier und zwei Schachteln Zigaretten. Schon nach kurzer Zeit zog er das halbe Lokal in seinen Bann – nun ja, zumindest drei gut besetzte Tische. Barry soff wie ein Loch und rauchte wie ein Schlot: ein 33er-Bier nach dem anderen und mit dem Stummel einer fast zu Ende gerauchten Zigarette zündete er sich die nächste an. Er sprach mit unseren Kameraden in seiner Muttersprache, mit französischen Journalisten fließend französisch und mit mir akzentfreies Deutsch. Das Erstaunliche dabei war: Er schien auch nach zehn Dosen Bier noch stocknüchtern und zitierte exklusiv für mich aus dem »Steppenwolf« das Gedicht »Die Unsterblichen«. Ich war tief beeindruckt. Das Meisterwerk von Hermann Hesse hatte ich vor einem Jahr zur Abi-Vorbereitung gelesen und dieser Barry wusste mehr über den Inhalt und den Protagonisten Harry Haller als ich.

Irgendwann gegen Mitternacht stieß ich auf dem Weg zum Pissoir mit einem großen, kräftigen weißen Mann zusammen und hörte plötzlich die Worte »Sorry, 'tschuldigung«. Ich glaubte, meinen Ohren nicht zu trauen, und antwortete mal auf Deutsch:

»Kein Problem!«

Der Mann hatte nicht nur eine weiße Hautfarbe, sondern trug auch komplett weiße Kleidung. Wir kamen ins Gespräch und tranken ein paar Bier zusammen. Der weiße Riese hieß Ulf Peterson, kam aus Hamburg und arbeitete als Krankenpfleger auf dem deutschen Hospitalschiff *Helgoland*, das in der Bucht von Da Nang ankerte. Die Geschichten, die er zu erzählen wusste, waren noch aufregender als all das, was ich vom Schlachtfeld gehört hatte. Ulf hatte heute seinen freien Tag. Ich hatte morgen meinen freien Tag. Nach dem dritten gemeinsamen Bier sagte er:

»Wenn du willst, kann ich dir morgen die *Helgoland* zeigen. Von innen, meine ich.«

Meine Augen glühten vor Begeisterung.

»Mann, das wäre super! Wann, wo, wie?«

»Allerdings gibt es zwei Bedingungen«, bremste Ulf meinen Enthusiasmus.

»Und die wären?«, fragte ich.

»Erstens: Die Sache muss absolut geheim bleiben und diskret ablaufen, und zweitens: Du darfst keine Uniform tragen und musst dich auf dem Schiff als Journalist des Hamburger Abendblatts ausgeben«, antwortete Ulf und fragte dann:

»Wie alt bist du eigentlich?«

»Zwanzig«, log ich.

»Da kannst du noch kein ausgewachsener Journalist sein. Sag dem Alten, du bist zweiundzwanzig, Volontär, wolltest unbedingt nach Vietnam und eine Geschichte über unser Schiff schreiben, falls er dich fragt.«

»Ich hab' hier keine Zivilkleidung dabei, nicht mal eine Jeans. Könntest du mir nicht so 'nen Pflegerkittel und 'ne weiße Hose besorgen?«, flehte ich.

Wir vereinbarten, uns am nächsten Tag um 16:00 Uhr 200 Meter nördlich der Anlegestelle der *Helgoland* an einem Street-Food-Laden zu treffen. Dort könnte ich mich umziehen.

Es war angenehm warm in dieser Dezembernacht. Eine sanfte Meeresbrise spielte mit den Blättern der Kokospalmen vor dem *Suzie Wong*. Straßenhändler, Street-Food-Verkäufer und bildhübsche Damen, die drinnen keinen Platz mehr gefunden hatten, buhlten um Kundschaft. Das Leben hätte hier richtig schön sein können, wenn nicht dieser verdammte Krieg gewesen wäre, von dessen Grausamkeit ich viel gehört und gesehen, aber noch wenig gespürt hatte.

Eine blutjunge exotische Schönheit sprach mich in gebrochenem Englisch an:

»Du schöner Mann. Ich dich lieben! Komm, machen bumm-bumm!«

»Bumm-bumm machen? Will die 'ne Schießübung mit mir veranstalten?«

Barry, der sich bereits für die Rückfahrt in seine Krücken gehängt hatte, klärte mich auf, dass »bumm-bumm machen« hier vögeln bedeutete. Sein Blick und sein Kopfschütteln zeigten mir, was er davon hielt. Zumindest, was er jetzt gerade davon hielt.

Als ich die Schöne verlegen lächelnd abwies und auf morgen vertröstete, rief sie mir nach:

»Maybe I can not make you happy tomollow! Maybe we are all dead tomollow!«

Noch ahnte ich nicht, wie recht sie zumindest mit Teilen ihrer Vorahnung hatte.

Ein Rikschafahrer fuhr Ulf zur *Helgoland*. Ein anderer Barry und mich zum Evacuation Hospital.

»Wusstest du eigentlich, dass letzte Woche jemand eine Handgranate ins *Suzie Wong* geworfen hat?«, fragte mich Barry.

Ich schüttelte entsetzt den Kopf und antwortete:

»Nein! Was ist passiert?«

»Es gab zwei Tote und acht Verletzte. Bis auf einen Reporter alles GIs. Es waren fast keine Girls in dem Schuppen«, wusste Barry.

»Toll, dass du mir das jetzt erzählst!«, sagte ich.

»Es waren fast keine Girls in dem Schuppen! Klingelt's da bei dir?«, fragte Barry.

»Sollte es?«, fragte ich zurück.

»Unsere Intelligence-Spezialisten gehen davon aus, dass die meisten der Schönheiten hier hochrangige Offiziere des Vietcong sind und unsere Jungs nicht nur vögeln, sondern vor allem aushorchen wollen. Wenn also so viele Girls wie heute da sind, dann bist du relativ sicher, denn die bringen doch nicht ihre besten Leute um«, erklärte Barry.

»Was du alles weißt!«, bewunderte ich ihn.

Er winkte mich nahe zu sich heran und flüsterte mir ins Ohr:

»Die Ladies wissen allerdings nicht, dass ihre besten Stammkunden von unserer Intelligence sind. Uncle Sam zahlt denen jeden Tag fette Zulagen, damit sie kräftig vögeln und falsche Informationen streuen.«

Wir waren am Hospital angekommen. Barry legte den Finger an den Mund und beschwor mich, über alle offenbarten Geheimnisse zu schweigen wie ein Grab. Wir erleichterten unsere prall gefüllten Blasen am Stamm einer Palme. Dann half ich dem munteren Patienten ins Bett, verstaute die Krücken in der Gerätekammer und schlich mich in meine Unterkunft.

KAPITEL 3
Der längste Tag

Wie lange dauert ein Tag? 24 Stunden? Vom Aufwachen bis zum Schlafengehen? Meist sind es nur 16 oder 17 Stunden, es können aber auch 70, 80 oder noch mehr sein. Je höher der Adrenalinspiegel, desto länger hält man durch. Das Tückische dabei ist, so erzählten mir verwundete Kameraden in unserem Hospital, dass der Adrenalinspiegel irgendwann absinkt und die Müdigkeit siegt. Und genau dann, irgendwann mitten in der Nacht, griff Charly an, schoss aus allen Rohren und brannte die halbe Stellung nieder, noch ehe die Kameraden zu ihren Waffen greifen konnten. Charly war der Codename für den Vietcong, unseren erbitterten Gegner.

Als ich am Morgen nach meinem Ausflug mit Barry aufwachte, hatte das Schicksal schon bestimmt, dass dies der längste Tag meines Lebens werden würde.

Mein Plan war, meinen freien Tag so gut und sinnvoll wie möglich zu nutzen. Vormittags schwamm ich ein paar Runden am Red Beach im Meer. Der Strandabschnitt an der Nguyen Tat Thanh Straße war von unseren Jungs gut gesichert.

Nachmittags machte ich mich, nur mit Shorts und T-Shirt bekleidet, auf den Weg zum vereinbarten Treffpunkt 200 Meter nördlich der Anlegestelle der *Helgoland* in der Bucht von Da Nang.

Ulf war so pünktlich wie ein Schweizer Uhrwerk, kleidete mich in Weiß und geleitete mich auf das weiße Schiff mit den drei riesigen roten Kreuzen auf jeder Seite. Die *Helgoland* war knappe 100 Meter lang, 15 Meter breit, verfügte über mehrere Operationssäle und 150 Krankenbetten. Das Hospitalschiff wurde von der Bundesregierung finanziert und vom Deutschen Roten Kreuz betrieben. Zu der über hundertköpfigen Crew gehörten acht Chirurgen, 20 deutsche Schwestern, Pfleger und MTAs sowie rund 70 vietnamesische Hilfskräfte, darunter Wäscher, Köche, Dolmetscher und einheimische Krankenschwestern.

Ich folgte Ulf durch den großen Krankensaal im Mitteldeck. Bilder des Grauens begleiteten uns: Ein junger Mann, dessen Körper mit Brand- und Schnittwunden übersät und dessen Fuß- und Fingernägel herausgerissen waren, eine schwangere Vietnamesin mit schwersten Verbrennungen, ein alter Mann, dem das linke Bein, der linke Arm und das linke Auge fehlten. Zwischen den Betten spielten Kinder, verletzte und unverletzte, und es drängten sich Pflegekräfte auf engem Raum. Eine Tür führte aufs Außendeck.

Ulf steckte sich eine Zigarette an.

»Bei uns kommt grundsätzlich keiner in Uniform an Bord. Eigentlich behandeln wir nur Zivilisten, aber wenn die Kämpfer ohne Waffen schwerverletzt aufs Schiff getragen werden, verweigern wir ihnen nicht die Behandlung, bloß weil sie schwarze Hosen tragen und vermutlich Vietcongs sind.«

»So wie die schwangere Frau mit den schweren Verbrennungen?«, fragte ich.

Ulf nickte.

»Ich bin mir sicher, dass in unseren Krankenbetten verfeindete Parteien Seite an Seite liegen. Aber noch nie ist es auf unserem Schiff zu Auseinandersetzungen gekommen. Nicht einmal zu Wortgefechten.«

»Was ist mit dem alten Mann passiert, dem linksseitig Bein, Arm und Auge fehlen?«

»Sein Wasserbüffel ist bei der Arbeit auf eine Mine getreten und wurde zerrissen. Der Büffel war, wie der Mann sagte, sein letztes Familienmitglied. Der Alte wird durchkommen.«

»Und dann?«, fragte ich.

Ulf zuckte mit den Schultern, zog an seiner Zigarette und wollte von mir wissen:

»Sag mal, was hat dich eigentlich nach Vietnam verschlagen?«

»Meine Mutter«, sagte ich spontan und war selbst über meine Antwort erstaunt.

»Deine Mutter?«, fragte Ulf ungläubig und fügte hinzu, »keine Mutter würde je ihren Sohn in diesen gottverdammten Krieg schicken!«

»Indirekt meine Mutter«, relativierte ich, »sie weiß nicht, dass ich in Vietnam bin. Sie hat mir das Leben zur Hölle gemacht, immer Druck ausgeübt. Nichts konnte ich ihr recht machen. Da habe ich mir das Geld für den Flug verdient und bin in die USA, mit dem Traum, es dort vom Tellerwäscher zum Millionär zu bringen.«

»War wohl ein Satz mit x«, meinte Ulf verständnisvoll.

»Irgendwann hat mich dann Uncle Sam ...«, begann ich gerade, als von der nahen Uferpromenade Gefechtslärm herüberschallte und, bevor ich überhaupt registrierte, was los war, eine Rakete backbord wenige Meter neben der *Helgoland* ins Wasser schlug. Ulf zog mich geistesgegenwärtig ins Schiffsinnere, wo wir im nächsten Augenblick den Einschlag einer zweiten Rakete ganz in unserer Nähe hörten. Eine männliche Stimme verkündete über Lautsprecher auf Deutsch, Englisch und Französisch, gefolgt von einer weiblichen

Stimme, die vermutlich die vietnamesische Übersetzung lieferte:

»Alarmstufe Rot. Plan C! – Alarmstufe Rot. Plan C!«

»Wir laufen gleich aus! Hilf mit, die Patienten an ihre Betten zu schnallen, und halt dich gut fest, sobald es losgeht!«, wies mich Ulf an.

Das Personal lief und stolperte wild durcheinander, um mich herum wuselte es wie in einem Ameisenhaufen. Ich versuchte, so schnell wie möglich so viele Patienten wie möglich mit den unter den Betten angebrachten Ledergurten anzuschnallen.

Plötzlich gab es einen kräftigen Ruck. Infusions- und Urinflaschen flogen durch die Gegend, Glas splitterte. Der Kapitän hatte die starken Dieselmotoren auf volle Kraft voraus gestellt, als seine Leute die Leinen lösten. Nun fuhr das stolze Schiff mit 19 Knoten, also etwa 35 Stundenkilometern Höchstgeschwindigkeit hinaus ins Südchinesische Meer. Nach wenigen Minuten stoppte der Kapitän die Maschinen und ließ ankern. Vermutlich wurden bei dem Angriff schultergestützte russische RPG-7-Raketen abgefeuert, deren Reichweite deutlich unter 1000 Metern lag.

Der Kapitän verkündete per Lautsprecherdurchsage, dass er das Schiff gründlich inspizieren würde, während das restliche Personal Ordnung in den Sälen schaffen sollte. Punkt 17:00 Uhr setzte er eine Pflichtbesprechung für das gesamte Personal auf dem Oberdeck an. Ulf Peterson nutzte die Chance, um mich Kapitän Paul von Hagen und dem übrigen Personal als Journalist Michael Müller vom Hamburger Abendblatt vorzustellen. Von Hagen, ein stattlicher Mann mit ruhiger, souveräner Ausstrahlung und schlohweißem Seemannsbart, nickte mir kurz zu und verkündete mit freudig funkelnden Augen:

»Leute, die *Helgoland* hat mal wieder nichts abbekommen! Soweit ich weiß, gab es auch keine Verletzten. Oder weiß jemand mehr?«

Allgemeines Kopfschütteln.

»Wir ankern erst mal eine Weile hier. Da sind wir relativ sicher vor Angriffen. Aber der Seegang ist höher als in der Bucht, was uns das Arbeiten erschweren wird, insbesondere den Herrn Chirurgen. Von 6:00 Uhr morgens bis 18:00 Uhr fahren wir mit einem unserer Beiboote alle drei Stunden zwischen unserer Anlegestelle in der Bucht und hin und her, um Verletzte zu holen oder an Land zurückzubringen. Macht dafür mal etwas Mund-zu-Mund-Propaganda! Hat noch jemand Fragen?«

»Wurde die *Helgoland* schon öfter angegriffen und wer steckt dahinter?«, fragte ich nach professioneller Journalistenart.

»Gute Frage, junger Mann. Wir haben alle Kriegsparteien eingeladen, die *Helgoland* zu besichtigen, und bekamen von allen die schriftliche Zusicherung, das Schiff würde nicht angegriffen. In den letzten beiden Monaten ist es dreimal vorgekommen, dass wir Kriegshandlungen und Raketeneinschläge in nächster Nähe hatten. Einmal hatte ein ARVN-Kämpfer, also ein Soldat der südvietnamesischen Armee, versehentlich eine Panzerabwehrrakete in unsere Richtung abgeschossen, in den anderen Fällen beschuldigten sich die Parteien gegenseitig, um unser Schiff herum Scharmützel angefangen zu haben. Weitere Fragen?«

Ulf meldete sich.

»Nach unserem ersten Alarmstart vor zwei Monaten sind die meisten unserer Urin-Glasflaschen und auch ein Teil unserer Infusionsflaschen zu Bruch gegangen. Ich habe daraufhin unverzüglich im DRK-Zentrallager in Deutschland Plastik-Urinflaschen und Infusionsbeutel bestellt. Gestern kam die dringend benötigte Lieferung mit unserem Versorgungsschiff. Und ratet mal, was in den Kisten drin war?«

Betretene Stille. Eine lange, halbe Minute. Bis einer der Chirurgen die Hand hob und mit böser Vorahnung fragte:

»Glas?«

»Richtig! Und die Scherben und die Soße haben wir jetzt im großen Saal im Mitteldeck! Und die zusätzliche Arbeit auch, da wir weiterhin jeden auf eine Schüssel setzen müssen, auch wenn er nur pinkeln will«, stellte Ulf fest.

Dr. Martin Pawlik, Chirurg und ärztlicher Leiter und Kapitän Paul von Hagen versicherten, sich mit einer persönlichen Note bei der DRK-Zentrale dafür einzusetzen, dass schnellstmöglich Plastik-Urinflaschen und Infusionsbeutel geliefert würden. Ulf flüsterte mir hinter vorgehaltener Hand zu:

»Das hatten wir schon mal. Der persönliche Einsatz unserer Chefs hat leider auch nichts gebracht. Ich glaube einfach, die schicken uns aus Deutschland nur, was sie selbst nicht mehr brauchen und haben keine Vorstellung von dem, was hier los ist!«

Die Atmosphäre war angespannt, aber professionell: kein Wutausbruch, kein Nervenzusammenbruch, keine lauten oder bösen Worte. Jeder tat, was getan werden musste und versuchte dabei auch noch zu lächeln. Ich setzte noch einen drauf und pfiff »I was Kaiser Bill's Batman« von Whistling Jack Smith vor mich hin. Das kam gut an und viele versuchten es mit- oder nachzupfeifen. Die vietnamesischen Krankenschwestern hatten ihre Schwierigkeiten mit dem Pfeifen, was zu großem Gelächter führte und die Stimmung hob. Ich versuchte noch, einigen bei der richtigen Formung der Lippen Einzelnachhilfe zu geben. Punkt 18:00 Uhr durfte ich am Abendessen in der Schiffskantine teilnehmen. Es gab Sauerkraut und Rostbratwürstchen mit Reis auf Plastiktellern. Reis einfach deshalb, weil ein Essen ohne Reis oder Nudeln für die vielen vietnamesischen Bediensteten kein richtiges Essen gewesen wäre.

Danach gingen die Aufräumarbeiten des durch den Alarmstart verursachten Chaos weiter. Die Patientenversorgung auch. Erst gegen Mitternacht hatte wieder alles halbwegs seine Ordnung. Es war Ruhe eingekehrt. Ulf besorgte uns zwei Bier und ein paar Zigaretten. Wir gingen an Deck und suchten uns eine gemütliche Ecke. Es war angenehm warm, der Himmel sternenklar. Ein sanftes Lüftchen strich um das ankernde Schiff, das leicht im Wellengang schaukelte.

»Ich habe ein Problem«, begann ich.

»Ich weiß«, antwortete Ulf, »du musst zurück.«

»Was ist der Kapitän für ein Typ?«, fragte ich.

»Ein prima Kerl. Ein richtig guter Kumpel. Man kann mit ihm über alles reden und er weiß für jedes Problem eine Lösung.«

Im selben Moment öffnete sich die Tür und Kapitän Paul von Hagen trat an Deck.

»Wenn man vom Teufel spricht, kommt er herein«, lachte Ulf.

»Ich wollte mich auch bei euch für euren Einsatz bedanken. Nur weil alle so toll angepackt haben, ist das Schiff schon wieder auf Vordermann!«, meinte Paul von Hagen.

»Kann ich vertraulich mit Ihnen reden, Herr Kapitän?«, fragte ich.

Von Hagen nickte mir zu und bedeutete Ulf mit einer weiteren Kopfbewegung, zu gehen.

»Nein, Ulf kann bleiben. Ein vertrauliches Sechsaugengespräch wäre mir am liebsten.«

Ulf Peterson und Paul von Hagen sahen mich gespannt an. Ich atmete tief durch, nahm einen Schluck Bier, zog an meiner Zigarette, schloss die Augen und sammelte mich kurz. War dieser Schritt, den ich jetzt vorhatte, wirklich richtig? Wenn ja, war er zu diesem Zeitpunkt und an diesem Ort richtig?

Dann ließ ich es raus:

»Ich bin Soldat der U.S. Army im Rang eines Private First Class, in Ausbildung zum Medical Specialist, derzeit stationiert im Army Evacuation Hospital in Da Nang. Und ich möchte desertieren. Können Sie mich auf Ihrem Schiff aufnehmen?«

Der Schock war den beiden anzusehen. Ulf sagte erst einmal gar nichts. Auch der Kapitän brauchte eine kleine Gedankenpause, die ich ihm gerne gewährte. Schließlich zündete sich auch Paul von Hagen eine Zigarette an, nahm einen Schluck aus Ulfs Bierdose und meinte:

»Ich würde dir gern helfen, Junge. Aber lass uns die Fakten benennen: Die Bundesregierung finanziert dieses Schiff auf Drängen unserer amerikanischen Freunde, weil Deutschland sich sonst schon nicht am Vietnamkrieg beteiligt. Es ist praktisch unmöglich, deinen Aufenthalt an Bord geheim zu halten. Wenn die Bundesregierung erfährt, dass ich dir Zuflucht gewährt habe, bekomme ich richtig Ärger mit meinem Dienstherrn. Außerdem werden die Amerikaner deine Herausgabe fordern und, wenn ich das verweigere, möglicherweise mit ihrer Militärpolizei unser Schiff stürmen. Tun sie es nicht, hätte ich in kürzester Zeit mehr Deserteure als Kranke und Verletzte auf meinem Schiff.«

Ich begriff sofort: Er hatte recht!

»Okay. Ich verstehe und ziehe meine Frage zurück. Kann ich mich auf Ihre absolute Verschwiegenheit in dieser Sache verlassen, Herr Kapitän und auch auf deine, Ulf? Dieses Gespräch hat nie stattgefunden!«

Beide nickten erleichtert.

»Leider habe ich noch ein Problem: Es fällt bei uns kaum auf, ob ich um 1:00 Uhr, 3:00 Uhr oder 4:30 Uhr zurückkomme. Aber ab 5:00 Uhr sind die Kameraden wach und ich brauche schon eine gute Ausrede. Ab 6:00 Uhr wird's dann amtlich. Wenn ich zum Morgenappell nicht erscheine, heißt das im besten Fall zwei Wochen Latrinenschrubben und im schlechtesten Fall Militärgefängnis.«

Kapitän Paul von Hagen sah mich fast ein wenig traurig an und meinte:

»Da musst du durch, Junge. In der Nacht beherrscht der Vietcong hier das Gebiet, zu Lande und zu Wasser. Der schießt auf alles, was sich bewegt und nicht eindeutig als seinesgleichen zu identifizieren ist. Und unser Beiboot sieht nun mal nicht nach einer Vietcong-Dschunke aus.«

»Und wenn ich an Land schwimme?«, insistierte ich.

»Komm bloß nicht auf dumme Gedanken! Da draußen wimmelt es vor Haien! Morgen um 6:00 Uhr machen wir die Barkasse los und bringen dich an Land.«

Der Kapitän klopfte mir väterlich auf die Schulter und verabschiedete sich. Bei einer Schachtel Zigaretten und ein paar Bier redeten Ulf und ich die ganze Nacht über Gott und die Welt, Leben und Tod, die Sinnlosigkeit dieses Krieges und das unermessliche Leid, das er über so viele Menschen und deren Familien gebracht hatte. Auch darüber, dass durch Beten, egal von welcher Glaubenszugehörigkeit, noch kein einziger Krieg gewonnen oder in seiner Grausamkeit gemildert wurde. Es waren gute Gespräche, sehr gute!

* * *

Um 0630, wie die Uhrzeit bei der Army angegeben wurde, war ich im Army Evacuation Hospital. Am Eingang empfing mich Sergeant Wilcox, mein direkter Vorgesetzter.

Ich salutierte mit den Worten:
»Private Miller meldet sich zur Stelle, Sir!«
»Wo waren Sie die ganze Nacht, Miller? Bei *Suzie Wong*? Gesoffen und herumgehurt?«, fragte der Sergeant.
»Nein, Sergeant Wilcox!«
»Wo waren Sie dann? Ich höre!«
»Bei *Suzie Wong*! Gesoffen, herumgehurt und Falschinformationen gestreut!«, antwortete ich.
»Welche Falschinformationen?«, fragte Sergeant Wilcox sichtlich irritiert.
»Streng geheim!«, antwortete ich.
»Und wer hat Ihnen den Befehl dazu gegeben?«
»Military Intelligence. Unser Militärgeheimdienst!«, log ich.
»Können Sie das beweisen?«
»Ja!«, log ich noch mal.
»Wissen Sie was, Miller? Vergessen Sie, was letzte Nacht war. Heute ist Ihr Glückstag! Ich befördere Sie hiermit zum Medical Specialist!«

Der Sergeant drückte mir ein paar Schulterabzeichen mit der neuen Dienstrangkennung und dem Äskulapstab in die Hand und fuhr fort:

»Nähen Sie sich das auf Ihre Uniformjacke! Jetzt gleich, Medical Specialist Miller.«

Ich salutierte.

»Jawohl, Sergeant! Darf ich fragen, was mir die Ehre dieser schnellen Beförderung verschafft? Ich habe erst fünf Tage Klinikpraxis.«

»Unsere Einheit, die 101st Airborne Division, braucht dringend Sanis. Ich habe deshalb Sie und Bill McPherson befördert. Der Doc meinte, Sie beide seien schon so weit. Sie werden um 0900 verlegt. Packen Sie Ihren Seesack und machen Sie sich gefechtsbereit mit Sturmgepäck, Waffen und Sanitätstasche. Ich erwarte Sie um 0850 hier an dieser Stelle!«

Wie in Trance folgte ich den Befehlen des Sergeanten. Mir wurde flau im Magen. Würde ich schon bald an die Front kommen? Würde ich auf andere Menschen schießen müssen?

Punkt 0900 schwebten sechs Hueys wie ein Schwarm angriffslustiger Hornissen über unserem Hospitalgelände. Nur eine Maschine landete. Der Sergeant neben dem rechtsseitigen Bordschützen befahl uns, unsere Seesäcke mit unseren gesamten persönlichen Sachen zurückzulassen, und half uns in den Hubschrauber.

»Willkommen an Bord, Jungs! Eure Seesäcke holen wir später. Unser B-Detachment ist in schwere Kämpfe verwickelt und hat Unterstützung angefordert, keine zehn Minuten von hier!«, brüllte der Sergeant gegen den Rotorenlärm.

Jetzt wurde mir richtig flau im Magen!

Die 1400-PS starke Lycoming-Turbine hob die Bell UH-1 Iroquois, die alle nur Huey nannten, langsam vom Boden. Ein unglaubliches Kraftpaket und Wunderwerk modernster Militär- und Luftfahrttechnik! Die rechts- und linksseitig unter dem Rotormast kauernden Bordschützen mit ihren M60-Maschinengewehren und die majestätischen Flugbewegungen dieses Höllenvogels vermittelten ein Gefühl der Unsterblichkeit, noch verstärkt durch den Verbandsflug mit den anderen fünf Helikoptern.

Wir flogen über Palmenhaine, kleine Dörfer und Reisfelder, so niedrig, dass man das Weiße in den Augen der Wasserbüffel erkennen konnte. Ich überlegte, warum die Wasserbüffel so cool, ja fast gelangweilt auf den Lärm der Hubschrauberinvasion reagierten. Hatten sie sich schon so sehr daran gewöhnt? Da brüllte der Sergeant, der einen Helm mit Sprechverbindung zu den Piloten und Bordschützen trug:

»Die Landezone ist heiß! Die Hueys landen nicht. Ihr müsst aus den schwebenden Helis abspringen, gleich mit Feindbeschuss rechnen und nach vorne wegrennen! Die Bordschützen geben euch Feuerschutz!«

Einige der Kameraden bekreuzigten sich, andere schlugen das Magazin ihrer M16A1-Sturmgewehre zweimal gegen ihre Stahlhelme, zum einen, um Ladehemmungen zu verhindern, und zum anderen, weil das Glück bringen sollte.

Mich fror. Ich hatte Angst. So viel Angst wie nie zuvor und nie danach in meinem Leben! Ich wollte weder sterben noch töten und hatte keine Ahnung, ob und wie beides zusammenzubringen war. In der Ausbildung hatte man uns eingebläut: Wenn du den Feind nicht tötest, tötet er dich!

Nun war die Stunde der Wahrheit gekommen. Die Bordschützen schossen, was das Zeug hielt, wir sprangen aus der knapp über dem Boden schwebenden Huey und folgten in gebückter Stellung unserem Sergeant durch junge Bambusgräser zu einem langgezogenen Erdwall, vor dem sich Männer des B-Detachments verschanzt hatten. Dahinter lauerte der Vietcong, feuerte sporadisch Raketen über den Wall und schoss sofort, wenn sich irgendetwas über die Silhouette des Erdwalls erhob. Die Offiziere des B-Detachments und unserer Unterstützungseinheit tauschten sich kurz aus, da rief schon einer von ihnen nach einem Sani. Ich sah mich nach Bill McPherson oder einem anderen Sani um und musste feststellen, dass *ich* derjenige war, den sie gerufen hatten.

Ein Sergeant, den ich noch nie gesehen hatte, brachte mich zu einem schwer verletzten jungen schwarzen Soldaten.

»Das ist Private Coolidge. Er wurde vor einer halben Stunde angeschossen und hat starke Schmerzen.«

»Warum habt ihr ihm nichts gegeben?«, stellte ich die dümmste aller Fragen.

»Weil einer unserer Sanis da drüben fünf Schwerverletzte gleichzeitig versorgt und der andere tot ist«, antwortete der Sergeant, machte kehrt und lief weg.

Private Coolidge hatte dicke Schweißperlen im Gesicht und zitterte.

»Ich will nicht sterben. Mir ist so kalt und es tut schrecklich weh«, hauchte er mit sichtlich schwindenden Kräften.

Nun wurde mir richtig heiß. Ich musste funktionieren. Alle Emotionen beiseitelassen.

Als Erstes rammte ich dem vor Schmerzen wimmernden Verletzten eine Morphiumspritze ins Gesäß. Dann wollte ich mir ein Bild vom Ausmaß seiner Verletzungen machen. Da schlug plötzlich keine zehn Meter von uns entfernt eine Rakete ein. Ich warf mich auf den Boden und presste mein Gesicht in die Erde. Die Detonation war gewaltig, die Splitter hatten mich jedoch verfehlt. Private Coolidge, der gerade noch mit beiden Händen eine blutgetränkte Jacke auf seinen Bauch gepresst hatte, lag nun mit weit ausgestreckten Armen da. An der Stelle, an der vorher die Jacke war, quollen nun seine durchlöcherten Gedärme nebst Blut und Darminhalt in sämtlichen Verdauungsstufen aus seinem Bauchraum. Ich kann nicht sagen, man hätte mich während meiner Ausbildung nicht auf solche Situationen vorbereitet. Man hatte uns Filme und Bilder von Bauchschüssen gezeigt. Aber die Realität war noch viel grausamer, als die schlimmsten Bilder vermitteln konnten. Und wovon nie die Rede gewesen war: dieser bestialische Gestank, der von zerfetzten Gedärmen und den ausgetretenen Exkrementen ausging.

Private Coolidge starrte mich mit weit geöffneten Augen an. Er war tot. Daran gab es keinen Zweifel. Dennoch sprach ich ihn an, zwickte ihn kräftig in den linken Oberarm und versuchte, seinen Puls an der Halsschlagader zu fühlen. Natürlich ohne Erfolg.

»Sani! Sani!«, brüllten zwei Kameraden am anderen, etwa 300 Meter entfernten Ende des Erdwalls, der sich dort langsam abflachte und auf Bodenniveau absank. Ich sprintete los. Eine kürzere Distanz wäre mir lieber gewesen, aber ich schaffte trotz Sturmgepäck, Sanitasche und meiner »Sweet Little Sixteen« in der Hand die Strecke im leichten Laufschritt.

Ein Dreiertrupp hatte unter weiträumiger Umgehung des Schussfelds die Vietcong-Stellungen auskundschaften sollen. Wieder hatte es einen jungen schwarzen Soldaten am schlimmsten getroffen. Wieder ein Bauchschuss. Die Kameraden hatten richtig gehandelt und drückten eine Jacke kräftig auf den Bauchraum. Aber ich musste das Ausmaß der Verletzung beurteilen und nahm die blutdurchtränkte Jacke langsam ab. Wieder quollen Blut, Gedärme und Scheiße hervor. Aber diesmal war es noch schlimmer, oder vielleicht sogar besser für den Verletzten: Die Aorta, die sich vertikal durch die Körpermitte zieht, hatte ein Loch. Daraus spritzte mit jedem Herzschlag ein kräftiger Blutstrahl. Sechzigmal in der Minute. Ich drückte die Jacke sofort wieder fest in den Bauchraum, um damit die Schlagaderverletzung zu tamponieren. Aber ich wusste: Nur ein guter Gefäßchirurg hätte unter klinischen Bedingungen dieses Leben vielleicht noch retten können. Ich konnte es nicht. Es würde sehr bald ausgehaucht sein. Der Verletzte reagierte nicht auf meine Fragen, sah mich nur mit weit aufgerissenen Augen an. Sein ganzer Körper zitterte und zuckte und bäumte sich noch ein letztes Mal vor dem Tod auf. Es ging schnell, sehr schnell.

Der Soldat neben ihm, ebenfalls ein athletischer junger schwarzer Kamerad, hielt seine Hand. Tränen schossen aus seinen Augen.

»Ich bin Jim. Er war mein bester Freund!«, sagte er mit tränenerstickter Stimme und registrierte kaum, dass ich die tiefe Wunde an seinem linken Oberarm verband. Vermutlich ein glatter Durchschuss ohne Knochenbeteiligung. Jim und der Tote stammten aus Harlem, New York, waren zusammen zur Schule und zum Militär gegangen, beide 18 Jahre alt, also noch jünger als ich.

Nun war ich gerade mal 20 Minuten auf dem Schlachtfeld und hatte schon zwei Schwerverletzte sterben sehen.

Ich fragte mich, ob es Zufall war, dass beide schwarz waren, oder ob man trotz der neuen Anti-Rassismus-Doktrin doch bevorzugt Schwarze ganz nach vorne schickte. Sicher gab es auch schwarze Offiziere. Meine Zeit im Feld war zu kurz für eine klare Beurteilung. Doch hätte ich Jim jetzt gerne beurlaubt, nach Hause geschickt oder zumindest ein paar Tage krankgeschrieben. Aber das lag nicht in meiner Macht.

Inzwischen hatten sich entlang des gesamten Erdwalls in Abständen von drei bis sechs Metern Kameraden positioniert. Mein frischgebackener Sani-Kamerad, Medical Specialist Bill McPherson, winkte mich zu sich und gebot mir, die Lücke zwischen ihm zu meiner Linken und einem anderen Soldaten zu meiner Rechten zu füllen. Bill hatte keinerlei Befehlsgewalt über mich. Aber es hätte tatsächlich irgendwie blöd ausgesehen, wenn sich mein ganzer Zug zum Angriff formierte und ich allein unten in der Deckung neben meiner Sanitätstasche sitzen blieb und darauf wartete, wer getroffen zu mir herunterkullern würde. Das wäre sicher schnell einem Offizier mit Befehlsgewalt aufgefallen.

McPherson erklärte mir die letzten Befehle, die ich offensichtlich verpasst hatte: Wir sollten unsere M16-Sturmgewehre einsatzklar machen. Keiner dürfe über den Rand des Erdwalls blicken. Ein Lieutenant und ein Spähtrupp am anderen Ende des Walls würden den Feind gut getarnt beobachten. Sobald der Lieutenant den Befehl »Feuer frei« gibt, sollten wir auf alles schießen, was sich auf der anderen Seite des Walls bewegen würde.

Das Warten war zermürbend. Tausend Gedanken schossen mir durch den Kopf.

›Du sollst nicht töten! Wenn du den Feind nicht tötest, tötet er dich! Gott steht auf der Seite Amerikas! Gibt es diesen Gott überhaupt? Wenn ja, warum lässt er dann diesen schrecklichen Krieg zu? Mein Religionslehrer hat auf derartige Fragen immer geantwortet, Gott wolle die Menschen prüfen. Aber mit dieser Interpretation konnte ich mich nie anfreunden. Und was ist mit dem Gott des Gegners? Was für ein Mensch ist der Gegner? Was passiert mit seiner Frau, seinen Kindern, seiner Familie, die um ihn trauert, wenn ich ihn erschieße? Wir müssen unser Land und die Welt gegen den Kommunismus verteidigen! Gar nichts muss ich! Die Kommunisten haben weder unser Land noch die Welt angegriffen. *Wir* sind doch hierhergekommen und nicht die Schlitzaugen zu uns!‹

Ich beschloss, in jedem Fall danebenzuschießen, wenn das Spektakel hier losging. Am besten kurz vor ihre Beine. Das müsste sie erschrecken und vielleicht sogar aufhalten. Schlimmstenfalls traf ich auch mal einen ins Bein. Daran müsste er nicht gleich sterben.

Und schon ging es los: Ich hatte zwar den Befehl »Feuer frei« nicht gehört, aber da alle Kameraden aus der Deckung gingen, auf dem Erdwall ihre M16 anlegten und aus allen Rohren schossen, musste ich das wohl auch tun. Die Vietcong-Kämpfer hatten abenteuerliche Pflanzen und Sträucher auf ihren Köpfen drapiert und es sah aus, als würde sich eine junge Baumschule langsam auf uns zu bewegen. Es waren Hunderte, weit mehr als wir! Aber wir hatten, zumindest für eine gewisse Zeit, hinter dem Erdwall die bessere Deckung. Dachte ich. Da flog erneut eine Rakete knapp hinter den Wall, etwa in der Mitte unserer Stellung, und detonierte. Schmerzensschreie ließen auf einen Treffer in unseren Reihen schließen.

Der Gegner war noch gute 400 Meter entfernt, näherte sich aber immer schneller, einige Vietcongs waren aufgestanden und rannten auf uns zu. Sowohl unsere M16 als auch ihre AK47 trafen erst ab einer Entfernung von 300 bis 400 Metern halbwegs genau. Ich schoss ein paar Salven vor ihre Füße und wechselte nach 30 Schuss mein Magazin.

»Du musst höher schießen! Höher!«, brüllte mich McPherson an.

›Was zum Teufel geht es Bill an, wie hoch und wohin ich schieße‹, dachte ich.

Bill lud nach, blickte zu mir, so, als wollte er kontrollieren, ob ich mein Gewehr richtig hielt. Da hatte er plötzlich ein Loch im Kopf und sackte zusammen.

Ich war geschockt und hin- und hergerissen. Sollte ich zuerst Bill versorgen? Oder war ihm ohnehin nicht mehr zu helfen? Oder sollte ich erst den Vietcong aufhalten? Oder sollte ich einfach in die andere Richtung, weit weg vom Feind und von diesem unseligen Schlachtfeld, davonlaufen?

Der Vietcong war schon bis auf 100 Meter an uns herangekommen. Sehr viele Soldaten lagen tot auf dem Schlachtfeld und bei einigen sah ich, wie sie tödlich getroffen oder schwer verletzt wie in Zeitlupe zu Boden purzelten. Ich schoss die Hälfte meines frisch geladenen Magazins vor die Füße der Gegner. Da hörte ich plötzlich Befehle in vietnamesischer Sprache. Ich verstand zwar nichts, aber es musste »Rückzug« geheißen haben, denn plötzlich entfernte sich die Baumschule schneller, als sie gekommen war und löste sich im Nichts auf.

Ich stürzte sofort zu Bill. Das Projektil war knapp über der linken Augenbraue in seinen Schädel eingedrungen.

»Bill! Bill!«, brüllte ich.

Und Bill antwortete:

»Michael! Ich sehe dich nicht mehr richtig.«

»Aber du lebst, Bill! Tut dir was weh?«

»Ich habe Kopfschmerzen, ich sehe nur noch verschwommen und mir ist schwindelig«, haucht Bill.

Blut und Hirnwasser flossen aus dem Loch, das etwa einen Zentimeter Durchmesser hatte. Ich legte Bill einen Kopfverband an und stellte dabei fest, dass es kein Austrittsloch gab. Die Kugel musste also irgendwo in seinem Kopf stecken. Dann bat ich ihn, Arme und Beine zu heben, was er tatsächlich, wenn auch mit großer Anstrengung, schaffte, und prüfte mit Handabdeckung das Sehvermögen seines linken und rechten Auges. Er war auf dem rechten Auge blind und sah mit dem linken Auge nur noch verschwommen. Das passte zur Verletzung, da das linke Hirnareal Bilder des rechten Auges verarbeitet und umgekehrt.

Nachdem sich der Feind zumindest für den Moment zurückgezogen hatte, machte der Sergeant des B-Detachments zusammen mit seinem Funker »Bestandsaufnahme«, zählte die Toten und Verletzten.

»Bill muss ganz schnell in ein Krankenhaus, sonst überlebt er nicht!«, verlangte ich, obwohl ich nicht wusste, wie schlimm es wirklich um ihn stand. Es gab Soldaten, denen wurden im letzten Weltkrieg in den Kopf geschossen und sie laufen mit Hundert noch mit der Kugel im Hirn herum. Andere Kopfschusskandidaten, wie zum Beispiel John F. Kennedy, waren auf der Stelle tot gewesen.

Der Sergeant forderte einen Medevac-Hubschrauber an und befahl mir, mich um die Verletzten des Raketeneinschlags zu kümmern.

Drei Soldaten hatten mehr oder minder große Splitter in Oberschenkeln, Gesäß und Rücken stecken, ein vierter das linke Auge verloren. Er hatte sich nach dem

Raketeneinschlag kurz umgedreht und über die linke Schulter geschaut. Wo sein Auge gewesen war, klaffte jetzt eine große blutige, leere Höhle. Und dann sah ich Jim, den Schwarzen aus Harlem, der seinen besten Freund durch einen Bauchschuss verloren und selbst einen Oberarmdurchschuss abbekommen hatte. Er saß da wie ein Häufchen Elend, die Arme über den Knien gekreuzt, den Kopf nach unten, und schluchzte wie ein Schlosshund. Dazu hatte er sich eingenässt und in die Hosen gemacht.

»Der muss auch zurück!«, sagte ich zum Sergeant des B-Detachments.

»Wer zurückfliegt, bestimme ich! Und wer noch eine Waffe halten kann, kann auch noch kämpfen!«, schnauzte mich der Sergeant an.

»Aber Sie sehen doch, dass der Mann völlig fertig ist! Der trifft doch nichts, der hat keine Kampfkraft mehr«, gab ich zurück.

Erst jetzt sah sich der Sergeant Jim genauer an, seine tief geröteten Augen, sein verrotztes Gesicht und den Kot, der über dem Po aus seiner Hose quoll.

»Was schicken die in Washington uns nur für verdammte Weicheier. Der taugt ja nicht mal mehr als Kanonenfutter!«, erniedrigte er den schwer traumatisierten Soldaten. Ich hatte das Gefühl, er hätte Jim am liebsten den Gnadenschuss verpasst. Aber er sagte nur:

»Zuerst die Schwerverletzten. Wenn er dann noch reinpasst, stopf ihn in die Huey. Sonst bleibt er hier!«

Noch ehe ich die Verletzten ordentlich verbunden hatte, schwebte die Dustoff-Huey mit dem großen roten Kreuz auf weißem Grund an der Schnauze ein. Der Sergeant ließ Bill in die Huey tragen, ich begleitete die anderen verletzten Soldaten in den Hubschrauber. Der mit dem fehlenden Auge und die anderen Splitterverletzten nahmen auf der Sitzbank zwischen den Bordschützen Platz. Die Trage mit Bill wurde hinter den Pilotensitzen arretiert. Ich wies Jim an, sich bäuchlings auf die untere Hälfte von Bills Trage zwischen dessen Beine zu legen und sich rechts und links der Trage gut festzuhalten. So konnte er locker, den wenig appetitlichen Hosenboden nach oben gereckt, auch noch mit. Die Huey wollte schon wieder abheben, da griff der Sergeant nach mir und brüllte gegen den Rotorenlärm:

»Sani! Sani! Du bleibst hier!«

Aber ich war schneller, ließ ihn meine Verbandstasche greifen, meine »Sweet Little Sixteen« zu Boden fallen und hechtete in die abhebende Huey. Sollte er mit dem Zeug doch machen, was er wollte. Ich war mir sicher, dass der Pilot nicht wieder umkehren würde, nur um mich zurückzubringen, und auch, dass mir eine gute Ausrede einfallen würde, falls man mich wegen Befehlsverweigerung zur Rechenschaft zöge.

Ich fühlte Bills Puls. Um die Hundert bedeutete Schockgefahr. Über den Helm mit Sprechgarnitur nahm ich Verbindung mit dem Piloten auf:

»Der Kopfschusspatient braucht dringend einen Neurochirurgen!«

»Wir fliegen ins Army Evacuation Hospital nach Da Nang, voraussichtliche Flugzeit zwölf Minuten«, antwortete der Pilot.

»Die haben dort keinen Neurochirurgen und das Röntgengerät ist auch im Arsch! Ich hab' bis heute früh dort gearbeitet«, gab ich zurück.

»Wir sind im Krieg, Soldat. Da muss man nehmen, was man kriegt«, erwiderte der Pilot.

»Captain, ich weiß nicht, was es für Alternativen gibt. Aber wenn wir den Mann nicht in ein Krankenhaus mit einem Röntgengerät und einem Neurochirurgen bringen, wird er nicht überleben!«

Piloten hatten in der Truppe eine gewisse Narrenfreiheit. Sie galten als besonders schlau, geschickt, mutig, aber auch als hilfsbereit und großherzig. Ich musste unweigerlich an Barry Meeker denken, das sympathische Sprachengenie und Multitalent, mit dem ich vorgestern diesen unvergesslichen Abend bei *Suzie Wong* verbracht hatte. Wie viele Stunden lag das zurück? Es kam mir vor wie in einer anderen Welt.

Ich konnte mithören, wie der Pilot mehrfach mit seiner Flugleitstelle wegen unseres Kopfschusspatienten kommunizierte, verstand aber nur Wortfetzen.

Bills Puls war schnell und schwer tastbar.

»Hey! Bill! Wie geht's dir?«, schrie ich ihn an.

Er lallte etwas Unverständliches, aber immerhin: Er reagierte noch.

In diesem Moment geschah etwas völlig Unerwartetes, Unfassbares: Jim stieß sich plötzlich mit beiden Händen aus seiner Bauchlage von der Trage ab und stürzte rücklings aus dem Hubschrauber in die Tiefe. Das alles ging so unglaublich schnell, dass ich keine Chance zum Eingreifen hatte. Der Bordschütze, der konzentriert das Terrain überwachte, hatte aus den Augenwinkeln Jims Körper aus der Huey fallen sehen und gab sofort über Bordfunk dem Piloten Bescheid. Die Fliehkraft einer steil geflogenen 360°-Drehung presste uns in die Sitze. Erst jetzt fiel einigen der Verletzten auf, dass Jim fehlte. Unter uns dichter Dschungel ohne Landemöglichkeit. Jim würde den Sturz aus 100 Metern kaum überlebt haben. Man würde ihn als

KIA – *killed in action* – oder MIA – *missing in action* – führen und ihm wahrscheinlich posthum eine Tapferkeitsmedaille verleihen.

Die Huey ging wieder auf Kurs. Nach wenigen Minuten meldete sich der Captain:

»Der Commander der Da Nang Air Base will Art und Schweregrad der Verletzungen wissen, die unsere Männer an Bord haben. Ich schalte Sie über Funk auf. Nennen Sie zuerst Ihren Dienstgrad, Namen und dann die Verletzungen der Soldaten. Sprechen Sie jetzt.«

Es knackte in der Verbindung.

»Hier spricht Medical Specialist Keller. Können Sie mich hören?«, fragte ich etwas unsicher und wusste selbst nicht, warum ich einen falschen Namen verwendet hatte. ›Keller‹ klang phonetisch ein bisschen wie ›Miller‹ und rein intuitiv fühlte ich, es könnte mir vielleicht nützen, schon mal einen leichten Schleier über meine Identität zu legen.

»Laut und klar! Hier spricht Commander Delisio. Was haben Sie an Bord?«, antwortete der Commander mit ruhiger, fester Stimme.

Ich gab die Verwundungen durch. Kein Wort über Jim, der gerade vor meinen Augen aus dem Hubschrauber gestürzt war. Es gehörte einfach nicht hierher.

»Captain! Wir machen gerade eine Nightingale startklar. Landen Sie auf Position Golf. Der Doc schaut sich die Patienten an!«, funkte der Commander an den Piloten und ich hörte mit.

»Roger, Position Golf in fünf Minuten, over«, bestätigte der Pilot.

Wenig später landeten wir direkt neben der Heckrampe einer weißen zweistrahligen McDonnell DC-9 mit der militärischen Bezeichnung C-9A Nightingale, der Seitenaufschrift United States Air Force und einem riesigen roten Kreuz auf der Heckflosse.

Ein schwarzer Arzt, der ein Stethoskop um den Hals hängen hatte, sichtlich erschöpft und überfordert war, verzichtete auf das formelle Begrüßungsritual und begutachtete die Verletzten in der Huey.

»Der Kopfschuss kann noch mit«, entschied er knapp und fügte hinzu, »aber nur, wenn ein Sani zu seiner Überwachung mitfliegt!«

»Wo geht's denn hin? Wann fliegt ihr ab?«, fragte ich.

»Zur Osan Airbase in Korea, viereinhalb Stunden Flugzeit. Wir starten in wenigen Minuten!«

»Und wie komm' ich von da wieder zurück?«

»Kein Problem. Wir fliegen mit mehreren Maschinen mehrfach am Tag hin und her, um die Armeekrankenhäuser in Vietnam zu entlasten. Los, steigen Sie ein!«

Zwei Soldaten der Air Base luden Bill McPherson in die Nightingale und fixierten die Trage in der hintersten Reihe. Wir zogen Bill die Jacke aus und legten sie unter seinen Kopf, um diesen etwas höher zu lagern. Der Arzt untersuchte ihn kurz und gab mir die Anweisung:

»Legen Sie eine Kochsalzinfusion an und messen Sie alle 20 Minuten den Blutdruck. Geben Sie ihm keine Medikamente, auch kein Morphium. Das erhöht den Hirndruck. Versuchen Sie, ihn öfter anzusprechen und wachzuhalten. Mehr können wir hier nicht tun.« Dann verschwand er Richtung Cockpit, während die Maschine auf ihre Startposition rollte.

Das riesige Ambulanzflugzeug bot Platz für 40 liegende Patienten. Aber nicht alle Liegen waren belegt, nur etwa 30 oder 35. Es roch nach Blut, Urin, Exkrementen und Tod in dieser unseligen Blechbüchse. Ich war mir sicher, Bill war nicht der einzige Verletzte, der direkt vom Schlachtfeld kam. Dem Geruch nach zu urteilen, war bestimmt auch der eine oder andere Bauchschuss dabei, dem man einfach einen Verband umgewickelt und eine Infusion angelegt hatte. Im Krieg hieß die Devise »*load and go*«: einladen und ab ins Krankenhaus, hatte man uns gelehrt. Man nahm dabei in Kauf, dass viele Verletzte nicht lebend am Ziel ankamen. Es war eben Krieg.

Seit ich aufgestanden war, um am Red Beach von Da Nang ein paar Runden zu schwimmen, waren nun schon über 30 Stunden vergangen. Aber der längste Tag meines Lebens sollte noch lange nicht zu Ende sein!

KAPITEL 4
Agent wider Willen

Wie werde ich Agent? Schriftlich oder telefonisch bei der CIA oder beim BND bewerben oder besser persönlich vorbeischauen? Auf jeden Fall zieht man so die Aufmerksamkeit der Dienste auf sich und darf mit einer gründlichen Überprüfung rechnen. Die Kommunikationswege werden über Wochen, Monate, vielleicht sogar Jahre überwacht. Gilt man als »sauber«, hat man eine reelle Chance, als Sekretärin, Pförtner oder in der Putzkolonne eingestellt zu werden – aber niemals als Agent.

Agenten bewerben sich nicht. Sie werden angeworben! Die meisten von ihnen kommen aus militärischen Einheiten und sind dort durch besondere Eignung aufgefallen. Zivilisten haben nur eine Chance, wenn sie über seltene und außergewöhnliche Fähigkeiten verfügen oder interessante Positionen im gegnerischen Lager besetzen.

Genau genommen begann meine Karriere als Agent in dem Moment, in dem Bill McPherson sein Leben ausgehaucht hatte. Der Doc und eine Krankenschwester reanimierten an der cockpitnahen Seite der C-9A Nightingale einen Patienten und ich war mit Bill allein ganz hinten im Flugzeug. Er sah mir ein klein wenig ähnlich. Aber nur ein klein wenig. Körpergröße, Haar- und Augenfarbe stimmten in etwa. Er sah etwas älter aus als ich – und er war tot. Ich zog meine Jacke mit meinem Namensschild aus und tauschte sie behutsam gegen Bills, die unter seinem Kopf gelegen hatte. Nach einem prüfenden Blick durch die Maschine tauschte ich auch unsere Dog Tags, die Identifizierungsmarken, in die Name, Dienstnummer, Blutgruppe und Religion eingeprägt waren. Michael Miller, Blutgruppe A negativ, katholisch, war soeben gestorben. Ich war nun Bill McPherson, Blutgruppe B Rhesus positiv, protestantisch. Und ich hatte vor, zu desertieren.

Die Entscheidung, meine Identität zu wechseln, kam spontan. Die Möglichkeit dazu bestand wahrscheinlich nur in diesem einen kurzen Moment. Ob sie richtig war? Ob sie mir jemals nützen würde? Ich wusste es nicht. Ein desertierter Bill McPherson würde genauso verfolgt werden wie ein desertierter Michael Miller. Vielleicht könnte ich dadurch einmal Zeit gewinnen. Lebenswichtige Zeit. Ich malte mir die wildesten Szenarien aus. Zum Beispiel könnte ich, als fahnenflüchtiger McPherson gefasst, tatsächlich Zweifel an meiner Identität streuen. Während die Behörden dann versuchten, herauszufinden, wer ich wirklich war, hätte ich vielleicht eine zweite Chance zur Flucht, könnte mich, nackt bis auf die Unterhose, in die deutsche Botschaft retten. Dort würde ich eine Story von einer durchgeknallten Freundin, gestohlenen Papieren und Sprachproblemen auftischen und mich, von der Botschaft neu eingekleidet und mit deutschem Pass auf den Namen Michael Müller ausgestattet, in die Heimat schicken lassen. Es war bestimmt kein Fehler, verschiedene Pläne gedanklich durchzuspielen. Aber wahrscheinlich kommt immer alles anders, als man denkt.

Mein Ziel war mir so klar wie das Wasser eines frisch entsprungenen Gebirgsbachs: Nie wieder Krieg! Für dieses Ziel war ich bereit, zu lügen, zu betrügen, zu stehlen und zu kämpfen – nur nicht zu töten!

Wir hatten noch eine Stunde Flugzeit. Niemand beachtete mich und den Toten. Jeder war mit sich selbst beschäftigt. Mein erstes Problem würde sein, die Osan Airbase zu verlassen. Sie war mit Sicherheit eingezäunt und streng bewacht. Lockeres Herein- und Hinausschleichen wie in den letzten Tagen im Army Evacuation Hospital in Da Nang wäre hier nicht mehr möglich. Oder doch?

Ich kramte in den Hosentaschen des Verstorbenen und fand:
- Das Foto einer bildhübschen Frau mit wunderschönen dunklen Augen und langen, gelockten blonden Haaren. Es hätte Bills Mutter in jungen Jahren oder auch seine ältere Schwester oder Freundin sein können. Auf der Rückseite stand nur »Mary«.
- 23 US$ in kleinen Scheinen.
- Bill McPhersons militärische ID-Card mit Geburtsdatum.

Richtig, das hätte ich fast vergessen: Ich steckte ihm meine ID in die Hosentasche und behielt seine, das Foto und 18 Dollar. Fünf Dollar mussten für einen glaubwürdigen Hosentascheninhalt und das Jenseits reichen.

Was würde mit dem toten Michael Miller passieren? Er würde nach der Landung und der Bestätigung seines Todes in einen grauschwarzen Plastiksack gesteckt und mit einem der nächsten Transporter als KIA (killed in action) in die USA geflogen. Eine der beiden stets im Doppel getragenen Dog Tags würde man an seinem rechten großen Zeh fixieren, den anderen zusammen mit der ID-Card nach Washington schicken. Dort würde man feststellen, dass Private Miller keine Angehörigen angegeben hatte und kurz vor seinem Tod zum Medical Specialist befördert worden war.

Und was würde mit McPherson passieren? Wenn man mich innerhalb der Airbase ansprach, müsste ich mir je nach Situation ganz schnell eine gute Geschichte einfallen lassen. Würde man mich außerhalb des Militärgeländes aufgreifen, galt ich, Bill McPherson, als fahnenflüchtig und hatte mit einer hohen Haftstrafe zu rechnen. In allen anderen Fällen würde McPherson vermutlich als MIA (missing in action) geführt und Mary müsste noch nicht so bald trauern.

Eine Ansage aus dem Cockpit unterbrach die gespenstische Stille:

»Hier spricht der Captain! Die Landebahn der Osan Airbase ist vorübergehend gesperrt. Wir landen deshalb 20 Meilen nördlich auf dem Suwon International Airport. Krankentransporter werden alle Verletzten ins Hospital der Airbase bringen. Landung in 20 Minuten!«

Wahrscheinlich hatte es auf der Airbase eine Bruchlandung oder einen sonstigen Zwischenfall gegeben, der die Umleitung nötig machte. Was bedeutete das für mich? Ich war hellwach und beschloss, jede sich bietende Gelegenheit zur Flucht zu nutzen. Und ich definierte mein nächstes Ziel: So schnell wie möglich so weit weg wie möglich! Dafür hatten alle anderen Bedürfnisse wie schlafen, essen, ein kühles Bier oder eine Zigarette zurückzustehen. Nur Wasser würde ich brauchen. Sonst nichts.

Bei der Landung auf dem Suwon Airport erwarteten uns jede Menge militärische Krankentransporter unterschiedlicher Größen. Der Copilot öffnete zuerst die riesige Cargo-Tür vor dem linken Tragflügel und sprintete dann nach hinten, um die Heckrampe, eine zehnstufige Treppe, fachmännisch zu Boden zu lassen. Ganz auf seine Aufgabe fokussiert, hatte er keinen Blick für die Patienten in der Maschine. Ich schritt die Heckrampe hinunter und grüßte zackig ein paar Soldaten, die mir entgegenkamen, um unsere Ambulanzmaschine zu entladen. Ich ging das kurze Stück zur Flughafenhalle, ohne mich ein einziges Mal umzusehen, nicht zu langsam und nicht zu schnell, durchquerte die Halle und grüßte stramm den Posten am Ausgang, einen kleinen, älteren Mann in Uniform. Es war kein Soldat, so viel stand fest. Er könnte Polizist, Zöllner oder einfach nur Wachmann gewesen sein. Er grüßte jedenfalls sehr freundlich zurück.

Vor dem Flughafengebäude standen drei Taxis. Ich wollte zum Bahnhof und von dort mit dem nächstmöglichen Zug in die Hauptstadt Seoul. Der erste Taxifahrer zuckte mit den Schultern. Offensichtlich verstand er nur Bahnhof im sprichwörtlichen Sinne. Der zweite Taxifahrer winkte mich heran und redete ohne Unterlass auf mich ein. Egal, was ich ihn auf Englisch fragte oder zu ihm sagte, er redete und redete. Auf Koreanisch, versteht sich. Aus seinem Minenspiel und seiner Gestik folgerte ich, dass er keine Amerikaner mochte. Vielleicht mochte er auch keine Soldaten oder vielleicht mochte er nur mich nicht. Der dritte Taxifahrer grüßte mich freundlich, ob ehrlich oder gespielt, sei mal dahingestellt. Aber er sprach ebenfalls kein Wort Englisch.

Ich wusste nicht, wo ich war, ob 50 oder 500 Kilometer von der Hauptstadt entfernt. Niemand hier verstand mich und ich verstand niemanden und konnte weder Straßennamen noch sonst etwas lesen. Ich schwor mir, nur noch Länder zu besuchen, für die ich mir vorher rudimentäre Kenntnisse der Landessprache angeeignet hatte. »Bitte, danke, guten Tag, auf Wiedersehen« – das musste man ebenso können wie von eins bis zwanzig zählen, nach dem Weg, nach Essen und Trinken fragen und die Antworten verstehen! Aber wie hätte ich mich auf dieses

Land und seine Schrift und Sprache vorbereiten sollen? Vor wenigen Stunden hatte ich noch nicht einmal gewusst, dass ich heute als Bill McPherson in Korea landen würde.

Ich bekam Hunger und Durst und spürte, wie sich ein Hauch von Depression und Verzweiflung wie ein grauer Schleier über mich legte. Wenn man mich hier aufgriff, würde dies bereits als »unerlaubtes Entfernen von der Truppe« gewertet und streng bestraft werden. Ich musste weg, weg, weg von hier! So schnell wie möglich und so weit wie möglich und das auch noch möglichst unsichtbar. Ich wechselte die Straßenseite und beschloss, abseits der Hauptstraße auf kleinen Nebenstraßen und Gassen ins Dorf zu gehen. Die Wahrscheinlichkeit, hier auf Kameraden oder Militärpolizei zu treffen, erschien mir gering. Wenn die Dorfbewohner jedoch auf die Amerikaner so gut zu sprechen waren wie der zweite Taxifahrer, musste ich damit rechnen, dass mir Steine nachflogen oder zufällig über mir ein Blumentopf aus dem Fenster fiel. Ich befahl mir, wach zu bleiben. Hellwach. Und das, obwohl mein letztes kurzes Nickerchen nun schon 37 Stunden zurücklag.

Plötzlich merkte ich, dass ich Begleitung hatte: Ein kleiner, dürrer alter Mann mit langem schlohweißem Haar folgte mir in fünf bis zehn Metern Abstand langsam mit dem Fahrrad.

Ich blieb stehen, drehte mich um und sah ihm ins Gesicht. Er blieb auch stehen. Ich musterte ihn misstrauisch. Er sah trotz seines Alters sportlich aus auf seinem Drahtesel und ich war mir nicht sicher, ob ich ihn hätte einholen können.

»Hello, Mister!«, rief der Alte, lächelte und winkte.

Ich scannte meine Umgebung und bewegte mich langsam auf den Alten zu. Im Nahkampf wäre ich ihm auf jeden Fall überlegen, selbst wenn er ein Messer dabeihatte.

Als ich bis auf einen Meter an ihn herangekommen war, grüßte ich ihn militärisch mit der rechten flachen Hand an der Schläfe.

»Wie geht es Ihnen? Wie war Ihr Tag heute? Kann ich Ihnen helfen?«, fragt der Alte in perfektem Englisch.

Wie mein Tag heute gewesen war, wollte ich ihm lieber nicht erzählen. Aber ein Einheimischer, der Englisch sprach, war mir jetzt mehr als willkommen. Sofern er mich nicht verriet oder in eine Falle locken wollte.

»Danke, mir geht es gut. Und wie geht es Ihnen? Wo haben Sie so gut Englisch gelernt?«, fragte ich zurück.

»Mir geht es sehr gut. Ich habe an der Uni in Seoul Englisch studiert. Das ist aber sehr lange her. Danach war ich 33 Jahre Lehrer für Englisch und Geografie hier im Ort«, antwortete der Alte. Und es klang glaubwürdig.

»Alle Achtung!«, lobte ich anerkennend.

»Wo wollen Sie hin?«, fragte der Alte.

»Zum Bahnhof.«

»Und dann?«

»Nach Seoul, in die Hauptstadt.«

»Ich verstehe! Ihren Onkel besuchen! Ich habe erst vor zwei Wochen einem Ihrer Kameraden ein Bahnticket besorgt. Der wollte auch zu seinem Onkel nach Seoul und verstand unsere Sprache nicht.«

›Häh? Welchen Onkel? Meinte er vielleicht Uncle Sam?‹, stutzte ich.

Wir sahen uns etwa eine halbe Minute schweigend in die Augen und plötzlich wurde mir klar: Der Alte wusste, was ich vorhatte – und er wollte mir helfen.

* * *

Der Mann wies mir den Platz auf seinem Gepäckträger zu. Nach einer Weile des Schweigens – wir waren etwa einen Kilometer geradelt – bot ich an, zu wechseln, weil sich der sportliche Lehrer doch ganz schön mit mir abmühte. Nun radelte ich auf dem für mich viel zu kleinen Fahrrad und der Alte wies mir vom Gepäckträger aus den Weg. Ich radelte eine gute Stunde, meist auf ebener Strecke, manchmal leicht bergauf, bis wir kurz vor Sonnenuntergang den ersehnten Bahnhof erreichten. Der Alte kaufte für mich das Ticket und eine große Flasche Wasser, begleitete mich auf den Bahnsteig, wartete mit mir auf den Zug, zeigte mir den Waggon, in den ich einsteigen musste, und wünschte mir viel Glück.

Ich winkte ihm nach, als der Zug abfuhr, und war tief gerührt. Ohne die Hilfe des alten Lehrers wäre ich in diesem fremden Land verloren gewesen. Im Nachhinein bedauerte ich, dass ich ihn nicht umarmt und ganz fest gedrückt hatte. Er hätte es verdient gehabt! Aber vielleicht wäre das auch ein Riesen-Fauxpas gewesen, in dieser mir so fremden Kultur.

Vorsichtig durchstreifte ich den Zug vom ersten bis zum letzten Waggon, um zu sehen, ob sich noch andere Weiße, Soldaten oder gar US-Militärpolizisten, an Bord befanden. In letzterem Fall war ich mental darauf vorbereitet, je nach Geschwindigkeit entweder aus dem fahrenden Zug zu springen oder aufs Dach zu flüchten. Spätestens ab jetzt galt ich, das war mir bewusst, als fahnenflüchtig und musste, wenn ich aufgegriffen oder an die U.S. Army verraten wurde, mit mehrjähriger Haftstrafe in einem Militärgefängnis rechnen, sobald meine Identität festgestellt war. Mit falschen Angaben zu meiner Identität konnte ich notfalls noch etwas Verwirrung stiften und Zeit gewinnen.

Ich war der einzige Soldat und der einzige Weiße in dem gut besetzten Zug. Mir war nicht klar, ob amerikanische Soldaten bei der koreanischen Bevölkerung als willkommene Beschützer und Freunde oder als verhasste Kriegstreiber galten. Ich zog meine olivgrüne Armeejacke aus, stülpte die Ärmel von innen nach außen und zog sie auf links gedreht wieder an. So konnte niemand mein Namensschild, den U.S.-Army-Aufnäher und meine Rangabzeichen sehen.

Die meisten Mitreisenden lächelten mich freundlich an, aber es war mir unmöglich, in ihre Seelen zu blicken. Ich setzte mich auf eine der engen Holzbänke neben ein Mädchen, das 13, vielleicht aber auch schon 23 Jahre alt gewesen sein mochte. Uns gegenüber saß eine ältere, ausgemergelte Frau, die ein junges Schwein in einem geflochtenen Korb dabeihatte. Nach einer gewissen Zeit nahm sie die junge Sau aus dem Korb und streichelte und liebkoste sie, wie ich das bisher nur bei liebgewonnenen Haustieren gesehen hatte.

Das Mädchen neben mir, dessen Alter ich nicht einschätzen konnte, schmiegte ihren Kopf an meine Schulter und – schlief ein. Tief und fest, mit halb geöffnetem Mund und hörbarem Atemgeräusch, das als Schnarchen zu bezeichnen eine leichte Übertreibung gewesen wäre. Ich spürte und genoss ganz bewusst ihre Wärme und menschliche Nähe. Ein wunderbares Gefühl, das ich schon sehr, sehr lange nicht mehr erlebt hatte und das mir nach den Ereignissen der letzten 40 Stunden richtig guttat.

Nach vier oder fünf Stunden Fahrzeit und mehreren Zwischenstationen hielt der Zug und alle stiegen aus. Auf dem Bahnsteigschild stand unter den koreanischen Schriftzeichen *Namyeong-dong*. Das musste die Endstation in Seoul sein.

Es war spät nachts. Die Bahnhofsuhr zeigte kurz nach halb zwölf. Ich hatte Hunger, Durst und das dringende Bedürfnis, meine Kleidung zu wechseln. Ich schwor mir, von der nächsten Wäscheleine zumindest ein T-Shirt und eine Hose zu klauen.

Die Fahrgäste hatten sich schnell in alle Richtungen zerstreut. Und es gab keine Wäscheleinen, keine Straßenstände, keine Läden, nicht einmal Taxis oder Rikschas, wie ich sie aus Vietnam kannte. Vielleicht war ich nur auf der falschen Seite des Bahnhofs, der plötzlich wie ausgestorben schien.

Ich lief in die dunkle, unbekannte Stadt, leicht bergab, bis zu einem großen Fluss und dann stromabwärts bis zur ersten Brücke, unter der mein Nachtlager sein sollte. Es war unbequem, steinig und kalt. Die Temperaturen lagen hier weit unter denen in Vietnam. Ich kauerte mich in eine Ecke, wo der Wind am wenigsten pfiff, legte meinen Kopf auf meine Knie und versuchte, ein wenig zu schlafen. Aber es ging nicht. Zu viele Gedanken gewitterten durch meinen Kopf.

Würde Bill noch leben, wenn er nicht zur Seite geschaut und mir gesagt hätte, ich solle höher schießen? Würden Jims suizidaler Sturz aus der Huey und die jämmerliche Vorgeschichte dazu jemals bekannt werden? Wusste man überhaupt, wie viele Kopfschüsse, wie viele Bauchschüsse und wie viele Selbstmorde es schon unter den GIs in Vietnam gegeben hatte?

Plötzlich empfand ich ein Gefühl der Freude. Freude darüber, dass es die Kameraden und nicht mich erwischt hatte. Ich hielt dieses Gefühl für zutiefst unmoralisch und versuchte, es zu verdrängen. Aber es kam immer wieder, bis der Morgen graute. Dazwischen Bilder von Barry, Ulf, Kapitän Paul von Hagen, Sergeant Wilcox,

Private Coolidge, Jim und Bill McPherson, der ich jetzt war und der so plötzlich ein Loch im Kopf gehabt hatte.

Im Morgengrauen wusch ich mein Gesicht im eiskalten Fluss und hätte nur zu gern einen Schluck davon geschlürft. In der Ausbildung hatte man uns jedoch immer wieder davor gewarnt, Wasser unbekannter Herkunft unabgekocht zu trinken. Mein Magen knurrte hörbar und schmerzte vor Hunger. Ich kletterte die Böschung hoch zur Brücke und entdeckte eine Tafel mit koreanischen und chinesischen Schriftzeichen und der auch für mich lesbaren Aufschrift *Han River*.

Irgendwann stieß ich auf eine Straße mit mehreren Essensständen. Was da so alles am frühen Morgen brutzelte und dampfte, erinnerte nicht ansatzweise an ein westliches Frühstück. Alle Speisen sahen aus wie deftige Mittagsgerichte. Ich bestellte eine Suppe, die sie *Pollock* nannten, eine heiße Brühe mit getrocknetem Fisch, Tofu-Stückchen, Lauchzwiebeln und Eierflaum. Dazu eine große Flasche Trinkwasser. Mein Fünfdollarschein beschäftigte eine ganze Armada freundlicher Koreanerinnen und Koreaner mit der Berechnung des Wechselkurses und des Rückgelds in koreanischen Won. Das warme Süppchen tat mir gut. Nun musste ich nur noch meine verdammten Army-Klamotten loswerden. Ein einfaches Hemd, ein T-Shirt und eine Jeans sollten doch wohl aufzutreiben sein. Weit gefehlt! Der halbe Tag verfloss mit der erfolglosen Kleidersuche. Es gab einfach nichts in meiner Größe.

Ich musste weiter. Weit, weit weg. Zum Flughafen. Den Betrieb und die Menschen dort beobachten, meine Chancen ausloten. Aber wo war der Flughafen? Keiner der von mir Angesprochenen sprach Englisch und ich verstand weder Koreanisch noch konnte ich die Schriftzeichen lesen, was mich an den Rand der Verzweiflung trieb.

Die Rettung nahte in Form eines Hausschilds: *Mrs Kim's English-Korean Language School.* Die adrett gekleidete Schulleiterin mittleren Alters empfing mich im ersten Stock und erschien mir wie ein Engel. Unrasiert, notgewaschen und in verdrecktem Olivzeug trug ich, ein wenig verschämt, aber freundlich lächelnd, mein Anliegen vor. Frau Kims perfektes Oxford-Englisch erinnerte mich an meine Schulzeit und klang in dieser Situation so beschwingt wie der erste Satz aus Mozarts Kleiner Nachtmusik. Die Lehrerin fragte nicht, wo ich herkam, schien mein Outfit zu ignorieren und zeichnete extra für mich einen kleinen Stadtplan: hinunter zum Han-Fluss, über die erste Brücke auf die andere Uferseite und dann immer flussabwärts, bis zum Gimpo International Airport, dem größten Flughafen des Landes. Es würde zu Fuß gute vier Stunden dauern, vielleicht auch fünf. Dann schrieb mir Mrs Kim noch ein paar Worte auf einen zweiten Zettel, für den Fall, dass ich unterwegs nach dem Weg fragen müsste oder mir ein Taxi leisten wollte. Das Rückgeld in Won, das ich noch vom Frühstück hatte, sollte reichen. Auch das notierte sie auf dem Zettel.

Zwei Welten kämpften in meiner Seele, als ich meine überschäumenden Dankesgefühle mit dezent asiatischer Zurückhaltung in Einklang zu bringen versuchte. Schließlich verbeugte ich mich einfach ganz langsam, tief und devot und flüsterte:

»Thank you so much! You have just saved my life!«

Die Lehrerin nickte zum Abschied nur kurz, mit einem kaum wahrnehmbaren Lächeln, das ich etwa so interpretierte:

»Übertreib' mal nicht so maßlos! Das war einfach nur asiatische Höflichkeit. Vielleicht hast du ja was gelernt für dein Leben.«

Ich hielt auf der *Saechang-ro* ein Taxi an und reichte dem Fahrer Mrs Kims Zettel.

Während der Taxifahrt versuchte ich, einen Plan zu schmieden. Die abenteuerlichsten Gedankten schwirrten mir durch den Kopf: Könnte ich mich vielleicht in die Frachtabfertigung einschleichen, dort einen großen Koffer ausräumen, mich selbst hineinlegen und wohin auch immer fliegen lassen? Gäbe es im Frachtraum einer Linienmaschine überhaupt Druckausgleich und ausreichend Sauerstoff?

Ich musste so schnell wie möglich so weit wie möglich von hier weg, nach Australien, Europa, Nord- oder Südamerika, koste es, was es wolle! Alles war erlaubt, außer Mord. Doch wie ich es auch drehte und wendete, mir fehlten für alle praktikablen Pläne drei entscheidende Dinge: Pass, Kreditkarte und Flugticket. Der Pass musste auf einen weißen Mann zwischen 18 und 28 Jahren ausgestellt sein. Alles Weitere war zweitrangig. Ich ging mal davon aus, dass die Koreaner Gesichter von Weißen ebenso schwer unterscheiden konnten wie wir Weißen die Gesichter von Asiaten. Hier konnte ich also mit einer hohen Toleranzschwelle rechnen. Sehr schön, aber nicht zwingend nötig wären eine kalte Cola, die mich wachhalten und meine Sinne schärfen könnte, sowie etwas Bargeld, eine frische Dusche und zivile Kleidung.

Am Gimpo International Airport gab ich dem Taxifahrer meine restlichen Won. Er nickte freundlich und blieb, wie die ganze Fahrt über, auch beim Abschied wortlos.

Ich beschloss, mir sehr viel Zeit für die Beobachtung und Analyse der Vorgänge am Flughafen zu nehmen. Wann gehen welche Flüge wohin? Welche Schalter sind am stärksten frequentiert? Wo landen die Koffer nach dem Einchecken? Wie viele Restaurants und Toiletten gibt es? Wo findet die Passkontrolle statt? In welchem Rhythmus läuft das Wachpersonal welche Strecken ab? Wo arbeitet das Reinigungspersonal? Gibt es Wartesäle?

Noch bevor ich mir einen rechten Überblick verschaffen konnte, entdeckte ich gleich rechts vom Eingang eine langgezogene Bambuswand, hinter der sich ein WC befand, das ich sofort aufsuchte. Mit entleerter Blase recherchiert es sich deutlich entspannter. Gleich neben dem WC überraschte mich ein Schild mit der Aufschrift *Shower*. Mit allem hatte ich gerechnet, nur nicht mit einer Dusche am Flughafen. Das war genau das, was ich jetzt brauchte! Mein eigener Schweißgeruch ekelte mich schon eine ganze Weile an. Kühles Nass von oben, vielleicht noch ein Stück Seife – das wäre jetzt das Paradies auf Erden!

In dem offensichtlich kostenlos nutzbaren Duschraum lagen drei Duschzellen nebeneinander auf einer Wandseite und eine lange Reihe mit Kleiderhaken auf der anderen. Eine Dusche war besetzt, die anderen beiden frei. In jeder Duschzelle gab es ein sehr kleines Handtuch und ein sehr kleines Stück Seife. Ich riss mir die Kleider vom Leib und wollte mich schon in eine freie Zelle stürzen, da fiel mein Blick auf die hellbeigefarbene Anzugjacke am Kleiderhaken neben meinem, samt weißem Hut, hellbeigefarbener Hose und einer braunen Umhängetasche. In der Anzuginnentasche steckten, so fand ich heraus, ein Ticket für einen Flug über SFO nach IAD, ein Pass der Vereinigten Staaten von Amerika auf den Namen Mike Love und eine Brieftasche mit Gepäckschein, Bargeld, Kreditkarten und Visitenkarten. Der Mann auf dem Foto war gut zehn Jahre älter und korpulenter als ich und trug einen Schnauzbart.

Manche Chance hat man nur ein Mal im Leben und sie will sofort genutzt werden. Ich verzichtete auf das Duschen und schlüpfte so schnell ich nur konnte in Mike Loves Hemd, Hose und Jackett, nahm die Umhängetasche an mich, rollte meine Army-Kleidung zusammen und klemmte sie mir unter den Arm. Nur Mikes Unterhose ließ ich am Haken. Man ist ja kein Unmensch.

Während Mike fröhlich pfeifend das Duschen genoss, verließ ich schweißgebadet den Raum und stopfte meine Army-Sachen in den großen Mülleimer im WC nebenan. Mikes etwas zu große Kleidung umschlotterte meinen Körper, der Dorn seines Hosengürtels lechzte danach, ein weiteres Loch in das Leder gebohrt zu bekommen.

Plötzlich ließ mich ein Gedankenblitz erschaudern. Ich hatte einen Fehler gemacht! Einen sehr großen Fehler! Vielleicht den größten Fehler seit meinem Eintritt in die Army! Vielleicht einen alles entscheidenden Fehler!

Ich lief zurück zum Duschraum, hörte, wie Mike das Wasser abdrehte und schnappte mir seine Unterhose – das einzig verbliebene Kleidungsstück – vom Haken, gerade als die Tür der Duschkabine aufsprang. Für den Bruchteil einer Sekunde trafen sich unsere Blicke. Ich werde die Mischung aus blankem Entsetzen, Wut und Hilflosigkeit in seinen Augen nie vergessen, als er mich in seinem beigefarbenen Anzug, mit seiner braunen Umhängetasche und seinem weißen Hut auf dem Kopf sah. Würde er es wagen, mich splitterfasernackt durch die Flughafenhalle zu verfolgen? Würde er mich einholen können? Auf welcher Seite stünden die Menschen und die Sicherheitskräfte, wenn ich von einem Nackten angegriffen würde?

Nach hundert Metern Sprint lief ich, ohne mich umzusehen, im schnellen Schritttempo zur Herrentoilette am diagonal gegenüberliegenden Teil des Flughafens, entsorgte Mikes Unterhose im dortigen Mülleimer und schloss mich in eine Sitzklokabine ein, um in Ruhe Bestandsaufnahme zu machen und mich mit meiner neuen Identität anzufreunden:

Ich war nun Mike Love, 29 Jahre alt, aus Lexington, Kentucky, USA. Laut meiner Visitenkarte war ich Journalist der Washington Post, jener Zeitung, die gemeinsam mit der New York Times vor wenigen Monaten die Pentagon Papers veröffentlicht hatte, eine Studie, die belegte, dass der Vietnamkrieg von langer Hand vorbereitet war und das amerikanische Volk von seiner Regierung über Kriegsursache und -gründe gezielt belogen wurde. Ich hatte eine Master Card und eine American Express Kreditkarte und war WorldPass-Inhaber bei Pan American Airlines. In meiner Tasche befanden sich eine wenige Tage alte Ausgabe der Washington Post, ein paar Kekse und Schokoriegel, ein Taschenbuch mit dem Titel »The Good Earth« von Pearl S. Buck. Mein Flug ging in 50 Minuten von Gate 3 über SFO nach IAD. Wo auch immer das war, würde ich noch herausfinden. Mein Gepäck war bereits durchgecheckt und die Maschine der Pan American Airways in 20 Minuten zum Einstieg bereit.

Das Gate war schnell gefunden. Ein uniformierter Koreaner schaute auf mein Ticket und meinen marineblauen Pass mit dem in Gold geprägten American Eagle und den Lettern *United States of America* und winkte mich ohne genaueres Hinsehen durch.

Auf einer der Sitzreihen vor Gate 3 wartete ich auf den Einlass ins Flugzeug, faltete die Washington Post auf und starrte auf die Seiten, als würde ich lesen. In Wirklichkeit kreisten meine Gedanken um den nackten Mann im Duschraum. Mike Love! Was für ein Name! Etwas schlampig ausgesprochen, klang er fast wie »Make love« und erinnerte mich an das Motto der Hippies am Venice Beach: »Make love – not war!« Wie recht sie doch gehabt hatten!

Splitternackt würde der echte Mike Love nun erst mal eine schwere Zeit durchmachen, zumindest für die nächsten Stunden, wahrscheinlich sogar Tage, vielleicht auch Wochen. Koreanische Polizisten würden ihn, in ein Handtuch gehüllt, in Gewahrsam nehmen und verhören wollen, auf Koreanisch natürlich! Irgendwann würden ein Dolmetscher und vielleicht sogar ein Konsularbeamter der US-Botschaft hinzugezogen. Allein das konnte schon Tage dauern. Die Prüfung seiner Identität ohne jegliche Papiere und bei den dürftigen Kommunikationswegen zwischen dem amerikanischen und dem asiatischen Kontinent würde viel Zeit in Anspruch nehmen. Die einzige Möglichkeit, ein Foto von Mike Love von den USA nach Korea zu übermitteln, war der Postweg. Der Journalist würde das alles überstehen und irgendwann vielleicht sogar eine heiße Story daraus machen. Für mich ging es um mein blankes Überleben. Jeder weitere Tag in diesem sinnlosen Krieg hätte mich dazu zwingen können, wieder schießen oder vielleicht sogar töten zu müssen. Außerdem hätte ich selbst so enden können wie Private Coolidge oder Bill McPherson.

Die Washington Post hatte für Mike Love die erste Klasse gebucht. Sehr angenehm. Mein erster Weg nach dem Start führte mich auf die Flugzeugtoilette. Nach

60 Stunden sah mein Körper erstmals ein Stück Seife, klein, mit dem Logo der Airline, in diesem Moment für mich so wertvoll wie ein Stück Gold. Der Wasserspender lief nur immer zehn Sekunden. Egal. Das First-Class-Bordtäschchen beinhaltete unter anderem Einmalrasierer, Einmalzahnbürste und Zahnpasta. Die Körperpflege war ein wahrer Hochgenuss! Der abschließende Blick in den Spiegel ließ mich stutzen: Alt sah ich aus. ›Krieg und Schlaflosigkeit machen alt‹, hatte ich mal gehört. Stimmt wohl. Aber ob das auch reversibel ist?

SFO, das hatte ich fast schon vermutet, stand für San Francisco. Die schwarze Beamtin am Immigration-Schalter meinte, ohne Schnauzer sähe ich ganz anders aus, ich solle mir bei Gelegenheit doch mal ein neues Passbild machen lassen, sonst bekäme ich irgendwann mal Schwierigkeiten.

»Oder wieder einen Schnauzer wachsen lassen«, lächelte ich, nahm den Pass und passierte die Kontrolle.

Nun wusste ich immer noch nicht, was IAD bedeutete, der Flughafen, zu dem mein Gepäck durchgecheckt wurde. Dallas? Denver? Ich ließ mich überraschen und landete wenige Stunden später am Washington Dulles International Airport in Washington D.C.

Am Ausgang hielt ein Mann ein Schild mit der Aufschrift *Washington Post – Mike Love* hoch, an dem ich gesenkten Hauptes vorbeieilte. Washington D.C. wäre eigentlich der ideale Ort gewesen, um Richard Nixon mal ordentlich die Meinung zu geigen. Aber der Präsident würde auch einen Mike Love samt Presseausweis nicht an sich ranlassen. Ich beschloss, mit dem nächsten Greyhound nach Nashville, Tennessee, zu fahren, mich dort in ein billiges Motel einzumieten und bei ein paar Bierchen in einem der zahlreichen Saloons, Clubs und

Bars zu überlegen, wie es weitergehen sollte. Vielleicht sang ja irgendwo gerade Elvis Presley, Dolly Parton oder Johnny Cash. Außerdem kannte ich Nashville schon von einigen Wochenendexkursionen während meiner Ausbildung in Fort Campbell, Kentucky, das nur eine Autostunde entfernt lag.

Im *Nashville Legends Motel* in der 2nd Avenue nahe des Broadway fand ich ein Zimmer, schloss die Tür, stellte meinen Koffer ab, ohne seinen Inhalt zu kennen, warf mich voll angezogen, breitbeinig und bäuchlings auf das riesige Kingsize-Bett – und schlief volle 26 Stunden. Schließlich hatte ich die 88 Stunden davor bis auf ein paar oberflächliche Nickerchen mit halb geöffneten Augen nie richtig geschlafen.

Immer noch in Mikes Schlotterklamotten, genehmigte ich mir am Broadway ein amerikanisches Frühstück par excellence: Pancakes mit Ahornsirup, Hash Browns, Eggs »sunny side up«, gebratener Schinkenspeck und Orangensaft. Dazu ein Glas eiskaltes Wasser und ein kochend heißer »bottomless« Coffee. Ich liebte es, die Spiegeleier anzustechen und das Eigelb langsam über die Hash Browns fließen zu sehen.

Als Nächstes besorgte ich mir eine Jeans, ein weißes und ein blaues Hemd, zwei T-Shirts, Unterwäsche, ein schickes Sakko und ein paar Schuhe. Jetzt war ich wieder Mensch!

Der Inhalt von Mikes Koffer war, mit Ausnahme eines Penthouse-Magazins vom Vormonat, unbrauchbar: schmutzige Wäsche und Unterwäsche, Socken, eine Rolle Klopapier, eine asiatische Hotelseifensammlung, Toilettenartikel und eine Kodak-Kamera mit eingelegtem Negativ-Farbfilm. Ohne lange zu überlegen, steckte ich die Kamera in meine Sakkotasche.

Ein Spaziergang entlang des nahen Cumberland-Flusses sollte Klarheit in meine Gedanken bringen. Ob hier auch schon Elvis herumflaniert war und Eingebungen für einen Welthit hatte?

Mir wurde mit jedem Schritt klarer, dass ich nicht ewig auf der Flucht sein wollte und auch, dass ich Mike Love und Bill McPherson oder zumindest seinen Angehörigen noch etwas schuldig war. Am Flussufer, im Sonnenuntergang, schmiedete ich meinen Plan.

* * *

Am nächsten Morgen nahm ich im gleichen Broadway-Restaurant das gleiche Frühstück ein wie am Vortag. Es war einfach zu gut! Ich genoss jeden Bissen, denn mir war klar, dass es mein letztes Frühstück in Freiheit gewesen sein könnte.

Dann fuhr ich mit dem Taxi nach Fort Campbell, bis an die Schranken des riesigen Militärstützpunkts, zeigte meinen Presseausweis vor und behauptete, ich hätte einen Interviewtermin mit dem kommandierenden Brigadegeneral Thomas McKee Tarpley.

Einer der beiden Wachposten telefonierte mehrfach, immer mit meinem Presseausweis in der Hand, den er ständig drehte und wendete. Nach einer gefühlten Ewigkeit holte mich ein junger Soldat im Jeep ab und brachte mich in einen Raum in einer Baracke, die nicht gerade nach Kommandeursbüro aussah. Der Raum war spartanisch eingerichtet: Schreibtisch mit Schreibmaschine und Telefon, drei Stühle, ein Regal mit Tageszeitungen und Army-Literatur.

»Mein Name ist Collins. Ich bin hier der zuständige Presseoffizier. Stellen Sie Ihre Fragen, Mr Love, und ich werde sehen, wie ich Ihnen weiterhelfen kann«, sagte der Soldat.

»Bitte verstehen Sie, dass ich das Interview mit dem Stützpunkt-Kommandanten persönlich führen muss«, versuchte ich es erst mal auf die devote Tour.

»Das ist ohne Termin leider nicht möglich«, antwortete Collins.

»Aber ich habe doch einen Termin, heute um 11:30 Uhr!«, insistierte ich.

»Zum einen ist der General gerade in einer Besprechung und zum anderen haben wir keinen Termin mit Ihnen in seinem Kalender gefunden. Sie müssen also schon mit mir vorliebnehmen«, meinte der Presseoffizier.

Ich tastete nach der Kamera in meiner Sakkotasche und legte nach:

»Die Washington Post ist eine der größten Zeitungen dieses Landes. Ich bin beauftragt, ein Exklusiv-Interview mit Brigadegeneral Thomas McKee Tarpley zu führen, das mit seinem Porträtbild übermorgen auf der Titelseite der Zeitung gedruckt werden soll. Den Termin hat meine Sekretärin vor gut zwei Wochen vereinbart und bestätigt bekommen. Ich glaube nicht, dass die Geschichte dem General gefallen wird, die ich schreiben muss, wenn sein Büro den Termin versiebt hat und Sie, Officer Collins, mich den langen Weg nach Washington zurückschicken, ohne dass ich meine Arbeit machen konnte.«

Der Presseoffizier überlegte eine Weile und sagte dann:
»Warten Sie bitte einen Moment, Mr Love.«

Der Moment dauerte bis 13:00 Uhr, vermutlich genau so lange, bis der General mit dem Mittagessen fertig war. Dann führte mich PAO Collins in *The General's Office*, das durchaus repräsentativ und dem Amt angemessen war. Die riesige Stars & Stripes-Flagge am Fenster, der Globus auf dem Schreibtisch, die Bilder beeindruckender Karrierestationen und Auszeichnungen an einer Wandseite, das gut gefüllte Bücherregal und die Vietnam-Landkarte mit zahlreiche Fähnchen und farbigen Stecknadeln auf der anderen Seite, fielen sofort ins Auge.

Der braungebrannte Brigadegeneral begrüßte mich, wie unter Zivilisten üblich, per Handschlag. Unter seinen buschigen Augenbrauen verbargen sich dunkle, stechende Augen. Das Sympathischste an ihm war sein markantes Kinngrübchen.

»Sie sind von der Washington Post?«, fragte der West-Point-Absolvent und legte kritisch die Stirn in Falten.

»Ja«, antwortete ich kurz.

»Ihre Zeitung hat mit der Veröffentlichung der Pentagon Papers unserem Land in dieser schwierigen Zeit großen Schaden zugefügt. Warum haben Sie das getan?«, fragte mich der General.

»Die amerikanischen Bürger haben ein Recht darauf, zu erfahren, wie der Vietnamkrieg von ihrer Regierung vorbereitet wurde. Die Studie wurde vom Verteidigungsministerium selbst in Auftrag gegeben und das Oberste Gericht der USA hat die Veröffentlichung genehmigt. Darf ich Ihnen nun ein paar Fragen stellen?«

Der General nickte.

»Wie lange kommandieren Sie schon Fort Campbell?«

»Seit Februar dieses Jahres.«

»Wie viele junge Männer haben Sie seither in diesen sinnlosen Krieg geschickt?«

»Ich weiß es nicht, Mr Love. Und wenn ich es wüsste, wäre es ein Staatsgeheimnis und ich dürfte es Ihnen nicht verraten. Dieser Krieg ist nicht sinnlos. Wir müssen unser Land und die Welt gegen den Kommunismus verteidigen. Sicher haben Sie schon vom Domino-Effekt gehört: Wenn wir Südvietnam an die Kommunisten verlieren, verlieren wir als Nächstes Südkorea, dann Taiwan, dann Thailand und so weiter. Das dürfen wir nicht zulassen.«

»Sie unterstehen doch dem Verteidigungsministerium, oder?«, fragte ich.

»Richtig!«, antwortete der General.

»Verteidigen muss sich doch nur, wer angegriffen wird. Wurden die USA denn von Nordvietnam angegriffen?«, fragte ich.

»Wir haben auch die Pflicht, unseren politischen Freunden und Verbündeten zur Seite zu stehen, wenn diese angegriffen werden. Sie haben doch keine Vorstellung, wie es in Vietnam wirklich zugeht! Der Vietcong greift friedliche Südvietnamesen an, brennt ihre Dörfer nieder, vergewaltigt ihre Frauen und tötet ihre Kinder. Da können wir nicht tatenlos zusehen!«

»Darf ich Ihnen eine Geschichte erzählen?«, fragte ich.

»Meine Zeit ist begrenzt, aber schießen Sie los!«, sagte der General.

»Mein Name ist Michael Miller. Ich bin Medical Specialist in einer Ihnen unterstehenden Einheit. Sie haben mich vor sechs Monaten zusammen mit 200 neuen Rekruten auf dem großen Kasernenhof vereidigt«, begann ich meine Geschichte und dann erzählte ich ihm alles von meiner Rekrutierung in San Diego bis zu diesem Moment, der mich als Mike Love in sein Büro geführt hatte. Ich versuchte, kein mir wichtig erscheinenes Detail auszulassen, auch nicht, wie sich der 18-jährige, schwer traumatisierte Private Jim aus Harlem mit vollgeschissenen Hosen aus der Huey gestürzt hatte. Die Beichte verschaffte mir eine unglaubliche innere Erleichterung. Ich hatte das Gefühl, als würde mir mit jeder Episode ein ganzer Steinbruch vom Herzen fallen.

Der General starrte mich sehr lange nachdenklich an. Irgendwann meinte er dann:

»Mr Love, Mr McPherson, Mr Miller oder wer auch immer Sie sein mögen: Sie sind entweder völlig verrückt oder einfach nur dumm! Und wissen Sie, was ich glaube?«

Ich zuckte mit den Schultern.

»Ihre Geschichte ist von Grund auf erstunken und erlogen! Unser Militärgeheimdienst wird Ihre Angaben überprüfen. Sollten sie wahr sein – was ich für nahezu unmöglich halte –, landen Sie ein paar Jahre wegen Fahnenflucht im Militärgefängnis. Sollten Sie alles frei erfunden haben, geht's eine Weile in die Klapsmühle. Die Frage ist, was besser für Sie ist. Wir werden sehen.«

Der General ließ mich abführen, während er unentwegt den Kopf schüttelte.

Ich musste meine Fingerabdrücke nehmen und mich fotografieren lassen. Obwohl ich beteuerte, Michael Miller zu sein, stand unter den Fotos Miller/McPherson/Love. Ein Gefangenenfoto mit drei Namen darunter war sicherlich eine Rarität.

Meine Einzelzelle maß etwa zwei mal drei Meter und war lediglich mit Bett, Decke und einem Eimer möbliert. Die Wände strotzten vor Dreck. Die wenigen hellen Flecken zierten einfallslose Sprüche wie »Kilroy was here« oder »Fuck the Army«.

Das Schlimmste für mich: Es war Dezember und die Nächte waren kalt in diesem Winter in Kentucky. Ich fror mir regelrecht den Arsch ab. Wenn ich etwas hasste, dann war das Kälte! Die halbe Nacht sehnte ich mich danach, tagsüber im Kasernenhof Schnee schippen zu dürfen, denn die Anstrengung wärmte meinen Körper. Manchmal war ein kurzer Plausch mit Mitgefangenen möglich und zur Stärkung winkte mittags eine Zusatzportion Pommes. Herrlich!

Ich wurde fast jeden Tag mehrere Stunden verhört und musste meine Geschichte wieder und wieder erzählen: der Militärpolizei, dem Militärgeheimdienst, der CIA, dem FBI, Agenten und Spezialisten des US-Außenministeriums und des US-Verteidigungsministeriums. Das Gute an den Verhören war, dass es grenzenlos Kaffee und Zigaretten gab.

Weihnachten war trist. Wir Gefangenen durften an den Feiertagen zusammen mit dem Wachpersonal »Stille Nacht, heilige Nacht« singen, eine Messe besuchen und einen Absatz aus der Heiligen Schrift vorlesen. Dabei hatte ich es nicht so mit der Kirche und dem Märchen von Marias unbefleckter Empfängnis, aus der Jesus geboren wurde. Wenn es wirklich einen Gott gäbe, würde er nicht immer wegschauen, wenn man ihn wirklich brauchte. Dass er ausgerechnet immer dann die Menschen prüfen musste, konnte ich einfach nicht glauben.

Zwischen Weihnachten 1971 und Neujahr 1972 wurde ich noch zweimal verhört. Der sehnlichst erwartete und längst versprochene Anwalt kam nicht.

Eine Menge Gedanken kreisten in meinem Kopf: Wann würde ich in eine größere Zelle verlegt? Wie lange müsste ich in Haft bleiben? Wäre es nicht besser gewesen, noch ein lächerliches Schuljahr bei meiner Mutter auszuharren und das Abi zu wiederholen? Nein, ganz sicher nicht! Lieber ein paar Jahre Militärgefängnis als mich auch nur einen weiteren Tag von dieser diktatorischen Frau Oberlehrerin quälen und demütigen zu lassen! War es ein Fehler gewesen, zur Army gegangen zu sein? Ja und nein! Ja, weil ich den Rekrutierern so blauäugig in die Falle getappt war. Nein, denn ich hatte niemanden getötet und in kurzer Zeit eine Menge Lebenserfahrung gewonnen. Würde ich aus dem Militärgefängnis fliehen und mir draußen ein neue zivile Identität zulegen können, ohne jemandem zu schaden? Vielleicht die eines bei einem Unfall Verstorbenen? Oder vielleicht doch besser die eines in Vietnam Gefallenen? Damit hatte ich ja schon Erfahrung. Mal sehen …

Am 4. Januar 1972, einem Dienstag, wurde morgens um 0900 meine Zellentür aufgeschlossen und General Thomas McKee Tarpley höchstpersönlich trat in Begleitung zweier Militärpolizisten ein. Es war ein etwas ungünstiger Moment, denn der Raum war eng und ich saß gerade auf meinem Eimer. Der General schaute diskret zur Seite, während ich mein Geschäft beendete und die Hose hochzog. Warum hatte sich der Kerl auch nicht vorher angemeldet? Ich beschloss, ihm weder die Hand zu reichen – er hätte wahrscheinlich abgelehnt – noch ihn militärisch zu grüßen. War ich eigentlich noch Soldat oder als Deserteur unehrenhaft entlassen? Ich nutzte die Gunst der Stunde und fragte:
»Herr General, wann kommt mein Anwalt? Und bin ich eigentlich bis zu meinem Gerichtsverfahren noch Soldat?«
Der General ging nicht auf meine Fragen ein, sondern erwiderte:
»Sie haben mich überrascht, Miller! Sehr sogar! Ihre Geschichte scheint wahr zu sein. Und nun überrasche ich Sie! Sie haben Besuch.«

»Mein Anwalt?«

»Vielleicht brauchen Sie den gar nicht mehr. Hören Sie sich an, was Ihnen der Mann zu sagen hat. Aber versauen Sie's nicht. Es ist vielleicht Ihre einzige Chance!«

Der General und die Militärpolizisten geleiteten mich zum Verhörraum. Dort saß der unsympathische pockennarbige Schnösel von der CIA mit der riesigen Knollennase, der schon zweimal meine Geschichte hatte hören wollen. Tolle Überraschung. Sollte ich sie ihm nun zum dritten Mal erzählen?

Der General verabschiedete sich, nicht ohne mir mit einem süffisanten Lächeln mitzuteilen:

»Die 101st Airborne Division und Ihre Einheit, das 326th Medical Battalion, sind am 23. Dezember vollständig aus Vietnam abgezogen worden und inzwischen nach Fort Campbell zurückgekehrt.«

Wahrscheinlich wollte er mir damit sagen, dass ich mir meine Fahnenflucht hätte sparen können, da die Truppe ohnehin zwei Wochen später zurückverlegt worden war. Aber wie viele Soldaten waren noch in den letzten Kriegstagen erschossen worden oder hatten Gegner erschießen müssen? Es war gut, so wie es war. Bis auf eine Kleinigkeit: Ich musste hier raus!

Auf dem Tisch im Verhörraum standen wie immer eine große Kaffeekanne, zwei Blechtassen und ein Aschenbecher, dazu eine Packung Marlboro. Aber einiges war diesmal anders: Es gab auch eine Wasserkaraffe, zwei Gläser und einen Teller mit fünf Schoko-Donuts. Und da waren noch ein paar Kleinigkeiten: Das Verhörmikrofon samt Aufnahmegerät fehlte. Die Wachen ließen mich mit dem CIA-Mann erstmals allein. Auch CIA-Agent James Colby sah anders aus als bei den letzten

Verhören. Er trug erstmals eine Pistole und keine Sonnenbrille.

»Agent Colby«, fragte ich ihn, »wollen Sie mit mir Ihren Geburtstag feiern oder wollen Sie mich umbringen? Oder wollen Sie die Geschichte, die ich Ihnen schon zweimal erzählt habe, nun noch ein drittes Mal hören und machen auf gut Wetter, damit mir die Lust nicht vergeht?«

»Rauchen wir erst mal eine«, schlug Colby vor und hielt mir die Marlboro-Schachtel mit ein paar herausgeklopften Filterzigaretten hin. Ich nickte und griff wortlos zu. Er gab mir Feuer mit seinem Zippo, das die Gravur der 82nd Airborne Division trug. Dann steckte er sich selbst eine Zigarette an, inhalierte tief und ließ den Rauch langsam aus seiner unförmigen Knollennase strömen.

»Wissen Sie, Miller, dass wir bei der Agency keinen einzigen Agenten finden konnten, der innerhalb von 48 Stunden zweimal seine Identität gewechselt hat und praktisch mittellos um die halbe Welt gereist ist?«

Ich zuckte mit den Schultern.

»Offenbar ist Ihnen genau das gelungen. Und das auch noch ohne jegliche geheimdienstliche Ausbildung und ohne amtliche Unterstützung. Wir möchten deshalb, dass Sie für uns arbeiten«, sagte Colby.

Nach einer betont langen Pause fragte ich:

»Zu welchen Bedingungen?«

»Sie erhalten bei der CIA eine sechsmonatige Ausbildung und verpflichten sich, zehn Jahre lang mindestens zehn Aufträge pro Jahr als Escape Agent durchzuführen. Es geht dabei darum, Menschen, die in Gefahr sind oder zu uns überlaufen wollen, aus dem Ostblock, teilweise auch über Drittstaaten, zur Flucht in den Westen zu verhelfen. Im Gegensatz zu Ihrer Solonummer werden Sie von der CIA mit Papieren und ausreichend Spesengeldern ausgestattet und erhalten auch noch eine stattliche Erfolgsprämie nach jedem Auftrag«, versicherte Colby.

»Und wenn etwas schiefgeht?«, fragte ich.

»Jetzt enttäuschen Sie mich, Miller. Es darf nichts schiefgehen! Sonst können Sie keine Hilfe von uns erwarten. Wir kennen Sie nicht. Wenn Sie sich also blöd anstellen, können Sie 20 Jahre in Moskau, Prag oder Sofia im Knast vergammeln oder sich gleich eine Kugel einfangen. Aber Sie sind doch nicht blöd, Miller, oder? Das ist Ihre Chance! Wenn Sie diese Vereinbarung mit Ihren Fingerabdrücken besiegeln, fahre ich morgen mit Ihnen nach Langley und Sie sind ein freier Mann. Ein fast freier Mann.«

Colby hielt mir ein Blatt Papier hin.

»Wieso fast? Und wieso steht hier Martin Cooper?«, fragte ich.

»Während Ihrer Ausbildungszeit dürfen Sie das Gelände der CIA nur mit einer Sondergenehmigung allein verlassen. Martin Cooper ist Ihr Pseudonym unter Kollegen. Ihren Lebenslauf bekommen Sie noch. Ihre wahre Geschichte muss absolut geheim bleiben! Ihren Klarnamen erfährt nur Ihr Führungsoffizier nach Abschluss Ihrer Ausbildung.«

Wieder legte ich eine betont lange Pause ein und meinte dann:

»Ich überleg's mir mal.«

Colby war außer sich.

»Was gibt's denn da zu überlegen, Miller?«, brüllte er, »fünf Jahre Knast wegen Fahnenflucht oder die Freiheit, eine Top-Agentenausbildung beim mächtigsten

Geheimdienst der Welt mit Aussicht auf eine steile Karriere, Abenteuer, Reisen und jede Menge Kohle? Was gefällt Ihnen besser? Ich kann den Vertrag auch wieder mitnehmen, durch diese Tür marschieren und Sie hier versauern lassen!«

»Kommen Sie morgen wieder«, antwortete ich ruhig und griff mir einen Schoko-Donut.

Agent Colby schlug zweimal mit der Faust gegen die Tür und verschwand, nachdem ihm die Wache geöffnet hatte, ohne sich zu verabschieden.

Am nächsten Tag kam kein Besuch. War es ein Fehler, Colby weggeschickt zu haben? Würde mir die Fahnenflucht tatsächlich fünf Jahre Knast einbringen? Wie sehr würde meine Agententätigkeit bei der CIA meine Lebensplanung einschränken? Welche Lebensplanung? Wahrscheinlich würde Colby mich erst mal weichkochen wollen und nach ein paar Tagen wiederkommen. Ich legte gedanklich schon mal zwei Listen an: eine mit den Zielen, die ich in den nächsten Jahren erreichen wollte, und eine mit ein paar Bedingungen meinerseits, die ich einbringen würde, wenn Agent Colby jemals wiederkäme.

Und er kam wieder. Schon am darauffolgenden Tag. Ich forderte einige Extra-Freiheiten, eine bezahlte Ausbildung zum Freifall-Fallschirmspringer, die Möglichkeit, Aufträge abzulehnen, falls ich das Abi nachholen, studieren oder eine Berufsausbildung machen würde, und schraubte das Einstiegsgehalt während der Ausbildungszeit bei der CIA hoch. Agent Colby musste noch einmal Rücksprache mit seinem Dienstherrn halten und unsere Vereinbarung neu aufsetzen. Aber schon bald waren wir uns einig.

* * *

Die Ausbildung bei der CIA übertraf meine Vorstellungen bei Weitem. Sie war wesentlich anspruchsvoller, vielseitiger, spannender und abenteuerlicher als erwartet, auch gemessen an meiner militärischen und medizinischen Vorbildung. Die Schulung fand überwiegend auf »der Farm« in Camp Peary, Virginia, statt, nahe dem Ort Williamsburg, 250 Kilometer südlich des CIA-Hauptquartiers. Zu manchen Übungen fuhren wir auch nach Arizona oder in verschiedene Großstädte.

Eigenschaften und Tätigkeiten, die im zivilen Leben geächtet waren, wurden bei der CIA zu einer wahren Kunst hochstilisiert, allem voran lügen, betrügen, stehlen, korrumpieren, sich verstellen, andere ablenken, Autos knacken, einbrechen und Dokumente fälschen. Die Kunst, schnell und lautlos zu töten, stand natürlich auch auf dem Lehrplan.

In Camp Peary gab es einen eigenen Parcours, auf dem wir mit rahmenverstärkten Autos deren Grenzen testen durften, rauchende Reifen, schleudern und Überschläge inbegriffen. Wir reisten in Vierergruppen für jeweils nur einen Tag nach Chicago, Los Angeles und Miami, mieteten dort Fahrzeuge an und spielten abwechselnd mitten in den Großstädten Jäger und Gejagte. Strafzettel für Geschwindigkeitsüberschreitungen und Missachtung der Verkehrsregeln übernahm die CIA. Ebenso die Kosten für Sachschäden. Nur Menschen durften nicht zu Schaden kommen. Manchmal war die Sache ganz einfach: Man verdrückte sich in eine Seitenstraße oder einen Hinterhof, sobald der Verfolger auch nur einen kurzen Moment außer Sichtweite war, und schon war das Spiel gewonnen. In anderen Fällen gab es hollywoodreife Verfolgungsjagden mit dreifachem Spurwechsel zur Ausfahrt in letzter Sekunde. Verfolgungen per Motorrad und zu Fuß gehörten ebenso zum Ausbildungsprogramm wie professionelles Verstecken. Auch galt es, ein Gefühl dafür zu entwickeln, wann man als Verfolger »verbrannt« und als Agent enttarnt war, und dann sofort die entsprechenden Konsequenzen zu ziehen. Je nach Situation lief es meist darauf hinaus, sich »unsichtbar« beziehungsweise aus dem Staub zu machen, und zwar auf eine Art und Weise und in eine Richtung, die der Gegenspieler am wenigsten vermutete.

Aufgrund meiner Erfahrung am Gimpo International Airport in Seoul schlug ich vor, für ein paar Tage auszuschwärmen und an internationalen Flughäfen rein übungshalber den Fluggästen Pässe und Tickets zu stehlen und rechtzeitig vor Abflug möglichst unauffällig wieder zurückzustecken. Der Vorschlag wurde leider abgelehnt.

Die CIA engagierte professionelle Magier und Schauspieler, die uns unterrichteten. Die Magier lehrten uns, andere abzulenken. Jeder Agent musste mindestens drei verblüffende Zaubertricks beherrschen. Mein Lieblingstrick: Ich hielt zwei Pässe in meiner rechten Hand, wischte mit der linken kurz darüber. Da war's nur noch ein Pass. Der andere befand sich in der Jeanstasche eines erstaunten Zuschauers.

Unsere Schauspiellehrer zeigten uns, wie man verschiedene Verhaltensmuster analysiert und in die Rollen anderer Menschen schlüpft. Angespannte Halsmuskeln, bebende Nasenflügel und zuckende Augenlider mussten registriert und richtig interpretiert werden. Erstmals wurde mir bewusst, wie sehr sich Russen, Franzosen, Mexikaner, Deutsche, Engländer und Amerikaner allein in ihrem Alltagsverhalten, in ihrer Körpersprache und in der Art, wie sie sitzen, gehen und stehen, unterscheiden. Ich musste alle diese Rollen mehrfach vor kritischem Publikum durchspielen. Außerdem lernten wir, unser Aussehen durch angeklebte Bärte, Perücken, Mützen, Baseballkappen und wechselnde Oberbekleidung zu verändern, und zwar unter Zeitdruck, im Gehen oder Laufen. Innerhalb von nur 30 Sekunden mutierte ich vom Geschäftsmann im Anzug, mit weißem Hemd und Krawatte zum Hippie in verdrecktem T-Shirt, mit Bart und Langhaarperücke. Auch lernten wir, wie Schaufensterpuppen zu erstarren und uns tot zu stellen. Beides konnte einem das Leben retten. Der Schauspielunterricht stellte hohe Anforderungen an unsere kognitiven Fähigkeiten. Wir mussten mehrseitige Texte auswendig lernen und jeweils mit spanischem, russischem, britischem, französischem und deutschem Akzent vortragen. Dazu kam das Auswendiglernen langer Zahlenreihen und Zahlen-Buchstaben-Kombinationen, vor allem nötig für ein weiteres Fachgebiet, das Chiffrieren und Dechiffrieren geheimer Nachrichten. Eine spezielle Telefonnummer sollte es uns ermöglichen, weltweit – mit Ausnahme des Ostblocks und anderer kommunistischer Länder – kostenlos aus jeder Telefonzelle das CIA-Hauptquartier zu erreichen. Mit einer geheimen Vorwahl konnten wir weltweit kostenlos telefonieren.

Bei all dem war Geheimhaltung ein zentrales Thema. Man sollte seine Rolle perfekt spielen, aber nie mehr preisgeben, als unbedingt nötig war. Beispielfälle zeigten uns, wie schnell man in eine Falle tappen konnte und wie Kollegen oft nur ein einziges unüberlegtes Wort mit dem Leben bezahlt hatten. Wir würden deshalb nie die gesamten Hintergründe eines Auftrags, sondern immer nur den für unsere Aufgabe relevanten Teil erfahren.

Mit seinem Lieblingsspruch »Vertraue niemandem, nicht mal deiner eigenen Mutter!« rannte der Ausbilder bei mir offene Türen ein. Kein Mensch hatte jemals mein Vertrauen so oft und so schamlos missbraucht wie meine Mutter. Sie hatte mich einmal sogar bei meinem Mathelehrer angeschwärzt, als ich ihr erzählte, dass ich von einem Mitschüler abgeschrieben hatte. Daraufhin hatten wir beide statt der schon benoteten Zwei eine Sechs bekommen. Und zu Hause setzte es wegen meiner schlechten Note Prügel. Der permanente Missbrauch meines Vertrauens durch meine Mutter war also die beste Schule für mein bevorstehendes Agentenleben gewesen.

Zwei riesige Banner zierten unsere Schulungsräume. Darauf standen in riesigen Lettern zwei Sätze, die wir mantramäßig verinnerlichen sollten:

»*Never ever get caught!*« – »Lass' dich bloß nie erwischen!« und

»*We don't know you!*« – »Wir kennen dich nicht!«

Die unauffällige Übergabe von Gegenständen, Mikrofilmen und Dokumenten wurde ebenso intensiv geübt wie der Austausch von gleich aussehenden Taschen, Koffern und Rucksäcken sowie der Umgang mit großen und kleinen »toten Briefkästen«.

Wir wurden an verschiedenen Waffen geschult, unter anderem der Hersteller Smith & Wesson, Colt, Browning, Beretta, Walther, Heckler & Koch, Makarow und Kalaschnikow, mussten sie auseinander- und wieder zusammenbauen, auf einen Blick erkennen, welche Munition für welche Waffe geeignet war, und natürlich damit schießen. Auch die Verwendung von Schalldämpfern und eigens für die CIA produzierten Geheimwaffen stand auf dem Programm, darunter Ein-Patronen-Kugelschreiber und -Regenschirme, Munition mit überdurchschnittlicher Durchschlagskraft und Gewehre mit extrem hoher Präzision und Reichweite. Das »bewegliche Schießtraining« absolvierten wir in der Wüste Arizonas. Bei sengender Mittagshitze schossen wir aus dem fahrenden Auto heraus oder von einem fahrenden Motorrad auf mausgraue Gummipuppen, abwechselnd mal aus der Beifahrerposition und mal vom Fahrersitz aus.

Am Lake Pleasant trainierten wir einen ganzen Tag von Sonnenauf- bis Sonnenuntergang Speedbootfahren, übernachteten in der Wüste am Lagerfeuer und jagten uns den nächsten Tag gegenseitig mit Jet-Skis über den See. Am Coolidge Airport, rund 60 Meilen südöstlich von Phoenix, Arizona, lernten wir in einem sogenannten Pinch-Hitter Flight Training auf einer klapprigen, alten Cessna 180 in nur fünf Tagen, wie man ein Flugzeug sicher startet, fliegt und wieder landet, Instrumentenkunde, Navigation, Flugfunk und Unterfliegen des Radars inklusive.

Zurück in Camp Peary, Virginia, trainierten wir das Einsteigen in Häuser, das Öffnen von Schlössern verschiedener Bauarten mit Dietrich, zwei Haarnadeln oder Kreditkarte und das schnelle Knacken und Kurzschließen von Autos.

Amüsant waren die Unterrichtsstunden von »Chemical Charly«, einem schon etwas in die Jahre gekommenen, stets zu Scherzen aufgelegten Chemieprofessor mit feuchtfröhlicher Aussprache. Man war sich nie ganz sicher, ob er betrunken war oder nur so tat und ob das, was er erzählte, nun stimmte oder ein Scherz war. Das erhöhte die Aufmerksamkeit bis zur Auflösung seiner Ausführungen enorm. Er lehrte uns, wie man mit in jedem Supermarkt erhältlichen Utensilien sowohl

K.O.-Tropfen als auch hochwirksamen Sprengstoff herstellen konnte und wie Psychopharmaka aus dem MK-Ultra-Projekt bei Verhören einzusetzen waren.

Richtig heiß her ging es in den »Demolition Lessons«. Da lernten wir den Umgang mit Dynamit, Plastiksprengstoff und selbst hergestellten Explosives, sprengten Türen aus den Angeln, Autos und ganze Häuser in die Luft. Das war ein Heidenspektakel!

Sport und Krav Maga standen jeden Morgen als Erstes auf dem Plan. Dazu gehörten auch die Abwehr von Messerattacken und das andeutungsweise immer wieder geübte lautlose Töten, vorzugsweise durch Aushebeln des Schädels aus dem Atlas.

Auch Rollenspiele waren sehr beliebt, und zwar von sanft bis hart. So setzte man sich zum Beispiel an einen Tisch und erzählte seinem wechselnden Gegenüber spontan erfundene Lebensläufe. Das Gegenüber durfte drei Fragen stellen und musste danach die Glaubwürdigkeit des Erzählers und seine Körpersprache beurteilen.

Hart ging es bei gegenseitigen Verhören zu, bei denen psychischer und manchmal auch physischer Druck ausgeübt wurde mit dem Ziel, seinen Rollenspielpartner entweder in die Knie zu zwingen oder seinem Druck gekonnt zu widerstehen. Weiterhin testeten wir uns bei stundenlangen Verhören gegenseitig mit dem Lügendetektor, so lange, bis wir so perfekt lügen konnten, dass das empfindliche Gerät auch bei den dreistesten Lügen nicht mehr ausschlug.

Falsche Pässe und Dokumente wurden in der Regel von einer Spezialabteilung der CIA bereitgestellt. Dennoch lernten wir ein paar Grundregeln des Passfälschens und sollten, falls nötig, wenigstens ein Passbild austauschen können.

Interessant und speziell für meinen künftigen Einsatzbereich wichtig waren die »Corruption Lessons«. Die CIA war der Überzeugung, dass grundsätzlich *jeder* Mensch korrumpierbar sei, es käme nur auf die Summe an oder auf eine »Gefälligkeit«, die dem zu gewinnenden Gegenspieler sehr wichtig war. Zu den Grundregeln gehörte, Schmiergelder so früh wie möglich und in der richtigen Höhe an nur einen Entscheidungsträger zu zahlen. Die CIA führte Listen darüber, was Polizei- und Zollbeamte in Europa und in sämtlichen Ostblockstaaten verdienten. Je nach Art der gewünschten Dienstleistung sollten die Bestechungsgelder zwischen einem Monats- und einem Jahresgehalt liegen.

Am Ende der Ausbildung stand eine dreitägige Prüfung im CIA-Hauptquartier in Langley. Wir erfuhren nicht, wie wir in den einzelnen Fächern abgeschnitten hatten, und wir bekamen kein Zeugnis.

Ich hatte bestanden und damit die offizielle Lizenz zum Lügen, Betrügen, Stehlen und Töten. Nur eines durfte ich auf gar keinen Fall: Mich erwischen lassen! In diesem Fall würde die mühsam erworbene Lizenz sofort verfallen und jede offizielle Stelle würde leugnen, mich je gekannt oder beauftragt zu haben.

CIA-Direktor Richard Helms verabschiedete all diejenigen, die bestanden hatten, mit einer kleinen Rede. Der Zeitpunkt fiel zusammen mit der ersten Veröffentlichung der Washington Post zum Einbruch im Watergate-Komplex. Mr Helms fragte sichtlich wütend und rein rhetorisch in unsere Gruppe: »Was haben die Einbrecher hier falsch gemacht?« und lieferte sofort die Antwort: »Sie haben sich erwischen lassen! Diese Versager!« Es klang ganz so, als wären die Einbrecher

CIA-Agenten gewesen und unser Boss wollte sie nun, nachdem man sie geschnappt hatte, weder gekannt noch beauftragt haben.

Meinen vertraglich vereinbarten Freifallkurs hatte man vergessen. Stattdessen bot man mir ein ansehnliches Sümmchen, mit dem ich mir selbst eine entsprechende Ausbildung an einem zivilen Sprungplatz meiner Wahl inklusive Unterkunft und Verpflegung finanzieren konnte. Nach Abschluss der Ausbildung in Camp Peary ging ich nach Lake Elsinore, der Wiege des Formationsspringens, blieb dort volle sechs Wochen und erwarb meine USPA B-, C- und D-License, Rigger-, Jumpmaster- und Instructor-Berechtigung. Das Sprungfieber hatte mich gepackt! Am Ende hatte ich 143 Sprünge absolviert, war mehrfach in eine 16er-Formation eingeflogen und besaß meinen ersten eigenen Fallschirm, Typ B-12 TU, samt Reservefallschirm.

KAPITEL 5
Hilferuf aus Teheran

Ich war zurück in München.

Boris, mein alter Schulfreund mit dem schulterlangen, blond gelockten Haar, war immer gut drauf, hörte ständig laute Musik und kiffte, was das Zeug hielt. Er hatte sein Abi durchgezogen und wartete nun auf einen Studienplatz in Philosophie. Boris verfügte über ein kleines Zimmer in der Wohnung seiner Eltern, beide Flüchtlinge aus der Tschechoslowakei. Sein Vater Josip, ein feiner Mann mit schmalem Oberlippenbärtchen, arbeitete als Redakteur und Nachrichtensprecher beim Sender Radio Free Europe / Radio Liberty in München am Englischen Garten, einem von der CIA finanzierten, antikommunistischen Hetzsender. Immer wenn Josip Nachrichten las, versuchten russische Störsender, sie mit Überlagerungsgeräuschen unhörbar zu machen, und immer, wenn sie unhörbar waren, verstärkte Radio Free Europe / Radio Liberty seine Sendesignale so lange, bis sie wieder hörbar waren. Das war eben so, im Kalten Krieg.

Boris' Vater mochte mich. Boris' Mutter Maria eher weniger, vor allem, als sie dahinterkam, dass ich nach meinem Rausschmiss bei meiner Mutter über den Balkon in den ersten Stock des Wohnhauses in der Münchner Gebelestraße geklettert war und bei Boris gewohnt hatte.

Nun war es wieder so. Boris hatte mir nach meiner Rückkehr aus den USA Asyl gewährt. Ich kletterte ein Stück das Dachrinnenfallrohr hoch und schwang mich dann mit einem Klimmzug über den Balkon im ersten Stock. Das Zimmer hinter der stets offenen Balkontür war durch einen Schrank geteilt. Auf der einen Seite hauste Boris mit seinem geliebten Plattenspieler, seinen gefühlt tausend Schallplatten und einer Schuhschachtel mit Pfeifchen, Bong, Joint-Papier und Gras.

Auf der anderen Seite lag meine Matratze.

Nach dem unerquicklichen Besuch bei meiner Mutter und dem kläglich gescheiterten Versöhnungsversuch rauchte ich mit Boris eine dicke Tüte zu Klängen von Amon Düül II und riss die drei Briefe vom Kreiswehrersatzamt auf. Es waren mein Musterungsbescheid sowie zwei Mahnschreiben mit neuen Terminen. Mit anderen Worten: Ich sollte zur Bundeswehr eingezogen werden und 18 Monate Wehrpflicht ableisten. Doch zunächst wollte man erst mal meine gesundheitliche Eignung, meine »Wehrtauglichkeit« feststellen. Die Musterung war Pflicht für jeden männlichen Bundesbürger über 18. Wer nicht zur Musterung antrat, wurde zur Fahndung ausgeschrieben und bei Auffinden durch die Feldjäger zwangsvorgeführt. Als letzter möglicher Nachtermin wurde mir der kommende Donnerstag genannt. Das war in zwei Tagen.

Boris, voll zugedröhnt, amüsierte sich köstlich über meinen Musterungsbescheid, warf sich immer wieder mit Lachkrämpfen auf sein Bett und nervte mich bis aufs Blut, ich solle ihm nun auch noch den Brief aus Teheran vorlesen. Einen Teufel würde ich tun! So prall, wie wir beide waren, konnte ich abwarten, bis Boris einschlief. Leider schlief ich dann auch ein und der Brief musste warten.

* * *

Erinnerungen an die Absenderin des Briefes ließen mich sanft in den Schlaf gleiten: Fatemeh Farahani, im Freundeskreis »Fee Fatima« genannt, war meine zärtliche Jugendliebe. Wir hatten uns auf einer Party kennengelernt und auf Anhieb bestens verstanden, philosophierten die halbe Nacht über Gott und die Welt, Religionen, Lehrer und Eltern. Fees Beziehung zu ihrem Vater war ähnlich angespannt wie meine Beziehung zu meiner Mutter. Mit einem wesentlichen Unterschied: Fee fühlte sich zwar von ihrem Vater unverstanden, hatte aber trotzdem das Gefühl, über alles von ihm geliebt zu werden. Ich dagegen fühlte schon lange keine Liebe mehr seitens meiner Mutter, sondern nur Hass und Schikane. Fee meinte:

»An einer Mutter wie deiner zerbricht ein Kind entweder oder es wird unheimlich stark und lernt, sein Leben völlig autark zu meistern. Ich bewundere dein Selbstvertrauen und deine innere Stärke! Das hast du bestimmt deiner Mutter zu verdanken.«

So hatte ich das noch nie gesehen. Aber vielleicht hatte Fee Fatima recht.

Eines Tages beschlossen wir – die häusliche Situation war wieder einmal unerträglich geworden –, übers Wochenende auszubüxen und irgendwo hinzufahren, wo es besonders schön sein sollte. Auf einer Party war mal der Name Heidelberg gefallen. Da solle es richtig schön sein! Am Freitag nach der Schule erzählte ich zu Hause, ich sei auf eine Geburtstagsparty eingeladen, stopfte mein gesamtes Barvermögen in Höhe von 12,70 DM und ein Klapptaschenmesser in meine Jeanstasche, holte Fee Fatima ab und trampte mit ihr quer durch die Stadt zur Autobahnabfahrt nach Stuttgart.

Ich war damals 16, Fee war 15, zwei Zentimeter kleiner als ich und bildhübsch. Fee war schlank, aber nicht dünn, hatte einen wohlgeformten Po und herrliche Brüste. Ihr Dekolleté blieb interessierten Blicken stets verborgen, da Fee immer Rollkragenpullis trug oder tragen musste. Ihr bronzener Teint, ihre langen seidigen, pechschwarzen Haare, ihre großen dunklen Augen, ihre feinen, ebenmäßigen Gesichtszüge und last not least ihr offenes Lachen machten sie zum hübschesten Mädchen auf diesem Planeten!

Bald merkten wir, dass schneller Autofahrer stoppten, wenn Fee den Daumen hob, als wenn wir beide an der Straße standen. Also hielt Fee die Autos an, fragte erst, wenn sie eine Zusage erhalten hatte, ob auch ich mitkönne. Und schon sprintete ich aus dem Gebüsch herbei. Es klappte fast immer. Rechtzeitig zum Sonnenuntergang standen wir auf dem Hof des prächtigen Schlosses von Heidelberg mit berauschendem Blick über den Neckar, die alte Brücke und die Altstadt. Ich legte sanft meinen Arm um Fees Schultern und wir genossen schweigend die Zeit, bis die Sonne hinter einer dunklen Wolkenwand verschwand. Beim Abstieg vom Schlossberg zog ein Gewitter auf. Als wir in der Altstadt ankamen, die wie ausgestorben schien, regnete es in Strömen. Total durchnässt erreichten wir den Bahnhof und ich opferte die Hälfte meines Reisebudgets für zwei Portionen Pfälzer Bratwürste mit Kraut und Bauernbrot und eine Dose Cola, die wir uns teilten. Ein Hippiepärchen, das wir am Bahnhof trafen, wusste von einem verlassenen Haus, einer Bauruine, in der wir übernachten konnten. Der Boden war hart und die Nacht zugig und kalt. Aber wir hatten keine Alternative.

Nie zuvor war ich Fee Fatima so nah gewesen. Wir kuschelten uns ganz eng aneinander und wärmten uns gegenseitig. Ich küsste meine Fee sanft auf die Stirn. Dann schliefen wir ein.

Am nächsten Tag traten wir, wieder per Anhalter, frühmorgens den Rückweg an. Auf der zweiten Teilstrecke, es war zwischen Karlsruhe und Stuttgart, hatten wir ein unheimliches Erlebnis: Ein seriös wirkender Herr, so um die 40, winkte uns in seinen nagelneuen blütenweißen BMW 2002. Fee nahm auf dem Beifahrersitz, ich in der Mitte der Rückbank Platz. Der Mann sagte, er sei Lehrer, müsse sich immer auf dem neuesten Stand halten und lese deshalb gerne und viel Zeitung. Dagegen war grundsätzlich nichts einzuwenden. Als der BMW jedoch mit gut 160 Sachen auf der Mittelspur der Autobahn dahinbretterte, zog der Lehrer eine dicke Wochenendzeitung aus der Mittelkonsole und begann in aller Ruhe auf dem Lenkrad zu lesen. Nach einer gefühlten Ewigkeit blickte er schließlich ganz kurz auf die Fahrbahn, korrigierte mit einer ruckartigen Bewegung seinen Kurs und las dann gemütlich weiter. Unser Flehen, er möge doch öfter mal auf die Fahrbahn schauen, blieb unerhört. Im Gegenteil: Es schien ihm richtig Spaß zu machen, uns Angst einzujagen und irgendwann sah er nur noch dann von seiner Zeitung auf, wenn die Autos rechts oder links von ihm hupten, weil er aus der Spur geraten war. Er wollte auch nicht anhalten und uns nicht aussteigen lassen. Das Schreckgespenst meinte nur, wir bräuchten keine Angst zu haben, schließlich kenne er ja die Strecke.

Zu Hause setzte es Prügel, sowohl bei Fee Fatima als auch bei mir, weil wir die ganze Nacht nicht zu Hause gewesen waren. Aber das Abenteuer *Leben* war es wert gewesen – darin waren Fee und ich uns einig.

* * *

Noch bevor Boris erwachte, öffnete ich vorsichtig und leise den Luftpostbrief aus Persien. Fee Fatimas Vater hatte sein Teppichgeschäft an der noblen Münchner Maximilianstraße aufgegeben und war mit seiner Tochter nach Teheran gezogen, wo er gute Kontakte zur Familie des Schahs hatte und sich ein besseres Leben versprach. Seine Frau blieb in München. Fee wurde ein Jahr vor ihrem Abi aus Gymnasium und Freundeskreis gerissen, musste auf der Deutschen Schule in Teheran im Stadtteil Gholhak Farsi lesen und schreiben lernen, eine Sprache, die sie bisher nur phonetisch kannte. Man hörte immer, der Schah von Persien sei stark westlich orientiert, aber dennoch musste der abrupte Wechsel nach Teheran für Fee ein gewaltiger Kulturschock gewesen sein. Sie war völlig verzweifelt und ihre Zeilen lasen sich etwas wirr. Fee schrieb, sie würde sich am liebsten das Leben nehmen, ihr letzter Wunsch wären ein paar deutsche Bücher, die ich ihr schicken sollte. Wenige Sätze später bat sie mich, sie aus ihrer misslichen Lage zu retten und zurück zu ihrer Mutter zu bringen. Der Brief endete mit drei von Herzen umrahmten getrockneten Tränen und der Teheraner Telefonnummer einer Schulfreundin, über die ich Kontakt mit ihr aufnehmen könne, falls ich nach Teheran käme.

Ich faltete den Brief zusammen – der Inhalt musste sich erst mal setzten – und steckte ihn in die linke Gesäßtasche meiner Jeans. Ich dachte nach. Wie sollte es weitergehen? Abi machen und studieren? Dafür würde das Geld, das mir von meiner Ausbildung bei der CIA geblieben war, nicht reichen. Vielleicht später. Eine Berufsausbildung anstreben? Auf jeden Fall! Aber welche? Auf den ersten Auftrag der CIA warten? Warten verblödet und macht depressiv. Außerdem hätte mich die CIA ohne festen Wohnsitz gar nicht erreichen können. Ich musste etwas tun und setzte folgende Prioritäten: Wohnung, Musterung, Auto.

Boris ließ mich zwei Tage lang von seinem Telefon nahezu alle Anzeigen der Münchner Lokalblätter durchrufen. Doch es war nichts Passendes dabei. Nur bei einem Wohnungsangebot hieß es, ich solle in zwei Tagen nochmals anrufen, um zu erfahren, wie sich ein anderer Mietinteressent entschieden hätte.

Am Donnerstag stand ich pünktlich um 8:00 Uhr mit zwei Passbildern im Kreiswehrersatzamt in der Dachauer Straße 128 und ließ mich von Kopf bis Fuß durchchecken. Nach zwei Stunden bekam ich meinen Wehrpass und staunte nicht schlecht. Da stand doch tatsächlich neben dem Stempel »Tauglich« handschriftlich vermerkt:

»Als Fallschirmjäger nicht verwendbar!«

Nicht zu fassen! Da hatte ich gerade eine Ausbildung bei einer der härtesten Luftlandedivisionen der Welt hinter mir, dazu 143 zivile Freifallsprünge, und war bei der deutschen Bundeswehr »als Fallschirmjäger nicht verwendbar«!

Zwar wollte ich ohnehin nicht vom Regen in die Traufe geraten und nach meinem Dienst bei der Army nun auch noch zur Bundeswehr, aber fragte doch aus purer Neugierde nach, warum ich »als Fallschirmjäger nicht verwendbar« sei. Provozierend setzte ich hinzu:

»Wenn ich nicht zu den Fallschirmjägern kann, verweigere ich den Wehrdienst.«

Nach einer Stunde Wartezeit wurde ich dem Oberstabsarzt vorgestellt, einem älteren, väterlich wirkenden Mann, der offenbar kurz vor seiner Pensionierung stand. Der Bundeswehrdoktor legte die Stirn in Falten und schaute mir tief in die Augen.

»Wollen Sie wirklich zu den Fallschirmjägern, Herr Müller?«

Ich hatte nichts zu verlieren und antwortete:

»Eigentlich wollte ich den Wehrdienst verweigern, aber wenn das nicht klappt, dann sollte es schon was Richtiges sein und keine Sandkastenspieltruppe!«

»Sie haben Senk-Spreizfüße, volkstümlich sagt man dazu auch einfach Plattfüße. Als Fallschirmjäger müssen Sie in engen Springerstiefeln tagelange Gewaltmärsche durchhalten. Aber wenn Sie das unbedingt wollen, können Sie es haben«, meinte der Doc und änderte den Eintrag im Wehrpass ab: »Auf eigenen Wunsch auch als Fallschirmjäger verwendbar.« Plus Stempel, plus Unterschrift.

Schon während meiner pazifistisch geprägten Schulzeit hatte ich mich gründlich mit dem Thema Kriegsdienstverweigerung, Totalverweigerung und Wehrersatzdienst beschäftigt und wusste, welche Option für mich die beste war. Noch am gleichen Tag suchte ich das kleine Häuschen des Malteser Hilfsdienstes am Schreberweg 1 auf und verpflichtete mich, als Wehrdienstverweigerer zehn Jahre lang sporadisch ein- bis zweimal pro Monat Sanitätsdienst zu leisten. Allerdings musste ich vorher noch einen Erste-Hilfe-Kurs, ein Krankenhauspraktikum und einen Sanitätskurs absolvieren. Nur zu gern hätte ich angebracht, dass ich Medical Specialist der U.S. Army war und schon Schwerstverletzte im Vietnamkrieg versorgt hatte. Aber das wäre unklug gewesen und hätte mir keine Ausbildungsverkürzung gebracht. Mit einem leichten Lächeln buchte ich zeitnah alle nötigen Kurse, um die Sache schnellstmöglich hinter mich zu bringen.

Mein zweiter Anruf bei der noch nicht endgültig vergebenen Wohnung fühlte sich an wie ein Jackpot-Gewinn:

Die möblierte Wohnung in einem Schwabinger Hinterhof war zu haben! Ich fuhr auf der Stelle in die Belgradstraße und unterschrieb nach kurzer Besichtigung den Mietvertrag. Die Bude, bestehend aus Bad, Wohnküche und Schlafraum mit großem Doppelbett war klein, aber ideal für mich und dazu auch noch günstig.

Bei einem Spaziergang erkundete ich meine neue Wohnumgebung. Mir fiel ein Kellerlokal in der Viktoriastraße auf, das *C'est la vie!*, und ich beschloss, zu später Stunde dort mal ein Bierchen zu trinken. Die Kneipe war ganz in Holz gehalten und verbreitete eine wohlige Atmosphäre, auch, weil sie nur von warmem Kerzenlicht erleuchtet wurde.

Gleich am ersten Abend lernte ich dort Manfred kennen, einen vollbärtigen Medizinstudenten mit großen, leuchtenden Augen. Er beschrieb mir begeistert, wie er am Nachmittag im Sezierkurs an der Anatomischen Anstalt in der Pettenkoferstraße der Hand eines verstorbenen Körperspenders die Haut abgezogen und Muskeln, Sehnen und Venen freigelegt hatte. Wenn er mit der Pinzette an einer bestimmten Sehne zog, machte die tote Hand den kleinen Finger krumm. Manfred spendierte mir ein Bier, allein deshalb, weil ich ihm so geduldig und interessiert zugehört hatte. Seine Freundin müsse immer sofort kotzen, wenn er mit derartigen Themen anfing, vor allem dann, wenn er ins Detail ging. Schließlich fragte mich Manfred:

»Und, was machst du so?«

Ich schwieg eine Weile. Meine Erlebnisse der letzten 15 Monate hätten ein Buch füllen können, aber nichts davon durfte ich erzählen. Daran würde ich mich gewöhnen müssen.

»Ich hab' mir heute eine Wohnung gemietet, ganz in

der Nähe, in der Belgradstraße. Ein echter Glücksfall. Jetzt brauch' ich nur noch ein Auto.«

»Hast du schon eine Vorstellung?«, fragte Manfred.

»Die Kiste soll einfach nur fahren, darf nicht viel kosten und sollte möglichst bis Teheran und zurück durchhalten«, antwortete ich spontan. Fees Brief hatte offenbar in meinem Unterbewusstsein gearbeitet und – obwohl ich noch keinen konkreten Plan hatte – wohl schon eine Reise nach Teheran in Erwägung gezogen. Manfreds Augen leuchteten:

»Da muss ich dir unbedingt meinen Bruder Diogenes vorstellen! Er ist Chemiestudent im achten Semester, hat einen Lastwagenführerschein und fährt in den Semesterferien seit Jahren für die Spedition Hirsch Sattelschlepper zwischen München und Teheran hin und her. Letztes Jahr hat er sich eine Auszeit genommen und ist mit seinem alten VW Käfer bis nach Indien gefahren. Ich glaube, den will er jetzt verkaufen. Mein Bruder kommt morgen Abend auch hierher.«

»Du musst ihn mir unbedingt vorstellen! Geht es nicht schon am Mittag?«

Es war 0:55 Uhr. Reinhard Meys Lied »Gute Nacht, Freunde / es wird Zeit für mich zu geh'n / was ich noch zu sagen hätte / dauert eine Zigarette / und ein letztes Glas im Steh'n« ertönte, die Bedienungen löschten alle Kerzen und elektrisches Licht erhellte den Raum.

Am frühen Nachmittag des nächsten Tages saß ich am Steuer eines völlig abgerockten und vor Dreck strotzenden 14 Jahre alten VW Käfers und fuhr das knatternde Teil zweimal zwischen Siegestor und Münchner Freiheit die Leopoldstraße rauf und runter. Wahrscheinlich würde die Kiste beim Waschen zu einem Häufchen

Staub zerfallen. Ich hatte noch nie einen Wagen mit Gangschaltung und Kupplung gefahren. Mehrfaches Absterben des Motors war also vorprogrammiert. Diogenes, der eigentlich Fritz Bartelt hieß und bei eins neunzig Körpergröße geschätzte 120 Kilo auf die Waage brachte, hatte nicht nur den Rauschebart mit dem echten Diogenes von Sinope gemeinsam, sondern auch dessen Lebenseinstellung. Es war ein kleines Wunder, dass er auf den Beifahrersitz des Käfers passte, und unvorstellbar, dass er hinter dem Lenkrad gesessen haben konnte. Diogenes lächelte nur milde angesichts meiner mangelnden Schaltgetriebekenntnisse und schaute ab und zu gelangweilt aus dem Fenster. Manfred, der auf der Rückbank saß, erklärte mir, wie eine H-Schaltung funktioniert, und griff zwischendurch helfend ein.

Diogenes schwor bei Zeus, dass es die Kiste mit seinen schlappen 97 000 Kilometern noch locker nach Teheran und zurück schaffen würde, und wollte 70 DM. Ich bot 50 DM für den alten Käfer, »weil er ständig abstirbt.«

Diogenes brach in schallendes Gelächter aus.

»Weil er ständig abstirbt! Hast du das gehört, Manfred!«

Manfred lachte ebenfalls und ich stimmte ein.

Als wir uns alle drei richtig ausgelacht hatten, reichte mir Diogenes die Hand.

»50 DM, abgemacht! Behandle die alte Tante gut. Den Weg nach Teheran findet sie alleine.«

Nun hatte ich also ein Auto, tankte voll und übte den ganzen Nachmittag zur Freude der übrigen Verkehrsteilnehmer das Fahren mit Schaltgetriebe auf den Hauptverkehrsadern Schwabings, die wegen der gerade stattfindenden Olympischen Spiele ohnehin schon dem Infarkt nahe waren.

Abends im *C'est la vie!* gab Diogenes einige spannende Reiseerlebnisse zum Besten und hatte eine Unmenge wertvoller Tipps für mich, zum Beispiel, dass man beim ADAC tolle Landkarten und eine komplett ausgearbeitete Tour von München bis Teheran bekommen konnte, dass ein *Carnet de Passage* nötig war, um das Auto zollfrei ein- und ausführen zu können, dass es in Istanbul einen *Pudding Shop* gab, in dem sich Traveller aus aller Welt austauschten und gegen Benzingeldbeteiligung Mitfahrgelegenheiten fanden. Sogar ein günstiges Hotel in Teheran kannte Diogenes. Im *Amir Kabir* in der Naser Khosrow Straße würde das Zimmer mit Ventilator nur 3 US$ kosten, allerdings müsse man die Benutzung der stets lauwarmen Dusche mit 0,10 US$ jedes Mal extra bezahlen.

Noch in der gleichen Nacht beschloss ich, nach Teheran zu fahren und Fatemeh Farahani, meine Fee, aus den Fängen ihres Vaters zu befreien. Ich erteilte mir quasi meinen ersten großen Fluchthilfeauftrag selbst. Das Unternehmen bedurfte einerseits einer gründlichen Planung und Vorbereitung und musste andererseits schnell gehen, bevor Fee sich etwas antat, zwangsverheiratet oder von ihrem Vater in die Wüste geschickt wurde.

Jeden Morgen trat ich bei meinem Klinikpraktikum für den Wehrersatzdienst am Klinikum rechts der Isar an. Jeden Nachmittag schraubte ich an meinem Käfer herum. Und jeden Abend holte ich mir zu später Stunde Tipps von Manfred und Diogenes im *C'est la vie!* ab.

Kopfkissen aufschütteln, Frühstück servieren, Bettpfannen und Urinflaschen leeren war zwar eine leichte Unterforderung für einen Medical Specialist der U.S. Army, der notfalls sogar einen Blinddarm hätte operieren können, aber man muss das Leben nehmen, wie es kommt, und versuchen, allem, was man tut, etwas Positives abzugewinnen. Die Schwerstkranken der Station behandelte ich gerne wie die Bewohner der Präsidenten-Suite im Hotel Bayerischer Hof, servierte den Kamillentee mit einer über den Unterarm gelegten Serviette und tiefer Verbeugung. Außerdem versuchte ich, diesen Patienten buchstäblich ihre letzten Wünsche von den Augen abzulesen und fragte sie oft, ob ich noch etwas für sie tun könnte. Das ließ manche aufblühen und machte einige sogar etwas übermütig.

»Du kannst mir einen runterholen«, hauchte ein alter, schwer krebskranker Patient. Es waren seine letzten Worte, bevor er für immer die Augen schloss. Immerhin starb er mit einem Lächeln im Gesicht.

Das Herrichten des alten Käfers war arbeitsintensiv, zumal ich bisher noch selten einen Schraubenschlüssel in der Hand gehalten hatte, machte aber auch Spaß. Zunächst waren eine gründliche Innenraumreinigung und vorsichtiges Waschen per Hand angesagt. Erst jetzt wurden die Farben des Käfers richtig sichtbar: Er hatte rote Türen und ein rotes Dach. Front- und Heckklappe sowie die Kotflügel waren blau. Das hatte was!

In der Landsberger Straße gab es eine Do-it-yourself-Hobbywerkstatt, in der man für wenig Geld alle Einrichtungen inklusive Hebebühne, Werkzeug, Flex und Schweißgerät leihen konnte. Auf dem Gelände herrschte ein reger Erfahrungsaustausch unter Schicksalsgenossen. Der Inhaber, ein Kfz-Meister, gab gerne Ratschläge, legte aber nie selbst Hand an. Hier wechselte ich rein übungshalber alle Reifen durch, schraubte Zündkerzen raus und rein, spannte den Keilriemen und baute sogar die Lichtmaschine aus und wieder ein. Ich wollte ein Gefühl für den Käfer bekommen, der für rund 10 000 Kilometer mein engster Reisegefährte werden sollte.

Meine Idee, die Rückbank so zu entkernen, dass ich Fee Fatima hier notfalls für die Dauer des einen oder anderen Grenzübergangs hätte verstecken können, brachte mich schier zur Verzweiflung. Es war nicht damit getan, die unter dem Rücksitz befindliche Batterie zu verlagern. Auch nützte es nichts, die Spiralfedern durch eine Sperrholzplatte zu ersetzen und höherzulegen. Es wollte einfach nicht klappen, vor allem deshalb nicht, weil sich der Schaltgestängetunnel, der das ganze Auto durchzog, um keinen Zentimeter hätte absenken lassen, ohne das Schalten zu blockieren. Es ging einfach nicht! Auf der Suche nach einer Alternative zwängte ich mich in den kleinen Hohlraum zwischen hinterer Rückenlehne und Motorraum und versuchte, dort eine Stunde auszuhalten. Es war unbequem und schmerzhaft, aber wenn ich das schaffte, würde es Fee auch schaffen. Sie war zierlich und kleiner als ich. Unter den Fahrersitz montierte ich zwei verschraubte Aluminiumplatten, zwischen denen ich 1000 US$ »Notgeld« in bar versteckte und auf deren Unterseite mehrere Klettbänder angebracht waren. Man hätte dort griffbereit Taschenlampe und Schraubenschlüssel befestigen können, aber auch Pistolen, Magazine, Kampfmesser, Drahtsägen und andere nützliche Utensilien. Zuletzt spannte ich eine dünne Angelschnur aus Nylon um die Türgriffe im Innenraum des Fahrzeugs und befestigte eine zigarettenschachtelgroße Alarmsirene an der Fahrertür. Wurde eine der Türen mehr als eine Handbreit geöffnet, zog die Nylonschnur einen Stift aus der Alarmeinheit und eine schrille Sirene ertönte. Die selbst konstruierte Alarmanlage funktionierte perfekt!

Nach einer Woche war es so weit. Der Käfer, vollgestopft mit Konservendosen, Campinggeschirr, Gaskocher, Schlafsack und Kleidung, und ich waren abreisebereit. Mein Klinikpraktikum konnte ich problemlos unterbrechen. Zum Abschied stellte mir der nette junge Stationsarzt Dr. Schäfer eine Reiseapotheke zusammen und gab mir eine Plastiktüte voller Medikamente, Pflaster, Wundauflagen, Salben und Desinfektionsmittel mit. Er sagte, er beneide mich um die Reise, über die ich nur erzählt hatte, dass ich eine alte Schulfreundin in Teheran besuchen wollte.

Uschi, eine attraktive Medizinstudentin mit Sommersprossen und rotem Haarschopf, hatte einen 20-Liter-Haarshampoo-Kanister vor der Vernichtung im Krankenhausmüll gerettet, gründlich mit heißem Wasser ausgespült und mir als Reservekanister überreicht. Ich war gerührt! Dann zog mich Uschi in das Zimmer eines schwerkranken Patienten, der seine Umwelt nicht mehr wahrnahm, verschloss die Tür und überraschte mich mit einem dermaßen feuchten, heißen und schlundtiefen Abschiedskuss, dass mir abwechselnd heiß und kalt wurde und mir sämtliche Haare zu Berge stiegen. Es war herrlich! Der pure Wahnsinn! Aber hatte das *jetzt* sein müssen? Es erschwerte mir ein klein wenig den Abschied, denn ich fühlte, Uschi hätte mir in puncto Erotik noch so einiges beibringen können, was in meinem bisherigen Leben zu kurz gekommen war. Oder hatte sie mich gerade deshalb so leidenschaftlich geküsst, weil sie wusste, dass wir uns lange nicht, vielleicht nie wiedersehen würden?

Abends traf ich mich mit Manfred und Diogenes im *C'est la vie!* und gab ein paar Runden aus.

Punkt 0:55 Uhr summten wir alle gemeinsam das Lied »Gute Nacht, Freunde / es wird Zeit für mich zu geh'n / was ich noch zu sagen hätte / dauert eine Zigarette / und ein letztes Glas im Steh'n« mit und taten genau das, was Reinhard Mey besang.

Gegen 6:00 Uhr machte ich mich auf den Weg. Auf den Autobahnen durch Deutschland und Österreich lief mein Käfer zu seiner Höchstform auf und schaffte fast seine Spitzengeschwindigkeit von 115 km/h. Der Autoput in Jugoslawien war eine Herausforderung. Selbst ernannte Rallye-Fahrer und Lastwagen überholten mich laut hupend rechts und links. Die Straße war gesäumt von Autowracks.

Als ich am Belgrader Hauptbahnhof parkte und ausstieg, riefen mir die Leute lachend »Buba, buba!« zu.

Ich grüßte freundlich zurück: »Buba, buba!«

Eine Stunde später hatte ich eine Riesenportion Cevapcici mit Duvec-Reis verdrückt und eine zehn Jahre alte Makarow-Pistole mit zwei Magazinen zu je acht Schuss gekauft. Nie hätte ich gedacht, dass das so einfach sein würde.

Leider konnte ich das Teil nicht ausprobieren. Man kann zwar ein wenig Koks auf die Zungenspitze legen und schmecken, ob es echt ist, aber man kann nicht mit einer frisch erworbenen Pistole eine Lampe von der Decke schießen, um zu sehen, ob sie funktioniert.

Ich beschloss, sofort weiterzufahren. Mein Etappenziel für diesen Tag war Niš. Ich erreichte das kleine südjugoslawische Städtchen gerade bei Einbruch der Dunkelheit und schlug am Ortsende zwischen einem kleinen Wäldchen und dem Fluss Nišava mein Nachtlager auf.

Nachdem mich die Sonne am nächsten Morgen unerbittlich aus dem Schlafsack getrieben hatte, wagte ich ein paar Schwimmzüge im eiskalten Flusswasser und war sofort hellwach. Ich prüfte die Umgebung, zog den Schlitten der schweren Makarow zurück, ließ die erste Patrone in den Lauf gleiten, entsicherte und legte die Pistole auf den Beifahrersitz.

Beim Losfahren schoss ich linkshändig aus dem offenen Fenster auf eine Cola-Dose, die ich zuvor auf einem Stapel Holz deponiert hatte, und – Treffer! Okay, das Ziel war nur knappe zwei Meter entfernt gewesen, aber aus dem fahrenden Auto und linkshändig waren Erschwernisse, und schließlich wollte ich ja nur testen, ob das Ding überhaupt schoss.

Im Ort begrüßte ich die Einheimischen mit einem freundlichen »Buba buba!« und bestellte mir einen starken Kaffee. Die Männer lachten, erwiderten »Buba!« und nickten verständnisvoll. Es entspann sich eine rege Diskussion, bei der ich nur immer wieder »Buba« heraushörte. Der Rest war mir unverständlich.

Irgendwann kam ich dahinter, dass »Buba« keine Begrüßungsformel, sondern der Kosename für mein Auto war und nichts anderes bedeutete als Käfer. Das gefiel mir! Ab sofort hatte meine alte Schrottkiste einen Namen.

Bei der Abfahrt hupte Buba laut und kräftig – und zwar ohne dass ich auf die Hupe gedrückt hatte. Musste er gleich ein Eigenleben demonstrieren, nur weil er jetzt einen Namen hatte?

Nach gut zwei Stunden erreichte ich Dimitrovgrad, gleich dahinter lag die Grenze zu Bulgarien. Der serbische Grenzer winkte mich durch, der Bulgare warf einen kurzen Blick auf meinen Pass und ins Wageninnere. Dann winkte er mich ebenfalls weiter. Das ging mir fast etwas zu schnell. Ich bat deshalb um einen Einreisestempel, musste dazu anhalten und das Zollhäuschen aufsuchen. Das gab mir Gelegenheit, gründlich zu beobachten, wie der Gegenverkehr ablief: Die Unterseiten der Fahrzeuge wurden mit Spiegeln geprüft und sie ließen Hunde in jedem Auto schnüffeln! Da war mir klar, dass man über diesen Grenzübergang in Richtung Westen weder Drogen noch Menschen schmuggeln sollte.

Die türkischen Grenzbeamten am Übergang Edirne forderten mich auf, alles, aber auch wirklich alles, bis zur letzten Konservendose und Unterhose, aus dem Wagen zu räumen und zur Inspektion auf einem großen Tisch abzulegen. Die Zöllner öffneten Gepäck- und Motorraum, klappten die Rückenlehne zurück und nahmen sogar die Radkappen ab. Meine unter dem Fahrersitz versteckte Pistole fanden sie jedoch nicht.

Es wäre töricht gewesen, Fee Fatima in Buba über diese Grenzen zu schmuggeln. Ich musste mir unbedingt etwas anderes überlegen. Und zwar bald!

Der Verkehr in Istanbul war grauenhaft und Buba peinlich. Er hupte dauerhaft mit und ohne Grund. Vermutlich erzeugte jede Lenkbewegung einen Kurzschluss im Hupkabel. Da der Kreisverkehr um den Taksimplatz im Herzen der Stadt nicht ohne Lenkbewegung zu umrunden war, hupte Buba pausenlos, obwohl uns ein freundlicher Polizist mit Trillerpfeife extra Vorfahrt eingeräumt hatte. Bubas unkontrollierbares Hupen zwang mich zu einer schweren Entscheidung: Ihn einfach weiter hupen zu lassen – Istanbul war ohnehin eine einzige Kakophonie knatternder und hupender Autos – oder der Hupe den Saft abzuklemmen und ihn für den Rest der Reise mundtot zu machen. Ich entschied mich für Letzteres.

Drei Tage lief ich zwischen dem Bahnhofsrestaurant Marmaray Sirkeci im europäischen Teil der Stadt, dem berüchtigten *Pudding Shop* schräg gegenüber der Sultan-Ahmet-Moschee und dem Bazar hin und her, beobachtete die Menschen, den diskreten Austausch von Geld und Waren, und nahm Kontakt zu Hehlern und Kleinkriminellen auf. Man konnte in Istanbul alles bekommen: Haschisch aus Afghanistan, Marihuana aus Indien, Opium aus Anatolien, Revolver, Pistolen, Maschinengewehre, Handgranaten, Bauchtänzerinnen und Prostituierte. Nur auf meinen Wunsch antworteten die Kontaktpersonen stets mit Kopfschütteln und schneller Verabschiedung.

Am dritten Tag beobachtete ich im Bazar zwei Diebe. Der eine lenkte einen Touristen ab, der andere zog ihm blitzschnell die Brieftasche aus dem Jackett und lief davon. Ich sprintete sofort hinterher, wahrte jedoch einen gewissen Abstand, um nicht bemerkt zu werden. Der Dieb wurde langsamer. Ich auch. Irgendwann verschwand der junge Kerl im Laden eines Meerschaumpfeifenverkäufers. Im Vorbeigehen sah ich aus den Augenwinkeln, wie er seine Beute dort einem bärtigen Alten übergab, und wusste sofort: Der Alte war mein Mann. Alte Menschen verfügen über Lebenserfahrung, Weisheit und Bauernschläue und werden im Orient mehr geschätzt und geachtet als im Westen. Nachdem der Dieb den Laden verlassen hatte und der Alte wieder auf Kundenfang davorstand, schlenderte ich langsam zu ihm hin.

»Junger Mann, kommen herein! Nur schauen!«, versuchte er mich zu locken.

»Schöne Pfeifen!«, nickte ich anerkennend.

»Alles handgeschnitzt, beste Qualität aus Eskisehir, machen gute Preis!«

»Woher sprichst du so gut Deutsch?«, wollte ich wissen.

»Ich 22 Jahre in Düsseldorf, Straßenreinigung. Aber jetzt zurück in meine Heimatstadt. Mit ganze Familie. Willst du Cay?«

Ich nickte und der Alte goss mir hocherfreut ein Glas türkischen Tee ein. Bei schwarzem Tee, gesüßt mit ganz viel Zucker, lässt sich gut verhandeln und das Geschäft ist schon so gut wie besiegelt – dachte er wohl.

»Ich will keine Meerschaumpfeife kaufen. Ich suche etwas anderes«, klärte ich den Mann auf.

»Etwas anderes? Etwas aus Leder oder Silber? Oder Kleidung? Wie kann ich dir helfen, mein Freund?«, fragte der Alte sichtlich bemüht.

Ich winkte ihn ganz nah heran und flüsterte so, dass ganz sicher niemand in der Nähe mich hätte hören können, in sein Ohr:

»Ich brauche einen Pass, Efendi!«

Das Flüstern hätte ich mir sparen können.

»Einen Pass?«, rief der Alte laut mit einem Ausdruck der Verwunderung und setzte nach einer Pause hinzu, »hat man deinen Pass gestohlen?«

»Nein«, flüsterte ich, »ich brauche den Pass einer Türkin, um die zwanzig, mit Aufenthaltsvisum für Deutschland.«

Der Alte nippte an seinem Tee, schwieg und überlegte. Nach den Erfahrungen der letzten Tage keimte ein Hoffnungsschimmer in mir auf, der umso größer wurde, je länger der Alte nachdachte. Und er dachte sehr lange nach!

»Was du zahlen?«, fragte er schließlich.

Im Bewusstsein, dass wir hier auf dem Bazar waren, bot ich 150 Türkische Lira, was etwa 35 DM entsprach.

»1000 Lira!«, forderte der Alte lachend und nippte an seinem Cay.

»300!«, setzte ich dagegen.

»Unmöglich für Original mit Visum. 800 ist mein bestes Angebot!«, meinte der Alte.

Ich bot 450 und wir einigten uns auf 600 Türkische Lira – aber nur, falls der Pass perfekt war.

»Ist wirklich perfekt! So perfekt, du wirst nicht glauben!«, lachte der Alte verschmitzt.

»Okay. Wann kann ich ihn abholen?«, fragte ich.

»In zwei Stunden. 100 Lira Anzahlung!«

Ich hatte keine andere Option und gab dem Alten die 100 Lira. Dennoch war mir die Sache nicht geheuer. Kein Mensch konnte in nur zwei Stunden genau nach meinen Vorgaben einen perfekten Pass mit Visum fälschen. Nicht mal die Spezialisten der CIA hätten das vermocht. Es blieb noch die Möglichkeit, zielgenau einen entsprechenden Pass zu stehlen. Aber auch dafür war die Zeit denkbar knapp. Ich beschloss, eine Kleinigkeit zu essen, ein wenig am Bosporus herumzuspazieren und mich überraschen zu lassen. Im schlimmsten Fall würde der Mann mit meinen 100 Lira türmen und nicht mehr auffindbar sein. Es würde mich nicht wirklich ruinieren.

Nach zwei Stunden reichte mir der Alte stolz einen türkischen Pass mit dem Foto einer hübschen Frau und einem gültigen Visum für Deutschland. Ich prüfte das Dokument so gründlich, wie ich nur konnte. Da fiel mir auf, dass die Dame schon 32 Jahre alt war. Wegen dieses kleinen Schönheitsfehlers konnte ich nochmals nachverhandeln und zahlte nur einen Restbetrag von 400 statt 500 Lira. Die Änderung des Geburtsdatums würde ich selbst hinbekommen. Den Austausch des Passfotos auch. Wir besiegelten den Handel mit einem Glas Cay. Letztendlich konnte ich mir die Frage nicht verkneifen, woher der Alte den Pass samt Visum so schnell bekommen hatte.

»Meine Tochter«, lächelte der Alte, »der Pass ist von meiner Tochter. Du kannst vier Wochen damit machen, was du willst. Dann wird sie ihn als verloren melden.«

Hochzufrieden, der Rettung meiner Fee einen großen Schritt nähergekommen zu sein, setzte ich am nächsten Morgen mit einer kleinen Autofähre – außer Buba passten gerade mal drei weitere Fahrzeuge auf den Seelenverkäufer – vom europäischen Teil der Stadt auf den asiatischen über. Weit im Süden der Stadt ragten zwei unfertige Brückenfragmente in den Bosporus. Das Meisterwerk der Technik sollte im nächsten Jahr, pünktlich zum 50. Jahrestag der türkischen Staatsgründung, am 29. Oktober 1973 eröffnet werden.

Die Strecke nach Ankara war schnell geschafft. An jeder Ecke grüßte Staatsgründer Kemal Atatürk, der Vater der Türken, dem dieses Land so viel zu verdanken hatte. Er war es, der die arabischen Schriftzeichen durch das türkische Lateinalphabet ersetzt und sich durch seine souveräne, offene Staatsführung weltweit hohes Ansehen verschafft hatte. Demokratie, Menschenrechte und die strikte Trennung von Kirche und Staat waren Kemal Atatürk unter seiner Präsidentschaft ebenso wichtig gewesen wie die Wahrung der Rechte religiöser Minderheiten und die Ächtung von Rassismus. Ein wahrhaft großer Mann!

Die Straße nach Kirikkale war bergig und kurvenreich. Schwer vorstellbar, wie hier Busse und Sattelschlepper verkehren konnten, wenn mir das Lenken meines wendigen Käfers schon so einiges abverlangte. Ein paar Mal konnte ich nur knapp den »Königen der Landstraße« ausweichen. Ausgebrannte Wracks in den Tälern mahnten, dass das nicht immer gut ausging. Über

Yozgat und Sorgun schaffte ich es bis Sonnenuntergang gerade noch nach Yildizeli. Ich machte mir neben dem Wagen eine Dose Ravioli heiß und wärmte mich ein wenig über der Flamme des Esbit-Brennstoffwürfels. Das Wasser reichte noch zum Trinken und Ausspülen der Essensreste, aber nicht mehr zum Waschen. Am nächsten Morgen fuhr ich ungewaschen, ohne Frühstück und ohne Kaffee die rund 50 Kilometer nach Sivas und beschloss, meinem Körper das zu geben, war er jetzt am dringendsten brauchte: ein Bad!

Glücklicherweise gab es in jeder Stadt, in jedem Dorf in der Türkei jemanden, der deutsch sprach oder zumindest jemanden kannte und herbeiholte, der Deutsch konnte. Die meisten meiner Dolmetscher waren als Gastarbeiter in Deutschland gewesen und von einer überwältigenden Hilfsbereitschaft, Freundlichkeit und Gastfreundschaft. Das beschämte mich, denn ich wusste, dass diese Menschen in Deutschland oft nicht mit der gleichen Herzlichkeit empfangen worden waren.

In Sivas verwies man mich an das örtliche Hamam, ein streng nach Geschlechtern getrenntes türkisches Bad.

Nachdem ich meine Kleider abgelegt und mir ein großes Badetuch um die Hüften geschlungen hatte, stand ich etwas verloren in dem großen, mit orientalischen Ornamenten gekachelten Rundtempel, in dessen Zentrum mehrere beheizte Marmorblöcke kreisförmig angeordnet waren. Daneben muskelbepackte, gut aussehende Männer, die ebenfalls Badetücher um ihre Lenden geschlungen hatten. War ich hier versehentlich in einem Schwulenclub gelandet?

»Baden? Duschen? Bath? Shower?«, fragte ich etwas unbeholfen in den Raum.

Die Männer lachten. Keiner sprach ein Wort Deutsch oder Englisch und keiner machte Anstalten, wie so oft auf der Straße, mal schnell einen Bruder, Neffen oder Onkel zum Dolmetschen zu holen. Stattdessen bedeuten sie mir freundlich, ich solle mir einen von ihnen aussuchen.

›Das kann ja heiter werden! Wehe, wenn mir einer der Kerle an die Wäsche geht! Ich will doch einfach nur baden!‹, dachte ich und zuckte unschlüssig mit den Schultern.

Da ergriff der Größte und Stärkste die Initiative. Ein Bär von einem Mann, mit einem Riesenschnauzer und einem breiten Grinsen im Gesicht. Er schlug sich wie Tarzan mit der rechten Faust auf seine dicht behaarte Brust und sagte einfach nur:

»Mustafa!«

Dem Gebot der Höflichkeit folgend, schlug ich mit meiner Rechten auf meine Brust und sagte:

»Michael!«

Es waren die einzigen beiden Worte, die wir während der nächsten zwei Stunden wechseln sollten. Der Rest lief über Zeichensprache. Mustafa führte mich in einen großen Raum mit mehreren Wasserbecken und gebot mir, meinen Körper gründlich mit klarem Wasser zu reinigen. Dann geleitete er mich auf einen der gut beheizten Marmorblöcke, seifte mich am ganzen Körper ein und spülte die Seife mit klarem, lauwarmem Wasser ab. Nach einer kurzen Entspannungsphase verabreichte mir Mustafa eine dermaßen brutale und zugleich herrliche Massage, die mir mein Leben lang unvergesslich bleiben wird. Nie hätte ich gedacht, mein Brustkorb würde es aushalten, wenn sich ein Mann in der Gewichtsklasse eines Sumo-Ringers darauf knien und meinen Kopf nach rechts und links schleudern würde. Das Knacken der Halswirbel war dabei ebenso gut zu hören wie das Schnalzen jedes einzelnen Finger- und Zehenknöchels, den er mir danach mit geschickten Bewegungen aus Händen und Füßen zog. Arme, Ober- und Unterschenkel wurden durchgeknetet wie Pizzateig bevor er gehen darf. Die Rückenmassage ließ mich erstmals alle meine Rippen fühlen und jeder einzelne Rückenwirbel bekam Mustafas Daumenknöchel zu spüren. Ein Feuerwerk der Gefühle für jeden Masochisten! Eine Neigung, die mir bisher an mir noch völlig verborgen geblieben war.

Nach der Massage seifte mich Mustafa abermals ein, diesmal mit einem satt mit Seife getränkten Hanfknäuel. Mein ganzer Körper war in süßlich duftenden Seifenschaum gehüllt, meine Poren öffneten sich auf dem warmen Marmor und meine Haut saugte die Seife so dankbar in sich auf wie ein nasser Schwamm. Doch die wohlige Entspannung war von kurzer Dauer. Schon stand Mustafa wieder über mir wie der Henker über seinem Opfer, grinste diabolisch und streifte sich genüsslich raue Lederhandschuhe über. Damit rubbelte er mir jeden Zentimeter meiner unbehaarten und glatten Haut dermaßen intensiv ab, dass ich Zweifel daran hegte, das größte Organ des Menschen hätte nur drei Schichten.

Mehrere warme Wassergüsse beendeten die Zeremonie, und als ich das Hamam verließ, fühlte ich mich nicht nur wie neu geboren, sondern auch so gründlich und porentief gereinigt, als hätte ich mich noch nie zuvor in meinem Leben richtig gewaschen.

* * *

Zwischen meinem zwölften und fünfzehnten Lebensjahr hatte ich die Abenteuerromane des größten Aufschneiders seit Münchhausen und weltweit meistgelesenen deutschen Autors Karl May geradezu verschlungen. Neben den Winnetou-Bestsellern waren natürlich auch die Orient-Romane mit Kara Ben Nemsi und Hadschi Halef Omar Pflichtlektüre. Einer davon hieß »Durchs wilde Kurdistan«. Genau da, in Kurdistan, war ich jetzt und fragte mich: Wie hatte Karl May die Steppen- und Gebirgslandschaft der ostanatolischen Hochebene so detailliert beschreiben können, lange bevor er die Gegend selbst bereiste?

Buba kämpfte mit jedem gewonnenen Höhenmeter härter und schnaufte wie ein alter Traktor in seinen letzten Zügen. Ich beschloss, ein wenig am Vergaser herumzuschrauben, damit er in der Höhe mehr Luft bekam. Erzurum lag immerhin 1950 Meter über dem Meeresspiegel. Es war kalt dort, sehr kalt. Ich beschloss, noch ein Stückchen weiter Richtung iranische Grenze zu fahren. Aber es wurde nicht wärmer, eher noch kälter! Bei Einbruch der Dämmerung zwang ich Buba als letzte Tagesleistung auf eine kleine Anhöhe und wendete dann um 180°. Was für ein herrlicher Blick über dieses endlos weite Tal! Wieder einmal sollte ein Esbit-Brennstoffwürfel reichen, um mich und eine Dose Ravioli zu erwärmen. Danach kuschelte ich mich auf der Rückbank des Käfers tief in meinen Schlafsack und deckte mich mit allem zu, was ich an Kleidung und Decken finden konnte.

Mitten in der Nacht – ich hatte schon eine Weile geschlafen – weckte mich ein lauter Knall. Ich dachte an ein Gewitter, blickte auf meine Uhr, deren Zeiger genau 1:00 Uhr anzeigten, und überlegte, ob ich den kleinen

Fensterspalt der Beifahrertür vollends schließen sollte. Da folgte ein zweiter, lauterer Knall und ein dritter. Dann eine ganze Salve. Träumte ich schlecht oder wurde hier geschossen?

Plötzlich sah ich den Lauf eines Gewehrs an meine Beifahrertür schlagen und die Silhouette eines Soldaten:

»Aufwachen! Aufmachen!«

Wieder fielen vier, fünf Schüsse. Dann kehrte Ruhe ein. Ich war wach. Das war kein Traum. Tatsächlich versuchte ein junger Soldat, die Beifahrertür zu öffnen.

»Moment!«, rief ich, zwängte meinen Oberkörper zwischen den Vordersitzen nach vorn und kurbelte das Beifahrerfenster herunter.

»Bitte wegfahren!«, bat mich ein blasser junger Soldat.

»Wieso wegfahren? Und wieso sprechen Sie Deutsch?«, fragte ich.

»Ich bin in Deutschland aufgewachsen, aber muss in meiner Heimat, wie jeder Türke, zwei Jahre Militärdienst leisten. Unser Außenposten wird fast jede Nacht von Kurden beschossen und wir schießen zurück. Du parkst gerade genau in der Schusslinie«, belehrte mich der Soldat.

»Was soll ich machen?«, fragte ich.

»Fahr' einfach hinunter ins Tal und such' dir dort einen Rastplatz. Das geht hier noch bis zum Morgengrauen so weiter. Aber bisher wurde hier noch nie jemand getötet oder verletzt.«

»Das beruhigt mich«, ließ ich den netten Soldaten wissen, »aber bisher ist auch noch nie ein knatternder alter VW Käfer durch die Schusslinie ins Tal gerollt, oder?«

»Wenn du willst, geben wir dir Feuerschutz!«, bot der Soldat an.

»Jetzt ist es ja gerade wieder ruhig«, stellte ich fest, »nur wenn die anderen anfangen, auf mich zu schießen, dann ballert ihr aus allen Rohren, okay?«

»Warte kurz. Ich bespreche das mit meinen Kameraden und gebe dir Bescheid, wenn du losfahren kannst«, antwortete der Soldat.

Ich zwängte mich zwischen den Vordersitzen, nur mit Unterhose und Unterhemd bekleidet, auf den Fahrersitz, prüfte, ob meine Makarow noch griffbereit darunter lag, und überlegte kurz, ob es hilfreich wäre, bei dem Geplänkel ein wenig mitzumischen. Dann putzte ich mit einer alten Socke die angelaufenen Fensterscheiben und kurbelte auch das Fahrerfenster herunter, um ein erneutes Beschlagen zu verhindern. Es war saukalt draußen. Mir war dennoch eher heiß. Während der endlos erscheinenden Wartezeit legte ich mich mit dem Oberkörper auf den Beifahrersitz, damit sich durchs offene Fenster nicht so leicht und ungebremst eine Kugel in mich verirren konnte, falls die Ballerei doch plötzlich wieder losging.

Mit zwei kräftigen Schlägen aufs Autodach schreckte mich der junge Soldat hoch:

»Du kannst losfahren! Viel Glück!«

Ich startete Buba, schaltete die Scheinwerfer ein und ließ ihn im Leerlauf talwärts rollen. Als ich gut die Hälfte des Weges zurückgelegt hatte, durchbrach ein Schuss von der kurdischen Seite die Stille der Nacht. Er wurde mit drei Schüssen der Gegenseite erwidert. Das sollte mein Feuerschutz sein? Irgendwie konnte ich mich des Gefühls nicht erwehren, dass beide Parteien froh waren, wenn kein Blut vergossen und Munition gespart wurde. Der Bruderkrieg zwischen Türken und Kurden erschien mir ohnehin völlig sinnlos, zumal beide Völker so viel gemeinsam hatten wie kaum eine andere Ethnie.

Im Tal parkte ich unter einer großen Pinie, fand jedoch, wie auch immer ich mich drehte und wendete, keinen Schlaf mehr. Bis die Sonne das Tal erhellte. Da wurde ich dann richtig müde und schlief, zusammengerollt in meinem Schlafsack, auf der Rückbank ein.

* * *

Als es im Wagen warm und stickig wurde, raffte ich mich auf, lüftete Schlafsack und Buba durch und setzte mich ans Steuer. Im ersten Dorf gab es einen starken türkischen Kaffee mit viel Zucker und ein Stück Baklava vom Vortag. Ich studierte mein Kartenmaterial. Bis mittags wollte ich es nach Agri und noch vor Sonnenuntergang in den Iran schaffen.

Nach drei Tagen Ravioli auf dem Esbit-Kocher war heute mal ein richtiges Restaurantessen angesagt. Vor dem *Murat Lokantasi*, einem einfachen Lokal am gleichnamigen Fluss in Agri, parkte ich Buba in Sichtweite, zog meine Angelschnur durch die Türgriffe und aktivierte meine Alarmanlage. Mangels ausreichender Sprachkenntnisse ging ich auf Einladung des Wirts in die Küche und zeigte ihm, was meinen Gaumen reizte: drei Lammkoteletts, Pilav-Reis und gemischtes Gemüse. Vor meinen Augen wurde das Fleisch gewürzt und gebraten, sodass mir schon bei der Zubereitung das Wasser im Munde zusammenlief. Es schmeckte noch besser, als es aussah! Hinterher gab es noch ein großes Glas Cay. Die beste Mahlzeit seit Istanbul! Ich hatte völlig vergessen, nach dem Preis zu fragen – aber man gönnt sich ja sonst nichts! Dieses Festmahl musste heute einfach sein. Nach der Rechnung gefragt, kritzelte der Wirt die Zahlen 3,5 auf ein Stück Papier. Ich rechnete einen Moment und fragte ihn ungläubig:

»Turkisch Lira?«

Der Wirt nickte. Ich rundete großzügig auf vier Lira auf und der Mann bedankte sich überschwänglich. Vier Türkische Lira entsprachen 88 deutschen Pfennigen. Warum zum Teufel hatte ich bloß 20 Dosen Ravioli gebunkert und mich die letzten Tage nur davon ernährt, wenn in diesem Land ein Festmahl inklusive Heißgetränk und Trinkgeld zum gleichen Preis zu bekommen war?

Während der gesamten Strecke nach Dogubeyazit ragte direkt in Fahrtrichtung ein schneebedeckter, majestätischer Fünftausender in den Himmel: der Berg Ararat! Hier soll nach der biblischen Sintflut die Arche Noah gestrandet sein.

An der türkischseitigen Grenzstation ließ ich mir einen schönen Stempel mit dem Aufdruck *Gürbulak Hudut Kapisi* in den Pass drücken und beobachte genau die Kontrollen, auch auf der Gegenseite. Die beiden türkischen Zöllner schienen die Sache recht locker anzugehen.

Der Grenzort auf iranischer Seite hieß Bazargan. Es dauerte eine Weile, bis sich der iranische Grenzer, ein schlanker, ja fast dünner Mann mittleren Alters mit Hakennase und undurchschaubarem Pokerface, auf mich zubewegte und mir bedeutete, auszusteigen.

»Salam! Passport!«, sagte er.

Ich grüßte mit »Salam!« zurück und gab ihm meinen Pass. Er hielt ihn eine Weile falsch herum, blätterte von hinten nach vorn und erst, als er das Passfoto entdeckte, drehte er den Pass richtigherum.

Schnell merkte ich, dass er nur Farsi konnte und wir auf Zeichensprache wechseln mussten. Er deutete auf Buba, was sehr unspezifisch war. Ich deutete auf den Kofferraum, der sich beim VW Käfer naturgemäß vorn befand. Der Zöllner schüttelte den Kopf. Ich deutete auf den Motorraum. Wieder Kopfschütteln. Das Wageninnere? Erneut Kopfschütteln. Was zum Teufel wollte der Mann sehen? Gar nichts? Dann sollte er mir meinen Pass abstempeln und mich ziehen lassen.

Da beugte sich der drahtige Zöllner blitzschnell mit der Zielsicherheit eines Wünschelrutengängers beim Aufspüren einer Wasserader unter den Fahrersitz, zog mit einem schnellen Griff meine Makarow hervor, entsicherte sie und schoss damit einmal in die Luft.

Ich war baff! Gut, ich hatte nach dem kurdisch-türkischen Geplänkel die Stoffabdeckung nicht mehr sauber über die Aluminiumplatten gezogen, auf der die Pistole mit Klettbändern befestigt war. Aber wieso hatte er ausgerechnet dort und nur dort so genau gesucht? Sein Schuss in die Luft musste alle seine Kollegen alarmiert haben. War jetzt der Moment für ein ordentliches Bakschisch gekommen? Ich schätzte das Monatsgehalt des persischen Zöllners auf maximal 100 Dollar.

Der Mann klopfte mit dem Lauf der geladenen und entsicherten Makarow auf meinen Pass, legte die Stirn in Falten und gebot mir, ihm zu folgen.

Während ich hinter ihm herging, zauberte ich eine 100-Dollar-Note aus meiner Jacke hervor, faltete sie der Länge nach zusammen und schob sie unter mein Uhrenarmband auf der Innenseite meines linken Handgelenks. Sollte der Zöllner oder einer seiner Kollegen plötzlich meine erhobenen Hände sehen wollen, könnte ich mit Mittel- und Zeigefinger den Schein aus dem Armband hervorziehen und deeskalierend damit winken.

Zu meinem Erstaunen war in dem kleinen Zöllnerhäuschen niemand außer uns beiden. Es gab nur einen Stuhl, einen Schreibtisch, ein rotes Telefon, dessen Drähte ins Leere liefen, und ein paar Stempel nebst Stempelkissen. Der Zöllner setzte sich, legte meine Makarow auf den Schreibtisch, blätterte mitten in meinem Pass eine leere Seite auf und begann zu schreiben.

Für einen kurzen Moment schossen Gedankenblitze aus der CIA-Ausbildung durch meinen Kopf: ›Waffe greifen – Kopfschuss – Abhauen!‹

Aber der Mann hatte mir nichts getan, außer mich mit dem Auffinden meiner Pistole zu überraschen. Warum hätte ich ihn töten sollen?

Nachdem der Zöllner eine komplette Passseite vollgeschrieben hatte, drückte er einen *Entry Bazargan*-Stempel mit dem Datum nach iranischem Kalender darunter, griff nach der immer noch entsicherten Makarow, deutete mit dem Lauf auf das Geschriebene, gab mir Pass und Pistole zurück und entließ mich mit dem gleichen Pokerface, mit dem er mich empfangen hatte.

Dem Zöllner war offenbar nur daran gelegen, dass die Waffe ordentlich deklariert und in meinem Pass eingetragen war. Den Umstand, dass *er* die Waffe in meinem Wagen gefunden hatte, hatte er einfach ignoriert. Sprachprobleme? Großzügigkeit? Amtsfaulheit? Iranische Mentalität? Andere Gesetzte? Egal! Erleichtert startete ich in Richtung Teheran und staunte gleich nach der Grenze nicht schlecht. Die steinige, mit Schlaglöchern übersäte Staubpiste der letzten 1500 Kilometer wechselte schlagartig in einen gepflegten, vierspurigen Highway, der schnurstracks bis zum Ende des Horizonts führte. Die

USA hatten nicht nur Schah Mohammad Reza Pahlavi als autoritären Herrscher des Landes aufgebaut und jede Menge Militärbasen im Iran etabliert, sondern auch ordentlich in die Infrastruktur des Landes investiert. Rechts und links der makellosen Betonpiste endlos weite Wüste. 300 Kilometer nach Täbris, weitere 700 Kilometer nach Teheran. Viel Zeit zum Nachdenken.

Wie ging es meiner Fee? Wie würde unser Wiedersehen ausfallen? Wäre sie auf eine Flucht mit mir vorbereitet? Würde sie in München von ihrer Mutter aufgenommen werden? Würden wir uns diesmal näherkommen als damals in Heidelberg? Wie würde es sich anfühlen, wenn wir uns genauso hemmungslos küssten, wie mich Medizinstudentin Uschi zum Abschied geküsst hatte? Ob wir auf der Rückreise miteinander schlafen würden? Würde sie es wollen oder nur aus Dankbarkeit mit mir auf Bubas Rückbank hüpfen? Ich beschloss, wie auch immer es käme, auf der Rückfahrt nicht mit Fee Fatima zu schlafen. Vielleicht später. Ich hatte mich auf den Weg nach Teheran gemacht, weil ich Fee mochte, weil ich das Gefühl hatte, etwas Gutes tun zu können, und last not least einfach aus Lust am Abenteuer. Und dabei sollte es bleiben.

* * *

Im *Amir Kabir Hotel* in der Teheraner Naser Khosrow Straße kostete das Zimmer mit Ventilator, genau wie Diogenes gesagt hatte, drei US$. Das Foyer zierte ein großer rechteckiger, liebevoll mit Blumen dekorierter Brunnen, der wie der edle Marmorboden eine weit höhere Hotelpreisklasse suggerierte. In dem kargen, gelb getünchten Zimmer stand ein sauber bezogenes Bett mit einem sauberen weißen Leintuch als Decke und einem kleinen Kopfkissen. Putz blätterte von den Wänden. An der Decke hing eine Glühbirne an zwei Drähten, daneben ein Ventilator. Schrank und Nachtkästchen fehlten. Dafür gab es an einer Wandseite einen Nagel und an der anderen eine große Scherbe eines zerbrochenen Spiegels. Das Schönste an dem Zimmer war zweifellos das Fenster mit Blick in den Innenhof mit dem beruhigend vor sich hin plätschernden Brunnen. Für die Dusche, nach der sich mein schweißgebadeter Körper am meisten sehnte, musste ich tatsächlich 0,10 US$ im Voraus bezahlen. Dafür tröpfelte dann, wenn man den Hahn bis zum Anschlag aufgedreht hatte, ein wenig lauwarmes Wasser aus einem Rohr, und es dauerte eine gefühlte halbe Stunde, bis auf diese Weise der gesamte Körper mit Wasser bedeckt war. Wasser war kostbar in diesem Land und um diese Jahreszeit.

Es war später Nachmittag. Frisch geduscht und eingekleidet, rief ich von der Rezeption aus Fees Freundin an, deren Telefonnummer sie mir in ihrem Brief genannt hatte. Jasmin sprach fließend Deutsch und war sehr freundlich. Sie versprach, Fee auszurichten, wo sie mich finden konnte.

Als ich gerade an der Rezeption ein paar D-Mark in iranische Rial gewechselt hatte, kam ein Anruf für mich:

»Michael! Du bist wirklich in Teheran? So eine Überraschung!«, sagte Fee.

»Ja. Ich bin gleich los, nachdem ich deinen Brief erhalten hatte. Ein Antwortbrief hätte länger gedauert als die Fahrt von München nach Teheran. Wie geht es dir? Können wir uns treffen?«

»Bist du geflogen oder mit dem Bus gekommen?«

»Ich bin mit dem Auto da, einem alten VW Käfer«, antwortete ich.

»Kannst du morgen um 14:00 Uhr vor dem Haupteingang der Deutschen Schule in Gholhak sein? Das ist im Norden der Stadt. Jeder kennt dort die Schule. Ich komm' dann raus und schau' nach einem VW Käfer mit Münchner Kennzeichen.«

»Gut, so machen wir's. Ich freu' mich schon riesig!«, sagte ich.

»Ich mich auch«, hauchte Fee und legte auf.

In Hochstimmung machte ich mich in der näheren Umgebung des Hotels auf die Suche nach einem guten Restaurant und gönnte mir einen leckeren Schisch Kebab mit Safranreis, gebratenen Tomaten und Zwiebeln für 60 Rial. Das entsprach etwa 2,50 DM.

Auf dem Rückweg zum Hotel fielen mir die extrem breiten Gräben zwischen den Gehwegen und der Straße auf, fast so breit wie die Gehwege selbst. Wenn es hier mal regnete, dann wohl richtig kräftig, und es musste für ausreichend Abfluss gesorgt sein. Bei der spärlichen, teilweise fehlenden Straßenbeleuchtung musste man aufpassen, nicht in einen dieser riesigen Gräben zu stolpern.

Ich schlief gut in dieser Nacht, sehr gut!

Den nächsten Vormittag nutzte ich, um die Stadt ein wenig zu Fuß zu erkunden. Das *Amir Kabir* lag relativ zentral, der Stadtpark 300 Meter in westlicher Richtung, die prachtvolle Ferdowsi Avenue führte nach 20 Gehminuten zum berühmten Nationalen Juwelen Museum im Gebäude der Iranischen Zentralbank, schräg gegenüber der deutschen Botschaft. Ich bestaunte dort die prunkvolle Pahlavi-Krone, den wertvollen Darya-ye-Noor-Diamanten, einen 182-Karäter, und last not least den legendären Pfauenthron – stets gefolgt von unauffällig in graue Anzüge gekleideten Männern mit dunklen

Sonnenbrillen. Die Schatten hatten einen Namen: SAVAC, der gefürchtete und berüchtigte Geheimdienst des Schahs von Persien.

Mein Herz schlug höher, als ich Fee im Rückspiegel auf mich zukommen sah. Sie trug braune Jeans und ein hellgelbes T-Shirt. Ihre pechschwarzen Haare wehten im Wind und ihr strahlendes Lachen war schon von weitem erkennbar. Ich stieg aus, ging auf sie zu, hätte sie gern in meine Arme geschlossen und ganz fest an mich gedrückt. Aber es waren Passanten auf der Straße und ich war mir nicht sicher, wie diese Art der Begrüßung hier ankommen würde. Fee streckte mir die Hand entgegen. Keine Küsschen wie in München. Diese Zurückhaltung war wohl den Landessitten geschuldet.

»Schön, dich zu sehen, Michael! Gut schaust du aus!«, sagte Fee.

»Du auch!«, erwiderte ich.

»Wir haben heute Schulfest. Da ist echt was los! Willst du mitkommen?«

»Geht das denn so einfach?«, fragte ich etwas verwundert.

»Die Deutsche Schule in Teheran ist mit über 1500 Schülern die größte deutsche Schule außerhalb der Bundesrepublik. Da fällst du bestimmt nicht auf«, meinte Fee, bedeutete mir, ihr zu folgen, überquerte die Straße und ging durch ein Tor, hinter dem ein riesiger gepflegter Rasen lag.

Es herrschte Volksfeststimmung. Bunte Ballons flogen in die Luft, Schülerbands spielten deutsche und iranische Musik, es gab Hamburger Fischbrötchen, Pommes, Allgäuer Kässpätzle, Schisch Kebab und Lammkoteletts. Fee stellte mir Jasmin vor, ihre beste Freundin, mit der ich telefoniert hatte. Jasmin hätte gut als ihre Zwillingsschwester durchgehen können. Fee zeigte mir noch ihr Klassenzimmer und die Turnhalle. Es schien ganz so, als würde sie sich hier wohlfühlen. Aber manchmal täuscht der Schein.

»Ich würde sehr gern mit dir unter vier Augen reden! Geht das irgendwo?«, fragte ich.

Fee überlegte einen Moment.

»Wir könnten einfach zehn Kilometer Richtung Norden fahren. Da hört die Stadt auf und die Berge beginnen.«

Ich nickte.

Buba tat sich schwer, denn Teheran liegt hoch und hat zudem ein starkes Nord-Süd-Gefälle. Der Stadtteil Gholhak mit der Deutschen Schule lag schon 500 Meter höher als das *Amir Kabir Hotel* und jetzt stieg die Straße nochmals kräftig Richtung Norden an. Ich musste eine Pause einlegen und wieder ein wenig am Vergaser schrauben, damit Buba genug Sauerstoff bekam.

Wir hielten auf einer einsamen Bergstraße, die an dieser Stelle so verbreitert war, dass zwei entgegenkommende Fahrzeuge, einander ausweichen konnten. Während unseres Aufenthalts dort kam jedoch kein einziges Fahrzeug. Weder in die eine, noch in die andere Richtung.

Nachdem wir ausgestiegen waren, umarmte ich Fee und drückte sie an mich. Das musste einfach sein! Auch sie erwiderte die Umarmung schweigend und drückte mich fest an ihre wunderbaren Brüste.

Dann brachte ich auf den Punkt, was mich am meisten bewegte.

»Dein Brief klang sehr verzweifelt«, begann ich, »du hast mich gebeten, dich zu retten und zurück nach München zu bringen. Deshalb bin ich hier.«

Fee schwieg. Lange. So lange, dass ich vorsichtig nachhakte:

»Hat sich etwas geändert, seit du den Brief geschrieben hast? Willst du überhaupt zurück nach München?«

Fee blieb stumm. Schließlich fasste sie sich ein Herz und beendete das quälend lange Schweigen.

»Als ich dir den Brief geschrieben habe, hatte ich schwere Depressionen. Ich wollte mir sogar das Leben nehmen. Da hat sich mein Papa so rührend um mich gekümmert … Er hat mir versprochen, dass ich nach dem Abi hingehen könne, wohin ich wolle. Da ging es mir wieder besser. Glaub' mir, ich würde am liebsten auf der Stelle mit dir nach München fahren. Aber das würde meinem Vater das Herz brechen. Außerdem hat er meinen Pass versteckt.«

»Kein Problem! Ich habe einen Pass für dich«, spielte ich meinen Trumpf aus.

»Waas? Zeig her!«, rief Fee Fatima, ohne dass ich erkennen konnte, ob ihr Aufschrei Entsetzen oder Freude widerspiegelte. Ich zeigte ihr den Pass, den ich in Istanbul dem Alten abgekauft hatte.

»Das bin doch nicht ich!«, meinte Fee.

»Ich brauche nur ein Passfoto von dir. Dann tausche ich die Bilder so perfekt aus, dass wir damit sicher bis nach Deutschland kommen. Vertrau mir! Das Passfoto können wir auch unterwegs in Täbris machen lassen. Wenn du willst, brauchst du nur einzusteigen und wir fahren jetzt auf der Stelle direkt durch bis nach München!«, bot ich an.

Wieder langes Schweigen. Tränen schossen in Fees Augen. Ich umarmte sie und drückte sie eine Weile an mich. Bis sie sich langsam von mir löste und sagte:

»Ich habe Angst. Ich glaube, ich kann das nicht. Nicht jetzt!«

»Ich will dir helfen. Aber ich will dich auf keinen Fall zu etwas drängen, was du nicht selbst willst! Brauchst du etwas Bedenkzeit?«, fragte ich.

Fee Fatima nickte.

»Wie lange?«

»Vielleicht … eine Woche?«, meinte Fee fragend.

Ich überlegte kurz. Jetzt war ich so weit gefahren, da sollte es nicht auf eine Woche ankommen. Sicher würde ich die Zeit irgendwie rumbringen.

»Okay, Fee. Ich werde vielleicht ein wenig durchs Land reisen und melde mich in etwa einer Woche wieder bei Jasmin. Mein Angebot steht! Ich bin sehr gespannt, wie du dich entscheiden wirst!«

Bevor wir wieder in den Käfer stiegen, hielt Fee einen Moment inne und meinte:

»Schau doch mal, was für einen wunderbaren Ausblick man von hier aus hat! Im Süden liegt uns ganz Teheran zu Füßen und im Norden, hinter diesem Berg, gibt es noch höhere Berge, auf denen man sogar im Sommer Ski fahren kann. Und gleich dahinter liegt das Kaspische Meer.«

* * *

Das *Amir Kabir* verfügte auch über zwei Acht-Betten-Schlafsäle, in denen Globetrotter für einen US$ nächtigen konnten. In den Dorms herrschte reger Erfahrungsaustausch zwischen den Reisenden aus aller Welt. Ich setzte mich einfach dazu und lauschte gespannt den Erzählungen. Ein niederländisches Hippie-Pärchen war voll begeistert von Kabul, der Hauptstadt Afghanistans, und ich erinnerte mich, dass auch Diogenes davon geschwärmt hatte.

»Wie weit ist es nach Kabul?«, fragte ich.

»2000 Kilometer – aber es lohnt sich wirklich!«

»Und wie kommt man da am besten hin?«

»Entweder mit dem Auto, aber die Straßen werden spätestens ab der afghanischen Grenze sehr schlecht und du kannst nur bei Tageslicht fahren, oder mit dem Bus. Der fährt durch, 33 Stunden mit ein paar Pinkelpausen. Geht hier jeden Tag um 6:00 Uhr vom Busbahnhof ab und kostet sechs US$ je Strecke.«

Ich konnte Buba für etwas Bakschisch in der Garage eines der Hotelbesitzer-Brüder unterstellen. Damit der hilfsbereite Bruder nicht auf dumme Gedanken kam, demonstrierte ich ihm, ohne ihn ins Wageninnere blicken zu lassen, meine Alarmanlage und machte ihm weis, nur ich könne diese mit dem Schlüssel meiner Münchner Wohnung entschärfen. Im Falle eines Einbruchs würde die Anlage dröhnen, bis die Batterien leer wären.

Am nächsten Morgen saß ich im Bus nach Kabul. 33 Stunden hin, fünf Tage Aufenthalt, 33 Stunden zurück. In acht Tagen wäre ich wieder in Teheran und würde Fees Entscheidung erfahren.

Es war deutlich entspannter, sich, ohne selbst auf Straße und Verkehr achten zu müssen, gemütlich auf dem gut gefederten Sitz eines afghanischen Busses durch die Gegend schaukeln zu lassen und zuweilen aus dem Fenster zu blicken. Die Fahrt über die persische Hochebene bot atemberaubende Ausblicke auf das Elbrus-Gebirge im Norden und die Große Salzwüste im Süden. Über Schahrud, Sabzevar und Maschhad ging es zum Grenzübergang Taybad, dann bergab ins Tal von Herat und wieder auf rund 2300 Meter bergauf nach Chaghcharan. Trotz der großen Höhe säumten zahlreiche Gebirgspflanzen den Wegesrand. Einer der beiden Busfahrer, die sich beim Fahren abwechselten, erklärte mir während einer Pause, einige dieser Kräuter hätten große Heilkraft und würden weltweit nur hier in seiner Heimat wachsen. Talseitig erfreuten blau, rot und violett schimmernde Schlafmohnplantagen das Auge, so wie die Tulpenfelder in Holland, die ich aus Reiseprospekten kannte. Das Königreich Afghanistan wurde seit fast 40 Jahren von Mohammed Zahir Schah regiert. Der Paschtunenkönig öffnete sein Land nach außen, erlaubte Mädchen den Schulbesuch und Frauen, zur Wahl zu gehen, und regelte die Probleme seines Landes in einer *Loya Dschirga*, einer großen Ratsversammlung, in der sich die zahlreichen afghanischen Stammesfürsten austauschen und einigen konnten.

Irgendwann am Nachmittag des zweiten Tages erreichten wir Kabul. Ich fand ein preiswertes Hotel im Stadtviertel Shahr-e Kohna. Von der Dachterrasse hatte man einen weiten Blick über die Gassen der Altstadt und konnte das Leben und Treiben der Bevölkerung beobachten. Die Frauen trugen schwarze Schleier oder Burkas, die Männer lange, helle Hosen und darüber knielange, kragenlose Hemden, dazu eine Paschtunenmütze. Einer trieb drei Ziegen vor sich her, ein anderer führte einen mit Säcken bepackten Esel. Die Szenen erinnerten mich an biblische Geschichten. So etwa stellte ich mir das Leben zu Zeiten von Jesus Christus in Nazareth vor.

Ich fuhr mit einem Bus Marke MAN eine Runde durch die Stadt, besuchte die prächtige Pul-e Khishti Moschee, die größte des Landes, den Palast des Königs, der sein Land so weise und friedfertig regierte, und den

Markt. In der Chicken-Street, einer belebten Geschäftsstraße in der Altstadt, glaubte ich, meinen Augen nicht zu trauen: Da spazierte doch ein afghanischer Polizist gemeinsam mit einem Mann in der Uniform eines Münchner Streifenpolizisten Seite an Seite. Ich konnte mir nicht verkneifen, ihn anzusprechen:

»Hallo, Herr Wachtmeister! Was machen Sie denn hier?«

»Wir bilden hier auf Wunsch des Königs und im Auftrag des Freistaates Bayern die afghanische Polizei aus und gehen ab und zu auch mit den Kollegen auf Streife!«, antwortete der Polizist freundlich mit bayerischem Timbre. Wir hielten einen kurzen Smalltalk und freuten uns beide über das ungewöhnliche Treffen so fern der Heimat.

* * *

Wieder in Teheran, rief ich Jasmin an und bat sie, Fee Fatima auszurichten, ich wäre wieder in der Stadt und sie könne mich im *Amir Kabir* erreichen.

Fee meldete sich am nächsten Tag und teilte mir schnörkellos mit, dass sie sich entschlossen habe, bei ihrem Vater in Teheran zu bleiben. Sie hätte sich jedoch sehr über meinen Besuch gefreut. Ich zeigte Verständnis und wünschte ihr alles Gute, obwohl ich – das muss ich zugeben – schon ein wenig enttäuscht war. Als ich aufgelegt hatte, glaubte ich für einen Moment, eine Träne in meinem rechten Auge zu spüren. Aber ich hatte mich getäuscht. Ich konnte nicht weinen. Warum sollte ich auch?

Mir war nach einer guten Mahlzeit und Alkohol! Ein paar Straßen vom Hotel entfernt fand ich ein christlich geführtes, armenisches Restaurant, bestellte mir eine armenische Tomatensuppe, gewürzt mit Zwiebeln, Knoblauch und Kräutern, armenische Köfte, armenisches Bier und last not least armenischen Ararat Brandy.

Am nächsten Tag holte ich Buba aus der Garage, tankte für 100 Rial voll und brach auf in Richtung Heimat. In Erzurum beschloss ich, diesmal die Route entlang des Schwarzen Meeres über Trabzon und Samsun zu nehmen, allein schon deshalb, weil ich mir erhoffte, die Nächte wären dort etwas wärmer als im Hochland.

Während eines Tankstopps in der Türkei kurz hinter Trabzon wollte mir ein junger Türke unbedingt mein U.S.-Army-Fahrtenmesser, das ich während der gesamten Reise am Gürtel getragen hatte, abkaufen. Ich verkaufte es natürlich nicht! Der Mann behauptete, es sei in der Türkei verboten, ein feststehendes Messer dieser Größe offen am Gürtel zu tragen, und auf ein solches Vergehen stünden Gefängnis und Geldstrafe. Wenn ich ihm das Messer nicht verkaufen würde, gäbe er seinen Freunden bei der Polizei Bescheid. So ein Unsinn! Ich ignorierte die lächerliche Drohung.

Leider brachte mir das tatsächlich drei Tage Haft in einem dörflichen türkischen Gefängnis ein. Die Einzelzelle war deutlich verdreckter als die von Fort Campbell, dafür aber wärmer. Die Staatsdiener legten mir allen Ernstes eine Fußfessel mit einer etwa einen Meter langen Kette und einer schweren Stahlkugel an. Unglaublich! So etwas hatte ich bisher nur in Witzzeichnungen gesehen. Das Essen sah dermaßen unappetitlich aus, dass ich mich immer nur mit ein paar Häppchen Reis begnügte. Am dritten Tag wurde ich – ohne Anklage und Verhandlung – gegen eine Bakschischzahlung von 500 Türkischen Lira plötzlich freigelassen und bekam zu meinem großen Erstaunen sogar mein U.S.-Army-Fahrtenmesser zurück.

Nördlich von Samsun lud ein flacher feinsandiger Strand zum Baden ein. Ich schwamm ein paar erfrischende Runden im Schwarzen Meer, kippte den Inhalt meines Reservekanisters in den Tank und zuckelte weiter die Küste entlang. Nach etwa 40 Kilometern, am Dorfrand von Çakalli, blieb Buba stehen und ließ sich weder durch gutes Zureden noch durch Schrauben am Vergaser zum Starten bewegen. Nicht einmal das Reinigen aller Zündkerzen half. Wie schon so oft in der Türkei hatte ich auch diesmal das Glück, dass ein Dorfbewohner Deutsch sprach und sofort eine bunte Truppe kräftiger Landsleute mobilisierte. Zehn Türken hoben Buba mit vereinten Kräften auf die Ladefläche eines Lastwagens. Ich war beeindruckt und gerührt zugleich und wollte mit etwas Bakschisch meine Dankbarkeit zum Ausdruck bringen. Aber die Männer lehnten konsequent und unisono ab. Echte Ehrenmenschen, diese Türken! Die meisten jedenfalls.

Der Laster brachte Buba zu einer Werkstatt nach Kavak, dem nächstgrößeren Ort. Der Meister dort hatte bei Daimler in Stuttgart gelernt, schwäbelte ein wenig und hatte sofort den Vergaser in Verdacht, aus dem jetzt eine undefinierbare Schmiere tropfte. Er nahm das Teil komplett auseinander, reinigte es, baute es wieder zusammen und schon schnurrte Buba wieder wie gewohnt.

Wirklich Sorgen machte ich mir, als sich das Problem alle 40 bis 50 Kilometer wiederholte. Bis München waren es noch gute 2500 Kilometer! Und Buba blieb nicht immer in einer Ortschaft stehen. Einmal musste ich bei gleißender Mittagshitze zehn Kilometer ins letzte Dorf zurückmarschieren und dort Hilfe holen. Die Abschleppaktionen waren abenteuerlich und reichten vom Anbinden an einen Toyota mit einem nur einen Meter langen Hanfseil bis zum Transport auf einem Eselskarren. Der Esel kämpfte hart und brauchte geschlagene fünf Stunden, um Buba, den Eselbesitzer und mich rund 20 Kilometer über Stock und Stein zu schleppen. Ich zeigte mich großzügig, gab dem hilfreichen Mann weit mehr, als er verlangt hatte, und bat ihn, seinem Esel ein Festmahl zu bereiten.

Nach der vierten gleichartigen Panne beobachtete ich, dass nicht nur eine schmierige Masse, sondern auch richtig Schaum aus dem Vergaser trat. Da fiel es mir plötzlich wie Schuppen von den Augen: In Samsung hatte ich zum ersten Mal den Reservekanister verwendet, den mir Medizinstudentin Uschi zum Abschied aus dem Krankenhausmüll gerettet hatte. In dem Kanister war vorher Haarshampoo gewesen! Obwohl Uschi versichert hatte, den Kanister gründlich mit heißem Wasser gereinigt zu haben, hatte das Benzin wohl doch noch Shampooreste gelöst und das Benzin-Shampoo-Gemisch den Vergaser verstopft. Nach erneuter Vergaserreinigung, Absaugen des Tankinhalts und Neubetankung schaffte es Buba mit wenigen kleinen Aussetzern bis zurück vor meine Wohnung in der Münchner Belgradstraße. Dort gab er für immer den Geist auf, sprang nicht mehr an, wollte einfach nicht mehr! Nicht einmal ein Straßenwachtfahrer vom ADAC konnte ihn zum Starten bewegen. Er bezeichnete meinen treuen Weggefährten als irreparable Schrottkiste.

Schweren Herzens musste ich Buba abschleppen und verschrotten lassen. Das kostete mich 50 DM. Genauso viel, wie ich für ihn bezahlt hatte.

KAPITEL 6
Schüsse in Istanbul

Mittwoch, 25. Oktober 1972

Meine Rückkehr aus Teheran lag schon drei Wochen zurück, mein Klinikpraktikum und der in den letzten beiden Wochen parallel laufende Sanitätskurs waren erfolgreich abgeschlossen.

Um 3:00 Uhr morgens, mitten in der Nacht, schrillte das Telefon. Schlaftrunken griff ich zum Hörer und meldete mich:

»Müller.«

»Wir verreisen ein paar Tage, Schatz. Pack ein paar Sachen ein. Wir treffen uns um 11:00 Uhr unter der Säule am Friedensengel«, wies mich eine freundliche weibliche Stimme mit einem sympathischen amerikanischen Akzent an.

»Okay«, bestätigte ich und legte auf.

Das Gespräch hatte keine zehn Sekunden gedauert und ich wusste, was zu tun war. Obwohl mir noch ein gutes Stündchen Zeit geblieben wäre, war an Einschlafen nicht mehr zu denken. Nach meiner Abschlussprüfung im CIA-Hauptquartier in Langley vor vier Monaten war ich zwei Verbindungsoffizieren unterstellt worden, einem auf der Frankfurter Rhein-Main Airbase, zuständig für Aufträge im Nahen und Mittleren Osten und einem in Salzburg, zuständig für Aufträge im Ostblock. Ich packte Waschzeug, Unterwäsche und zwei Hemden in eine kleine Reisetasche und nahm den ersten Zug um 5:35 Uhr vom Münchner Hauptbahnhof nach Frankfurt/Main.

»Säule am Friedensengel« war der Code für ein Treffen mit meinem CIA-Führungsoffizier in der Rhein-Main Airbase am südlichen Teil des Frankfurter Flughafens. Der große, sportliche Offizier mit Kurzhaarschnitt und Piloten-Sonnenbrille identifizierte sich als Joe Smith, instruierte mich kurz, übergab mir zwei Pässe, drei Tickets, ein Kuvert mit Geld und verabschiedete sich mit dem erbaulichen Satz:

»Wenn etwas schiefläuft, hat dieses Treffen nie stattgefunden. Die Regierung der Vereinigten Staaten von Amerika kennt Sie nicht und hat mit der Sache nichts zu tun!«

Ich nickte stumm, nahm mir ein Taxi zum zivilen Teil des Flughafens, lernte meine neue Identität auswendig und checkte am Schalter der Türk Hava Yollari nach Istanbul ein. Abflug 13:55 Uhr, Ankunft 17:10 Uhr.

Wahrscheinlich wollte man mich bei meinem ersten Auftrag nicht überfordern. Es sollte eine lockere Nummer werden: Passübergabe und fertig. Dafür durfte ich einen Kurzurlaub in Istanbul verbringen und bekam auch noch eine Stange Geld.

Istanbul! Schon wieder Istanbul! Was für eine Stadt! Nach meiner Ankunft am Flughafen Yeşilköy fand ich im Duty Free Shop zu meiner großen Begeisterung die LP »Machine Head«, das neueste Meisterwerk der Hardrock-Band Deep Purple und kaufte auch noch eine Flasche schweres, schwülstig duftendes türkisches Eau de Toilette und eine Flasche Jim Beam. Dann nahm ich mir ein Taxi in die Stadt und ließ mich am *Hotel Ordu* an der Ordu Caddesi absetzen. Das Zimmer war schlicht, aber gut genug für zwei Nächte. Pass- und Ticketübergabe sollte am Folgetag um 10:15 Uhr auf der Herrentoilette des Flughafens erfolgen. Aus verschleierungstaktischen

Gründen ging mein Flug einen Tag später über Kairo nach München.

Nun aber lag erst einmal für 15 Stunden das geschichtsträchtige Konstantinopel, Byzanz oder wie auch immer sich diese Perle des Orients nannte, zu meinen Füßen. Mit dem Plan, ein paar neue Ecken der pulsierenden Metropole zu erkunden, die bei meinem letzten Besuch hier vor wenigen Wochen noch unerforscht geblieben waren, schlenderte ich gen Norden über die auf Pontons schwimmende Galata-Brücke und genoss den Ausblick auf das Goldene Horn. Fischer warfen von der Brücke aus ihre Angeln ins Wasser und grillten gleich einen Teil ihrer Beute an Ort und Stelle über Eimern mit glühender Holzkohle. Restaurants, Teppichgeschäfte, Krimskrams- und Süßigkeitenläden säumten die Straßen zwischen Galata-Brücke und Taksim-Platz und überall war beschwingte orientalische Musik zu hören. Die Menschen schienen das Leben zu genießen! Als ich gerade nach einem guten Restaurant Ausschau hielt, machte mich ein besonders gut gefülltes mit besonders lauter Musik neugierig. Ich wagte ein paar Schritte in den Raum, der bis auf den letzten Tisch mit gut gekleideten, fröhlich schmausenden Menschen gefüllt war. Da trat ein junger Mann auf mich zu. Sicher wollte er mich aufgrund meiner unpassenden Kleidung – ich trug Jeans und ein einfarbiges blaues Hemd – bitten, das Lokal zu verlassen. Zu meinem Erstaunen fragte er mich in gutem Deutsch:

»Würden Sie mir verraten, aus welcher Stadt Sie kommen?«

»München«, antwortete ich knapp.

Die Miene des jungen Mannes hellte sich auf:

»Ah! Bayern, Oktoberfest, Lederhosen, König Ludwig! Ich war nur einmal dort. Schöne Stadt! Ich bin in Duisburg aufgewachsen. Meine Eltern haben dort gearbeitet. Mein Bruder heiratet heute. Es würde mich und ganz bestimmt auch ihn freuen, wenn Sie unser Gast wären.«

So verbrachte ich spontan und unverhofft einen wunderbaren Abend in einer illustren Hochzeitsgesellschaft, wurde mit den besten Gaumenfreuden des Landes verköstigt und unterhielt mich glänzend mit den Hochzeitsgästen an dem mir zugewiesenen Tisch. Alle waren sehr bemüht, mir türkische Kultur und Lebensart nahezubringen. Nach mehreren Gläsern Raki, einem klaren Anisschnaps, der sich unter Zugabe von etwas Wasser milchig eintrübt, tanzte ich mit dem Brautpaar und den Gästen ausgelassen zu türkischer Musik. Noch nie in meinem Leben, auch nicht bei meiner letzten Fahrt durch die Türkei, hatte ich so viel geballte Gastfreundschaft erlebt!

Allein dieser Abend war die Reise schon wert, deren Sinn und Zweck ich über das Feiern beinahe vergessen hatte. Aber die Sache würde ein Leichtes werden: unauffällig Pass und Ticket übergeben, fertig.

Die Nacht war kurz, vor allem, weil ein Muezzin von dem Minarett nur zehn Meter von meinem Hotelfenster entfernt immer wieder hartnäckig versuchte, mich zum Islam zu bekehren.

Gegen 10:00 Uhr traf ich am Istanbuler Yeşilköy Airport ein. Die als Treffpunkt beschriebenen Toiletten in der Nähe des Haupteingangs waren wegen Bauarbeiten geschlossen. Wegweiser führten zu einer behelfsmäßigen Toilettenbaracke wenige Meter neben dem Haupteingang. Ich beobachtete die Umgebung und fand mich Punkt 10:15 Uhr in der Herrentoilette ein. Mehrere

Männer standen am Pissoir. Es gab vier verschließbare Kabinen, von denen eine besetzt war. Keiner der Männer an den Urinalen glich auch nur ansatzweise der Zielperson Paul Keppler, dessen amerikanischen Pass ich dabeihatte. Ich schloss mich in der Kabine neben der besetzten ein und wartete einen Moment. Dann flüsterte ich:

»Let the sunshine in, Paul.«

Nichts rührte sich. Ich wurde lauter:

»Let the sunshine in, Paul!«

Wieder keinerlei Reaktion auf den vereinbarten Code.

Ich beschloss, auf die Kloschüssel zu steigen und einen Blick in die Nachbarkabine zu werfen. Da saß ein Mann mit heruntergelassener Hose und blickte starr vor sich hin.

»Gssst! Paul! Ich hab' was für Sie!«

Der Mann blickte erschrocken nach oben und zog seine Hose hoch. Kein Zweifel. Es war der Kerl auf dem Passbild: rundliches Gesicht, leichter Exophthalmus, um die sechzig, ergrautes Haar.

»Alles klar?«, fragte ich. Der Mann nickte wortlos. Ich reichte ihm Pass und Ticket. Damit war meine Aufgabe auftragsgemäß erledigt. Dennoch hatte ich ein komisches Gefühl.

Als ich die Toilettenbaracke verließ, gab es einen Knall und die vielen Tauben, die den Platz vor dem Flughafengebäude besiedelt hatten, stoben laut flatternd in die Höhe. Ich konnte den Knall nicht einordnen. Schoss hier jemand mit einem Luftgewehr auf Tauben? Nein, das war lauter als ein Luftgewehr gewesen. Aber leiser als eine 45er-Magnum. Vielleicht ein Kleinkaliber-Gewehr? Es folgten ein zweiter und ein dritter Knall und ich spürte einen stechenden Schmerz im linken Unterschenkel.

›Fuß vertreten? Nerv eingeklemmt?‹, waren meine ersten Gedanken. Plötzlich sah ich das Loch in meiner Jeans und fühlte, wie Blut in meinen linken Schuh sickerte. Paul Keppler war mit einem Mal dicht hinter mir und schien sichtlich verwirrt. Ich packte ihn an der Hand und zerrte ihn blitzschnell in das erste Taxi in der Warteschlange vor dem Flughafen. Es waren nur wenige Meter.

»Bazar! Quickly, rapido, yallah, yallah!«, brüllte ich in allen Sprachen, die mir einfielen und brachte die Augen des Taxifahrers mit einer 100-Dollar-Note zum Leuchten.

Hatte der Schuss mir gegolten? Oder galt er Paul Keppler? Oder vielleicht wirklich nur einer dieser Tauben?

Mein Bein schmerzte kaum, aber es hörte nicht auf zu bluten. Vermutlich ein Streif- oder Steckschuss im Unterschenkel. Ich entledigte Paul kurzerhand seiner Krawatte und legte über meiner Jeans und auf der Wunde einen provisorischen Druckverband an. Der Taxifahrer hatte einen ausgesprochen unkonventionellen Fahrstil, raste mehrmals über rote Ampeln, dann blieb er bei Grün plötzlich stehen, mal fuhr er zu langsam, meist aber zu schnell. Das war gut so. Ein Verfolger, der sich diesem Fahrstil anpasste, wäre schnell aufgeflogen. Aber ich konnte keinen Verfolger ausmachen und rekapitulierte, was ich in Langley gelernt hatte: Wiege dich nie in Sicherheit! Versetze dich in die Lage des Gegenspielers! Mach' es ihm so schwer wie möglich! Raus aus dem Taxi, einmal durch die Menschenmengen und verschlungenen Gänge des Bazars laufen und auf der anderen Seite ein anderes Taxi nehmen – das macht jedem Verfolger das Leben zur Hölle! Wenn du schon länger beobachtet wurdest, wo wird dir dein Verfolger auflauern? In deinem Hotel? Am Flughafen? Am Bahnhof? An der Landesgrenze? Du musst schneller sein als er und eine Richtung wählen, die er nicht vermutet.

Eine Stunde später saßen Paul Keppler und ich im Bus nach Ankara. Das schwülstige türkische Eau de Toilette und die Flasche Jim Beam gönnte ich dem Rezeptionisten des Hotels Ordu. Aber um die brandneue Deep-Purple-LP war es wirklich schade. Sie war einfach zu weit weg vom türkischen Musikgeschmack und würde vermutlich auf dem Müll landen.

Paul Keppler war nicht sonderlich gesprächig. Nach etwa einer Stunde Fahrzeit gestand er mir, er hätte Angst. Ich versuchte, ihn zu beruhigen und flüsterte:

»Angst ist ein schlechter Ratgeber. Sagen Sie mir, wovor oder vor wem Sie Angst haben, und ich werde Ihnen helfen. Ich besorge uns in Ankara zwei Tickets, wohin auch immer der nächste Flug geht. Es wird jedoch Situationen geben, durch die müssen Sie allein durch. Zum Beispiel beim Einchecken, bei der Pass- und bei der Zollkontrolle. Es könnte gefährlich werden, wenn wir da gemeinsam auftreten.«

»Sie haben mir einen amerikanischen Pass gegeben«, sagte Keppler fast vorwurfsvoll, »und mein sächsisches Schulenglisch ist denkbar schlecht. Ist auch ewig her. Ich habe Angst, dass die bei den Kontrollen merken, dass ich gar kein Amerikaner bin und dass ich auch nicht Paul Keppler heiße.«

Die restlichen vier Stunden Fahrzeit verbrachte ich damit, Paul Kepplers Selbstvertrauen aufzubauen und mit ihm alle erdenklichen Situationen beim Check-in sowie bei der Pass- und Zollkontrolle in gutem Englisch durchzupauken. Und wir dachten uns eine plausible

Biografie für ihn aus, die wahre Komponenten enthielt, die er mochte und die er sich merken konnte.

Es klappte! Noch am gleichen Tag landeten wir kurz vor Mitternacht auf dem Flughafen Frankfurt/Main. Über die geheime und gebührenfreie CIA-Nummer in Langley bestellte ich Joe Smith in ein Café am Flughafen und fasste kurz zusammen, was vorgefallen war. Er übernahm Paul Keppler. Irgendwie konnte ich mich des Eindrucks nicht erwehren, als wüsste Joe schon alles, was ich ihm erzählte. Dieses verdammte Pokerface schien kein bisschen überrascht – aber er überraschte mich. Mit einem gut gefüllten Kuvert.

Es war weit mehr, als ich erwartet hatte. Aber ich wusste auch schon, was ich damit anfangen würde. Der Ausgang meines ersten »heißen« Auftrags stimmte mich ebenso glücklich und zufrieden wie die finanzielle Anerkennung meines Auftraggebers.

Ich habe nie erfahren, wer Paul Keppler wirklich war und warum man dieses ängstliche Geschöpf in die USA holen wollte. Eine tiefe Narbe am linken Unterschenkel erinnert mich heute noch an mein Gesellenstück.

KAPITEL 7
Tod im Schlafwagen

Wenige Tage nach meiner Rückkehr aus Istanbul, wir hatten inzwischen November, kaufte ich mir von meinem ersten Auftragshonorar ein neues Auto und legte noch etwas für einen Roadtrip und die kommenden Monate zurück. Bubas Nachfolger wurde ein vier Jahre alter knallgelber Ford Capri mit schwarzem Dach. Und er wollte gefahren werden. Nun war ich zwar schon einmal um den halben Globus gereist, kannte jedoch meine eigene Heimat kaum. Das sollte sich jetzt ändern. Deutschland und ein paar interessant klingende Städte angrenzender Staaten müssten in einem Monat zu schaffen sein. Mein Trip führte mich zuerst nach Hamburg, am anderen Ende der Republik, und dann über Bremen, Osnabrück, Amsterdam, Düsseldorf, Köln, Frankfurt/Main, Stuttgart, Zürich, Wien, Graz, Venedig und Mailand wieder zurück nach München. Doch ich hatte nicht mit dem plötzlichen Wintereinbruch gleich zu Beginn meiner Reise gerechnet. Die Reeperbahn bei Schneeregen und Matsch ist nun mal nur halb so spannend wie an einem lauen Sommerabend. Das Gleiche gilt für die Amsterdamer Grachten, den Zürichsee und den Wiener Prater. Auch der Markusplatz in Venedig hatte keinen so rechten Charme, obwohl es dort nicht schneie, sondern einfach nur in Strömen regnete, kalt und ungemütlich war. Ich hatte meine Lektion gelernt: Europa und seine Städte konnten mir zwischen Mitte Oktober und Ostern ein für alle Mal gestohlen bleiben!

Es war 23:00 Uhr. Leicht verschnupft schlürfte ich in meiner Wohnung eine Tasse Pfefferminztee, als das Telefon schrillte.

»Hallo Michael, weißt du, wer dran ist?«, fragte eine freundliche weibliche Stimme mit leichtem amerikanischem Akzent.

»Aber natürlich! Michelle!«, log ich, »wie geht's dir?«

Für einen kurzen Moment herrschte Schweigen. Dann Gekichere.

»Gut geraten! Hast du Lust, morgen mit mir ins Konzert zu gehen? Klavierkonzerte von Mozart, Nachmittagsvorstellung um 15:00 Uhr. Ich habe zwei Freikarten.«

Jetzt klingelte es gleich drei Mal bei mir.

»Alles klar, Schatz. Wir treffen uns am Eingang!«, antwortete ich und legte auf.

Das Gespräch hatte weniger als 30 Sekunden gedauert und enthielt drei Codeworte, die mir vertraut waren:

»Konzert« stand für eine längere Einsatzbesprechung. »Mozart« für den Treffpunkt am Schalter der American Express Bank am Residenzplatz in Salzburg. Und »Freikarte« bedeutete, dass sowohl Spesen als auch eine Aufwandsentschädigung bezahlt wurden.

Endlich sollte ich Gelegenheit bekommen, den zweiten meiner beiden CIA-Führungsoffiziere kennenzulernen, und Salzburg war selbst bei Schneegestöber schneller zu erreichen als die Rhein-Main Airbase.

Ich war zu früh dran, schlenderte durch die Getreidegasse, vorbei an Mozarts Geburtshaus, gönnte mir im Café Tomaselli noch ein leckeres Stück Sachertorte und einen »Tomaselli Melange« mit Schlagobers, betrat Punkt 15:00 Uhr die American Express Bank und fragte nach dem Filialleiter.

»Wen darf ich melden?«, fragte die ältere Dame am Schalter.

»Mr Cooper. Ich habe einen Termin«, antwortete ich.

Nach wenigen Minuten erschien ein hochgewachsener, schlanker Mittfünfziger mit schütterem Haar und Nickelbrille. Er trug einen faltenfreien braunen Anzug, darunter ein schneeweißes Hemd und eine dezente beigefarbene Krawatte.

»Mr Cooper, ich habe Sie schon erwartet. Mein Name ist Frank Steiner.«

Der Filialleiter reichte mir die Hand, geleitete mich in sein Büro und schloss die Tür. Er bemerkte sofort, dass mein Blick für einen kurzen Moment an der dicken Polsterung der Bürotür hängen blieb.

»Dieser Raum ist absolut abhörsicher«, sagte Steiner und verwies nicht ohne Stolz auf ein kleines Kästchen auf seinem Schreibtisch, das jedes Funksignal von versteckten Wanzen sofort erkennen und stören würde. Dann blätterte er in einer Akte, verglich mich mit einem offensichtlich darin enthaltenen Foto von mir und meinte in perfektem Deutsch mit charmant österreichischem Timbre:

»Da steht ein wenig über Ihre Ausbildung drin und dass Sie einer unserer besten Escape Agents sein sollen. Aber ich finde nichts darüber, wie Sie zur CIA gekommen sind. Das ist ungewöhnlich. Waren Sie bei der Army?«

»Das darf ich Ihnen nicht sagen, Sir«, antwortete ich.

»Sehr gut! Das wollte ich hören«, sagte Steiner, bestellte bei seiner Sekretärin über eine Sprechanlage zwei Melange, die sie mit je einem Glas Wasser servierte, bot mir eine Zigarette an und begann, unruhig im Raum hin und her zu laufen.

Schließlich setzte er sich wieder und sagte:

»Ich will offen zu Ihnen sein. Wir haben einen guten Mann verloren. Er hat Personen, die für uns wichtig waren, über Bulgarien aus dem Ostblock in den Westen geschleust.«

»Was heißt ›verloren‹? Wurde er ermordet oder gefangen genommen?«, fragte ich.

»Das wissen wir nicht. Seine letzte Aktivität vor vier Wochen ist offenbar schiefgelaufen. Er hat sich seither nicht mehr gemeldet. Auch haben weder die Bulgaren noch die Russen einen Austausch angeboten. Aber das wäre auch noch zu früh – falls er noch lebt«, antwortete Steiner.

»Wie hat er bisher gearbeitet? Auf welchem Weg hat er seine Zielpersonen in den Westen gebracht?«, wollte ich wissen.

»Er ist mit dem Schlafwagen nach Sofia gefahren, hat dort die jeweilige Zielperson in einem geheimen Hohlraum des Schlafwagens verstaut und nach Deutschland begleitet.«

»Wer wusste oder weiß von diesem geheimen Hohlraum?«

»Der französische Geheimdienst SDECE und die CIA«, antwortete Steiner.

»Wieso wissen die Franzosen davon?«

»Alle in Europa verkehrenden Schlafwagen werden von der internationalen Schlafwagengesellschaft *Compagnie Internationale des Wagons-Lits et du Tourisme CIWLT* betrieben. Eine französische Firma. Fragen Sie mich nicht, wer das Geheimfach eingebaut hat, aber es befindet sich in jedem Waggon der Schlafwagengesellschaft im Abteil 13 unter dem Fußboden und ist groß genug, um eine erwachsene Person darin zu verstecken.«

»Wenn das Versteck nun aufgeflogen ist, wird man an jeder Grenze verschärft dort kontrollieren. Sie wollen mich doch nicht etwa verheizen und noch einen guten Mann verlieren, oder?«, fragte ich leicht überheblich.

»Nicht das Versteck ist aufgeflogen. Die letzte Zielperson kam wohlbehalten im Westen an. Nur unser Mann ist spurlos verschwunden. Vermutlich ist den Bulgaren aufgefallen, dass er häufig immer nur für einen Tag oder ein paar Stunden in Sofia war.«

»Und wenn er – falls er überhaupt noch lebt – redet und das Versteck preisgibt? Vielleicht wird er ja gefoltert?«, fragte ich besorgt.

»Er wird nicht reden. Er war in Vietnam und wurde vier Monate vom Vietcong gefoltert, bevor wir ihn befreien konnten. Er hat keinen einzigen Namen und keine einzige unserer Stellungen verraten«, antwortete Steiner.

»Und Sie glauben, wenn ich den Job übernehme und jedes Mal eine ganze Woche in Sofia bleibe, würde das nicht auffallen?«, fragte ich ungläubig.

»Wir haben uns etwas Besseres überlegt«, fuhr Steiner fort und konterte mit einer Gegenfrage:

»Wer kann sich am Bahnhof aufhalten, ohne aufzufallen, und wer hat die absolute Kontrolle über den gesamten Schlafwagen?«

»Der Schlafwagenschaffner!«, antwortete ich, ohne lange nachdenken zu müssen.

»Richtig! Wir wollen Ihnen vorschlagen, dass Sie sich als Schlafwagenschaffner ausbilden lassen und in dieser Funktion die Zielpersonen schleusen. Das ist die perfekte Tarnung und Sie können sich eine goldene Nase dabei verdienen!«

Nach einer kurzen Gedankenpause fragte ich:

»Was verdient man als Schlafwagenschaffner und wie lange dauert die Ausbildung?«

»Es ist mehr ein Anlernen als eine richtige Ausbildung. Sie suchen gerade Leute! Die meisten dürfen nach drei Monaten alle Strecken fahren. Von dem Gehalt kann kaum einer leben, aber wer den Dreh raushat, bekommt gutes Trinkgeld. Viele schmuggeln auch noch Slivovitz und Gin vom Osten in den Westen und Kugelschreiber, Markenfüller, Taschenradios und Strumpfhosen vom Westen in den Osten. Sie sollen sich aber auf Ihre Aufgabe konzentrieren und schon während Ihrer Anlernphase messerscharf beobachten, was läuft, wo die Chancen und wo die Risiken liegen. Dafür zahlen wir Ihnen jeden Monat 1000 US$ extra zu Ihrem Gehalt dazu, in bar oder als American Express Traveller Cheques. Sobald Sie die Touren allein begleiten dürfen, melden Sie sich bei mir und bekommen Ihren ersten Auftrag. Sind Sie dabei?«

»Wie hoch ist das Kopfgeld, wenn ich Leute in den Westen bringe?«

»3000 US$.«

»5000!«, verlangte ich mit fester Stimme, »schließlich riskiere ich einiges, vielleicht sogar mein Leben!«

Steiner zögerte einen Moment. Dann reichte er mir die Hand und sagte:

»Okay, 5000! Aber nur für gelungene Aktionen, bei der die Zielperson lebend im Westen ankommt. Die Münchner Wagons-Lits-Vertretung heißt Internationale Schlafwagen und Touristikgesellschaft ISTG und sitzt in der Bayerstraße 16, am Holzkirchner Bahnhof, dem südlichen Flügelbahnhof des Münchner Hauptbahnhofs.«

»Die Ecke kenne ich. Werde mich gleich morgen dort bewerben!«

»Moment, Mr Cooper! Sie heißen bei der ISTG Hans Gruber und stammen aus Passau. Hier sind Ihr Pass, Ihr Lebenslauf, die Spesen für heute und der Vorschuss für Ihre Ausbildungszeit.«

Steiner drückte mir ein dickes Kuvert in die Hand und begleitete mich zum Ausgang.

»Woher wussten Sie eigentlich, dass ich zusage?«, fragte ich beim Abschied. Aber Steiner lächelte nur und blieb die Antwort schuldig.

* * *

Im Büro der ISTG in München arbeiteten zwei Personen: Herr Dombrowski und Frau Dombrowski. Herr Dombrowski war der Chef, von dem keiner wusste, was er außer Chef-sein eigentlich machte. Frau Dombrowski, eine üppige Blondine um die Fünfzig mit hochgesteckten Haaren und schwarzer Modebrille, war seine Sekretärin, stellte das Personal ein und war für die Dienstpläne, die Buchhaltung und die Lohntüten zuständig. Sie reichte mir die Hand und meinte:

»Sie können morgen anfangen. Kommen Sie um sieben Uhr hier ins Büro. Dann fahren Sie mit der Putzkolonne zum Pasinger Verschiebebahnhof.«

»Wieso Putzkolonne?«, fragte ich.

»Sie müssen erst mal unsere Waggons richtig kennenlernen, putzen, saugen, Betten bauen. Vor allem das Bettenbauen will gelernt sein! Das müssen Sie auf Ihren Touren später alleine können. Nur nach längeren Umläufen macht das unsere Putzkolonne auf einem Abstellgleis in Pasing.«

»Und wie lange dauert die Bettenbau- und Putzausbildung?«, wollte ich wissen.

»Solange, bis Sie's wie im Schlaf können und ich jemanden gefunden habe, der Sie zum Einlernen mitnimmt«, antwortete Frau Dombrowski.

Ich putzte also zwei lange Wochen jeden Tag die königsblauen Schlafwagenwaggons mit dem imposanten goldenen Wagons-Lits-Emblem auf jeder Seite und baute Stockbetten: ein schneeweißes Laken über die Matratze und ein weites unter die bordeauxrote Wolldecke, die faltenfrei darin eingeschlagen wurde. Natürlich inspizierte ich in einem unbeobachteten Moment auch Abteil 13. Da gab es tatsächlich unter dem Teppich einen Deckel im Boden, der nur mit einem Dreikantschlüssel zu öffnen war – offenbar der gut getarnte Zugang zum Geheimfach, der genauso gut ein Wartungszugang zu Rohrleitungen und Kabelschächten sein konnte.

Jeden Montag überreichte mir Frau Dombrowski die Lohntüte, ein Kuvert mit einem handschriftlich ausgefüllten Lohnstreifen und Bargeld inklusive Münzen. Der Verdienst für sechs Arbeitstage à sechs Stunden reichte gerade mal für eine Tankfüllung und ein paar abendliche Bierchen im *C'est la vie!*. Unvorstellbar, wie eine hauptberufliche Bettenbau- und Reinigungskraft davon leben konnte.

Nach Bestehen meiner äußerst anspruchsvollen Bettenbauprüfung unter den gestrengen Augen einer jugoslawischen Reinigungsdame sollte es endlich losgehen. Frau Dombrowski reichte mir eine halbwegs passende braune Schlafwagenschaffneruniform samt Käppi und legte fest, dass ich ab dem nächsten Tag Herrn Strauss, ihrem dienstältesten Mitarbeiter, zum Anlernen zugeordnet wäre. Meine erste Tour sollte von München nach Genua führen und zwei Tage später zurück. Sie würde Herrn Strauss Bescheid geben.

Pünktlich um 19:00 Uhr, eine gute halbe Stunde vor Zugabfahrt, stand ich, Hans Gruber, in meiner Schlafwagenschaffneruniform am Gleis 12 des Münchner Hauptbahnhofs, betrat den durch seine Farbe und Embleme herausstechenden Wagons-Lits-Schlafwagen und suchte nach Herrn Strauss. Der kniete am vorderen Ende des Waggons auf dem Boden und versuchte, den dort angebrachten Kohleofen zu entfachen, der über einen Wasserkreislauf den gesamten Waggon beheizen sollte. Herr Strauss war natürlich nicht informiert und schimpfte anstelle einer Begrüßung wie ein Rohrspatz auf die alte Dombrowski, der er schon tausendmal gesagt habe, dass er seine Touren allein fahren wolle und keine Grünschnäbel brauche, die ihm dabei zusahen oder dumme Fragen stellten. Strauss war ein grobschlächtiger Typ mit pockennarbigem, kantigem Gesicht und kräftiger Statur, schätzungsweise etwa so alt wie Frau Dombrowski. Er hatte immer irgendetwas zu tun, ignorierte mich aber während der gesamten zwölfstündigen Bahnfahrt, als wäre ich überhaupt nicht da. Richtig punkten konnte ich bei ihm am Abstellgleis in Genua, wo ich innerhalb einer guten Stunde blitzsaubere 14 Betten baute, während er im gleichen Zeitraum gerade mal vier geschafft hatte. Nun redete er erstmals mit mir, gab anerkennend zu, dass er alleine für alle Betten gute vier Stunden gebraucht hätte, und bot an, mit mir essen zu gehen. Ich lehnte kühl ab und wir vereinbarten, wann und wo wir uns am Folgetag zur Rückreise treffen würden.

Für die nächsten 32 Stunden lag mir Genua zu Füßen: der Hafen, die Bucht, die auf den Hügeln rundherum erbauten mittelalterlichen Häuschen. Die Geburtsstadt von Christoph Kolumbus hatte an diesem Tag nur einen kleinen Schönheitsfehler – sie präsentierte sich im Winter. Und wie ich bereits von meinem Roadtrip wusste, ist die schönste Stadt Europas im Winter nur halb oder ein Viertel so schön wie im Sommer. Ich würde sogar sagen, ein Zehntel so schön – und damit eigentlich gar nicht mehr schön!

Ich suchte, mit einem gewissen zeitlichen Abstand zu Strauss, zunächst das von Wagons-Lits für ihre Schaffner angemietete, etwas schäbige Hotel am westlichen Ende der Via Balbi auf, nur wenige hundert Meter vom Hauptbahnhof Genova Piazza Principe, checkte ein, brachte meine Reisetasche aufs Zimmer und ging in die nächste Pizzeria.

Der Chianti war schnell da, die Pizza Salame dauerte ungewöhnlich lange. Nach etwa der Hälfte der heißhungrig vertilgten Pizza biss ich völlig unerwartet auf etwas Steinhartes und hätte mir fast einen Zahn ausgebissen. Da war ein Nagel in der Pizza! Ein riesiger rostiger, gebogener Nagel! Ich rief den Ober, zeigte ihm den Nagel und erwartete eigentlich eine Entschuldigung, vielleicht sogar einen Espresso oder Grappa aufs Haus. Weit gefehlt! Der Ober bedankte sich nur erfreut über den gefundenen Nagel, der aus seiner Pizzaschaufel gebrochen war und den er schon sehnlichst vermisst hatte, da sein Handwerkszeug sonst völlig aus dem Leim gegangen wäre. Ich beschloss, die Sache auf sich beruhen zu lassen. Wir waren hier schließlich in Italien.

Die Via Balbi war eine wahre Augenweide, nicht nur wegen der imposanten Hausfassaden und Balkone. Tagsüber säumten Geschäfte, Bars und Restaurants die Straße, die eher eine Gasse war. Nachts gehörte die Via dem Rotlichtmilieu. Hunderte miniberockte Schönheiten der Nacht gingen hier nach Einbruch der Dunkelheit ihrem Gewerbe nach. Dabei machte ich eine erstaunliche Entdeckung: Fast jede der Damen hatte einen im unteren Drittel mit glühender Kohle gefüllten Eisenkübel dabei und stand breitbeinig darüber. Dünne Rauchschwaden stiegen aus den Kübeln empor. Sobald es der einen oder anderen Dame zwischen den Beinen zu heiß wurde, ging sie einmal um den Kübel herum, bevor sie sich wieder breitbeinig darüber stellte. Ich grinste in mich hinein und schüttelte den Kopf. Geräucherte Muschis! Darauf musste man erst mal kommen! So was hatte ich nicht mal im Amsterdamer Rotlichtviertel und auf der Hamburger Reeperbahn gesehen, obwohl es dort noch deutlich kälter gewesen war!

* * *

»Ich bin der Franz!«, sagte der Mann, der eine halbe Stunde vor Abfahrt vor unserem Schlafwagen stand, streckte mir über beide Ohren grinsend seine Hand entgegen und fügte hinzu:

»Tut mir leid, dass ich gestern so schlechte Laune hatte. Heute erkläre ich dir alles, was du wissen willst, und auch das, was du nicht wissen willst!«

Es macht mich immer etwas misstrauisch, wenn sich jemand von heute auf morgen um 180° dreht. Aber eine Entschuldigung zeugt auch von menschlicher Größe. Ich schlug ein und sagte:

»Ich bin der Hans! Auf gute Zusammenarbeit!«

Franz Strauss erklärte mir wirklich viel auf dieser Fahrt, zum Beispiel, wie man Tickets kontrollierte und für nicht gebuchte Gäste neu ausstellen konnte und für welche Türen, Klappen und Verstecke das ISTG-Schlüsselkreuz, bestehend aus zwei Innenvierkant verschiedener Größe, einem Innendreikant und einem Außenvierkant, gut war. Das Bodenversteck in Abteil 13 erwähnte er nicht. Ob er es kannte?

»Was hast du eigentlich gelernt?«, fragte ich.

»Ich war Metzger. Erst Lehrling, dann Meister. In Landshut. Da, wo ich aufgewachsen bin. Aber irgendwann wollte ich raus in die große weite Welt. Da hab' ich die Anzeige in der Landshuter Zeitung gelesen und mich bei der ISTG beworben. Seitdem bin ich dabei. Das ist jetzt 22 Jahre her.«

Und dann hatte Franz noch einen echten Geheimtipp für mich:

»Du musst bei den Leuten auf die Schuhe schauen.«

»Wieso denn auf die Schuhe?«, fragte ich erstaunt.

»Handgenähte Schuhe, bestes Leder, blitzblank gewienert – das riecht nach Trinkgeld! Da musst du buckeln! Trägt einer ausgelatschte, ungepflegte Schuhe, dann gibt er auch kein Trinkgeld. Da brauchst du dich gleich gar nicht ins Zeug legen«, wusste er.

Wir fuhren in den nächsten zweieinhalb Monaten kreuz und quer durch Europa, von Stuttgart nach Budapest, von Paris und Prag nach München, von München nach Belgrad, von Belgrad nach Istanbul oder nach Athen. Jede Teilstrecke dauerte zwischen acht und fünfzehn Stunden, je nach Wartezeiten an den Grenzen plus Vor- und Nachbereitungszeit. Franz genoss es, dass er durch meine Begleitung auch mal ein Nickerchen machen konnte und ihm viele Stunden kraftzehrender Bettenbauarbeit erspart blieben. Er war schließlich auch nicht mehr der Jüngste.

Am häufigsten bedienten wir die Tour München – Belgrad und das meistgelesene Buch auf dieser Fahrstrecke war Agatha Christies Weltbestseller »Mord im

Orient-Express«. Einmal blieb in einem Abteil ein ausgelesenes Exemplar liegen, das ich konfiszierte und auf der Rückfahrt verschlang, während draußen heftiges Schneetreiben herrschte. Der Mord ereignete sich in einem Waggon gleicher Bauart wie unser Schlafwagen, als dieser kurz vor der Stadt Brod, die wir bald durchfahren sollten, wegen starker Schneeverwehungen anhalten musste. Genial konstruiert und mit einem ungewöhnlichen Schluss!

Franz hatte wie immer in der jugoslawischen Hauptstadt für eine Handvoll Dinar dreißig Flaschen Maraska-Slivovitz und fünf Stangen Morava-Zigaretten gekauft und die Ware unter den sechs Abdeckplatten rund um die Deckenleuchten im Gang des Waggons verstaut. Hier hätte noch nie ein Zöllner nachgeschaut, erklärte er mir, und wenn doch einmal einer auf die Idee käme, dann wisse er von nichts, denn der Gang war ja für alle Passagiere des gesamten Zugs zugänglich. Franz konnte den Schnaps und die Tabakwaren in Deutschland zum zehnfachen Preis verkaufen und so sein Gehalt ein wenig aufbessern. Die Leute mit blitzsauber gewienerten Schuhen wurden immer weniger. Zwei Flaschen Slivovitz musste Franz allerdings je Tour abdrücken: Eine ging an die jugoslawische Reinigungsdame, die mir meine Bettenbauprüfung abgenommen hatte und die Flaschen auf dem Abstellgleis in Pasing herausholte, und eine an Frau Dombrowski.

»Wenn du dich mit der Dombrowski gut stellst und ihr von jeder Reise was Kleines mitbringst, dann darfst du auch mal Dienstplanwünsche äußern«, riet mir Franz.

Er bückte sich und zog eine Metallschiene aus dem Teppich.

»Diese T-Schienen sollen die Teppiche im Gang in bestimmten Abständen spannen. Eigentlich genügt es, wenn man sie fest in den Boden tritt. Aber manchmal lösen sie sich und werden zu Stolperfallen. Dann musst du sie, am besten mit der Ferse, wieder ganz fest in den Boden stampfen! Und weißt du, wofür die Dinger noch gut sind?«

Ich schüttelte den Kopf und Franz fuhr fort:

»Zur Selbstverteidigung! Du kannst jemandem den Schädel damit einschlagen! Aber meist genügt es schon, das Eisen in beide Hände zu nehmen und damit zu drohen. Und noch etwas: Du kannst mit der T-Stange Leute einsperren! Und zwar sicherer als mit dem Vierkant, den sich jeder besorgen kann. Die Türen gehen nach außen auf. Die Stange ist genauso breit wie der Gang, vielleicht ein paar Millimeter weniger, und wenn du sie mit irgendeinem geeigneten Gegenstand wie Messer, Gabel oder Schraubenzieher an einer Seite anhebst, herauslöst und zwischen Tür und Gangwand klemmst, dann kommt keiner mehr raus!«

»Hast du das schon mal ausprobiert?«, fragte ich.

»Ja, ein Mal. Da haben sich, bei einer Rückfahrt aus Belgrad, in Wien, einfach zwei feine Herren, beide im Anzug, in ein freies Abteil gesetzt und wollten weder zahlen noch das Abteil verlassen. Du hättest hören sollen, wie die gewütet haben, als ich sie mit der T-Stange eingesperrt hatte! Das klingt mir heute noch wie Musik in den Ohren. In Salzburg hab ich sie dann der österreichischen Grenzpolizei übergeben. Da waren sie sooo klein – mit Hut!«, erläuterte Franz und ließ nur einen kleinen Spalt zwischen Daumen und Zeigefinger.

Nach Abschluss meiner Ausbildung, sagen wir besser Anlernphase, fuhr ich weitere vier Wochen als verantwortlicher Schlafwagenschaffner allein durch Europa, um Erfahrung zu sammeln, die Dinge ungefiltert aus meiner Perspektive wahrzunehmen und ein Gespür für das zu bekommen, was einmal wichtig für mich werden könnte. Schon lange fiel mir auf, dass das Abteil 13 praktisch immer leer stand, vermutlich weil die Leute es aus reinem Aberglauben nicht buchten. Außerdem registrierte ich, dass die bulgarischen Grenzbeamten immer Hunde dabeihatten, schon in Sofia zustiegen und sich mit ihren Pass- und sporadischen Gepäckkontrollen langsam vom vordersten Waggon bis nach hinten durcharbeiteten. Der Schlafwagen war auf dieser Tour der letzte Waggon nach dem Speisewagen. Die Zöllner mussten in Dimitrovgrad, der ersten Station auf jugoslawischem Territorium, aussteigen und mit dem nächsten Zug nach Sofia zurückfahren. Kamen sie langsam mit ihren Kontrollen voran, dann blieb in meinem Waggon nur Zeit für eine flüchtige Passkontrolle. Waren sie dagegen mit den anderen Waggons schnell fertig, ließen sie im Schlafwagen jeden Koffer öffnen und standen lange in den Gängen herum. Dann fragten sie mich auch schon mal über die »deutschen Fraulein« aus und wollten wissen, ob ich ihnen nicht ein paar Pornohefte mitbringen könnte. Eine Frage, die sie im Beisein von Franz nie gestellt hatten. Und eine gute Idee, falls vielleicht mal ein Ablenkungsmanöver nötig wäre.

* * *

Steiner war äußerst angetan von meinen Ausführungen und wollte, dass ich gleich in der folgenden Woche eine Zielperson in Sofia übernahm: einen bulgarischen

Atomphysiker, der schon lange in den Westen wollte und dem amerikanischen Staat gute Dienste leisten könnte. Er spreche allerdings nur Bulgarisch und Russisch. Steiner zeigte mir ein Bild von ihm. Ein zuverlässiger Mann in Sofia würde ihn zum Zug begleiten und im Schlafwagenwaggon direkt ins Abteil 13 setzen. Ich müsste ihn dann lediglich in einem günstigen Moment im Fußboden versenken. Ganz einfach.

Schwierig war dagegen, Steiner davon zu überzeugen, dass *ich* hier den Termin vorgeben musste. Die Touren gingen entweder von München nach Belgrad oder von Belgrad nach Istanbul oder von Belgrad nach Athen. In Belgrad war meist Personalwechsel. Eine Doppeltour durchgehend nach Istanbul und am nächsten Tag zurück zu bekommen, wäre schwer genug. Aber nur so könnte der Schlafwagen durchgehend vom Haltepunkt Sofia bis nach München von mir begleitet werden. Ich würde schnellstmöglich versuchen, die Tour zu bekommen, und mich wieder melden.

Zwei Gedanken beschäftigten mich in den folgenden Tagen, bevor es wieder zu einem Kurztrip nach Genua ging. Erstens, wie konnte ich Frau Dombrowski dazu bewegen, mir zwei Doppeltouren zu geben, die aus gewerkschaftlicher Sicht nicht erlaubt waren, und zweitens, was konnte das Risiko minimieren, dass die bulgarischen Zollhunde eine im Boden versteckte Person erschnüffelten. Da erinnerte ich mich an Chemical Charly von der Farm.

»Merkt euch: Kohle absorbiert Gifte und Gerüche! Das kann euch mal das Leben retten!«, hatte er in einem seiner Vorträge gesagt und die Worte »*Coal sucks it all!*« in großen Lettern an die Tafel geschrieben.

Schon lange war mir die kleine Schneiderei Ecke Belgrad-, Destouchesstraße, nur wenige Meter von meiner Wohnung entfernt, aufgefallen. Ich brachte der Inhaberin, einer freundlichen Griechin, einen alten Leinenbettbezug, den ich an der offenen Seite um ein Stück gekürzt hatte, und bat sie, den Bezug mit ihrer Nähmaschine rundherum nochmals zu vernähen und Quadrate von zehn bis zwölf Zentimeter Seitenlänge abzusteppen. Dann besorgte ich mir in zehn verschiedenen Münchner Apotheken jeweils fünf Schachteln mit Kohle-Compretten, medizinischer Kohle, die man bei Durchfall und Vergiftungen einnehmen kann.

Nach meiner Rückkehr aus Genua war die Decke fertig. Ich pulverisierte die Kohle-Compretten mit einem Suppenlöffel und füllte den Kohlenstaub durch kleine Schnitte in die einzelnen Felder der Decke ein. Eine Friemelei, die mich die ganze Nacht kostete. Natürlich mussten alle Schnitte wieder säuberlich vernäht werden, aber nach getaner Arbeit war ich richtig stolz auf meine selbst erdachte Geruchstilgungsdecke und konnte ein paar Stunden entspannt schlafen. Am nächsten Tag brachte ich Frau Dombrowski einen riesigen Fress- und Saufkorb als »kleines Mitbringsel« aus Italien, mit Chianti, Ramazotti, Cinzano Bianco, Parmaschinken und italienischer Salami.

Frau Dombrowski war entzückt und meine München – Istanbul Hin- und Zurücktour gebongt. Allerdings erst in 14 Tagen. Ich gab Steiner telefonisch durch, wann die Zielperson in Sofia einsteigen müsste, und mein Führungsoffizier bestätigte mir den Termin drei Tage später.

Auf der zweitägigen Fahrt von München nach Istanbul war der Schlafwagen nur zur Hälfte belegt. Es gab keine Auffälligkeiten. Außer vielleicht das Pärchen in Abteil 17. Er Geschäftsmann, Mitte fünfzig, in feinem Anzug, mit blitzblank gewienerten Schuhen, sie eine nette Brünette, etwa 20 Jahre jünger als er. Der Mann war sehr redselig und bestellte alle halbe Stunde zwei Piccolo, so lange, bis meine kleine Bordbar leer war. Dann machte er mit Schnäpsen weiter. Er zahlte immer sofort und gab jedes Mal ein ansehnliches Trinkgeld. Die adrette Brünette war seine Sekretärin, die beiden hatten offensichtlich ein Verhältnis. Wirklich interessant war jedoch die Erfindung, die der Geschäftsmann gemacht hatte. Er behauptete, er hätte ein Schiff entwickelt, das Ölteppiche im Meer aufsaugen könnte, und wäre auf dem Weg nach Istanbul, wo er einen größeren Verkauf an einen türkischen Reeder unter Dach und Fach bringen wollte. Er zeigte mir stolz Verkaufsprospekte und Bilder. Der Ölsauger sah etwa so aus wie ein überdimensionierter, sehr breiter Motorkatamaran mit einem großen Auffangtank zwischen den beiden Schiffsrümpfen.

»Wie lange dauert es, bis so ein Schiff das Öl eines leckgeschlagenen Tankers aus dem Meer gesaugt hat?«, wollte ich wissen.

»Gute Frage«, stöhnte der Erfinder, »das kommt auf die Größe des Tankers und die Wetterverhältnisse an.«

»So ungefähr, bei einem Tanker mittlerer Größe«, hakte ich nach.

Der Mann stöhnte noch mal, legte seine Stirn in Falten, dachte eine Weile nach und meinte dann:

»Also, wenn zehn meiner Schiffe zwölf Stunden am Tag im Einsatz sind und die Anlegestelle, wo das Öl gelöscht werden kann, nicht mehr als zehn Seemeilen vom Einsatzgebiet entfernt liegt, dann würde das etwa zwei Monate dauern. Bei rauer See länger.«

»Und was kostet so ein Schiff?«, fragte ich.

»35 000 DM«, antwortete der Erfinder und Geschäftsmann, drückte mir ein paar Prospekte und seine Visitenkarte in die Hand und meinte:

»Sie kommen ja mit vielen Leuten in Kontakt. Wenn Sie mir einen Verkauf vermitteln, erhalten Sie zehn Prozent vom Verkaufspreis als Provision!«

Tatsächlich überlegte ich für einen kurzen Moment, ob Ölsaugschiffvertreter ein Job für mich wäre.

* * *

Um 22:55 Uhr verließ der Orient-Express, wie unser Zug in Anlehnung an alte Luxuszugzeiten auf diesem Kurs hieß, den Istanbuler Hauptbahnhof Marmaray Sirkeci. Um 7:10 Uhr sollte er planmäßig am Hauptbahnhof von Sofia eintreffen und zehn Minuten später nach Belgrad weiterfahren, mit einem kurzen Stopp in Dimitrovgrad, wo die bulgarischen Grenzbeamten aussteigen mussten. Je näher wir Sofia kamen, desto mehr stieg meine Anspannung. Würde die Zielperson pünktlich »angeliefert«? Was wäre, wenn Zielperson oder Zubringer schon seit Tagen beschattet würden? Wie könnte ich bei einem Konflikt im Waggon eingreifen? Wie viele Jahre bulgarischen Knast würde es mir einbringen, wenn ich als Fluchthelfer verurteilt würde?

Zu viele Wenn und Aber! Ich musste einfach auf Situationen reagieren, wenn sie eintraten, und jetzt erst mal cool bleiben.

Wir erreichten Sofia pünktlich. Am Zuganfang sah ich vier bulgarische Grenzbeamte mit einem Hund einsteigen. Zwei Deutsche und ein Franzose hatten Schlafwagenplätze gebucht. Ich wies ihnen ihre Abteile zu und kontrollierte die Tickets und das Ablaufdatum ihrer Pässe, wie es die Vorschriften vorsahen.

Aber wo war meine Zielperson? Drei Minuten vor Abfahrt! Ich schaute in Abteil 13 nach. Tatsächlich saß dort ein älterer, verschüchterter und blass aussehender Mann, der dem auf dem mir gezeigten Foto ähnelte. Nun musste alles sehr schnell gehen. Ich checkte kurz den Gang in beide Richtungen, schloss mich mit der Zielperson im Abteil 13 ein, schob den Teppich zurück, öffnete das Bodenversteck und bedeutete dem Mann, sich dort zu verkriechen. Mit angewinkelten Beinen und in Seitenlage fand er gut Platz. Ich legte meine vorbereitete Geruchstilgungsdecke über ihn, roch demonstrativ daran und bedeutete ihm in Zeichensprache, wie wichtig es sei, die Decke über dem Körper zu haben. Dann schloss ich die Bodenplatte, zog den Teppich darüber, verspannte ihn mit der Abschlussleiste, ging hinaus und verschloss das Abteil. In der Regel blieben leere Abteile abgesperrt und wurden nur auf Weisung der Zöllner geöffnet, um das heimliche Einschleichen blinder Passagiere zu verhindern. So wollte ich es auch bei dieser Tour halten. Alles sollte ganz normal wie immer ablaufen.

Nach einer Weile – die bulgarischen Grenzer sollten in etwa zehn bis zwanzig Minuten in meinem Waggon eintreffen – überkam mich das Bedürfnis, in Abteil 13 nach dem Rechten zu sehen. Das Versteck zu öffnen und nachzusehen, ob der Mann auch brav meine Geruchstilgungsdecke übergestülpt hatte, wäre zu aufwändig und zu gefährlich gewesen. Aber ich wollte wenigstens überprüfen, ob er ruhig war und nicht gleich in Panik geriet oder gar nach Hilfe rief, wenn jemand das Abteil betrat.

Ich öffnete Abteil 13 und erschrak: Da stand ein dunkelhaariger, gut aussehender, schlanker Mann in einem silberfarbenen Anzug und schraubte gerade einen Schalldämpfer auf seine Pistole. Als er mich sah, richtete er die Pistole auf mich. Ich wich blitzschnell zurück, schlug die Tür zu, verriegelte sie mit dem Vierkant, den ich noch in der Hand hielt, und versperrte die Tür zusätzlich mit der nächsten greifbaren T-Stange, wie Franz es mir gezeigt hatte.

Außer mir war niemand auf dem Gang. Ich stand vor Abteil 12, hielt die Luft an und lauschte Richtung Abteil 13. Alles war ruhig. Nur das monotone Rattern der Räder auf den Gleisen. Kein Schuss fiel. Was sollte ich bloß tun? Da betraten die Grenzer das vordere Ende meines Waggons und winkten mich zu sich. Schnell entfernte ich die T-Stange von der Tür und trat sie unbemerkt auf dem Boden zwischen die Teppiche.

»Alles klar?«, rief ein Zöllner herüber.

»Ja, wie immer!«, antwortete ich so gelassen wie möglich.

Die Grenzbeamten kontrollierten Abteil für Abteil, ließen sich die Pässe der Reisenden zeigen und schauten in den einen oder anderen Koffer.

Mir schlug das Herz bis zum Hals, als sie mich aufforderten, Abteil 13 zu öffnen.

Das Abteil war leer, das Fenster bis zum Anschlag heruntergeschoben, die Vorhänge wehten hinaus. Der Schäferhund der Beamten wedelte fröhlich mit dem Schwanz, schlug aber nicht an. Oder doch? Er schnüffelte kurz am Bodenversteck, dann wandte er sich ab. Die Zöllner schauten in alle Richtungen aus dem Fenster und schoben es dann zu. Sie wiesen mich an, in Zukunft die Fenster geschlossen zu halten, schöpften aber keinen Verdacht. Wer würde schon auf bulgarischem Staatsgebiet aus einem Zugfenster springen?

Bevor sie meinen Waggon verließen, fragte mich einer der Zöllner, ob ich denn an seine Pornoheftchen gedacht hätte. Hatte ich nicht.

»Nächstes Mal!«, versprach ich und war heilfroh, als die Meute in Dimitrovgrad den Zug verließ.

Dass der Hund über dem Bodenversteck nicht angeschlagen hatte und der Mann mit der Pistole verschwunden war, hatte mich unsäglich erleichtert. Doch man soll sich nie in Sicherheit wiegen! Vielleicht war der Typ zwar aus dem Fenster von Abteil 13 gestiegen, aber in Abteil 12 oder 14 wieder durchs Fenster in den Zug gelangt. Schwer vorstellbar, denn beide Abteile waren mit Gästen belegt und von den Zöllnern kontrolliert worden. Vielleicht hatte sich der Typ auf einer Toilette verschanzt? Ich inspizierte alle Abteile und die Toiletten meines Waggons und den angrenzenden Speisewagen, bevor ich mir im Schaffnerabteil einen Kaffee und eine Zigarette gönnte und nachdachte. Was hatte der Mann gewollt? Hatte er es auf mich abgesehen oder stand er in irgendeiner Beziehung zur Zielperson?

Ich ging noch mal ins Abteil 13, schloss mich dort ein und öffnete das Versteck. Kohlestaub quoll aus zwei Löchern in meiner Geruchstilgungsdecke. Ich zog sie weg und es kam schlimmer:

Die Zielperson zeigte zwei Einschusslöcher auf der linken Brustseite und war augenscheinlich tot. Ich musste jedoch ganz sicher sein. Unter den beengten Verhältnissen hatte ich keine bessere Idee, als ihm ein Auge aus der Augenhöhle zu quetschen. Das hätte der Mann ganz bestimmt nicht mit sich machen lassen, wenn er nur noch einen Hauch von Leben in sich getragen hätte. Ich legte die Decke über die Leiche und verschloss das Versteck. Dabei bemerkte ich auch die Einschusslöcher im Bodendeckel und im Teppich. Da der weinrote Teppich schon einige schwarze Brandflecken von ausgetretenen Zigarettenstummeln abbekommen hatte, waren mir und den Zöllnern die Löcher vorher nicht aufgefallen.

Einen halben Tag und eine ganze Nacht fuhr ich mit der Leiche an Bord durch ganz Jugoslawien und Österreich und fragte mich immer wieder: Was hatte ich bloß falsch gemacht? Hätte ich den Mann mit der Pistole entwaffnen, ihm das Genick brechen und ihn aus dem Fenster werfen sollen, wie ich es gelernt hatte? Okay, zumindest das Entwaffnen und Genickbrechen hatte ich gelernt und das aus dem Fenster Werfen hätte sicher auch geklappt. Dann wäre meine Zielperson noch am Leben und der Mörder tot. Aber es hätte auch sein können, dass der Eindringling den Bulgaren schon erschossen hatte, bevor ich ihn im Abteil überraschte, und er den Schalldämpfer nicht auf-, sondern nach getaner Arbeit gerade abschraubte.

Am liebsten wäre ich am Grenzkontrollpunkt Salzburg ausgestiegen und sofort zu Steiner gegangen. Aber ein schaffnerloser Schlafwagen wäre den österreichischen oder deutschen Zöllnern sicher aufgefallen. Also blieb ich bis München, wo der Waggon abgehängt wurde und weiterreisende Passagiere auf andere Züge umsteigen mussten.

Ich rief Steiner an, bat um ein Dringlichkeitstreffen, setzte mich in meinen flotten Flitzer und fuhr nach Salzburg.

Steiner war »not amused«, blieb aber sachlich, als ich ihm meine Geschichte erzählte.

»Wo ist die Leiche jetzt?«, wollte er wissen.

»Am Verschiebebahnhof in München-Pasing. Dort stehen meist drei bis fünf der auffällig königsblauen Wagons-Lits-Waggons herum, werden gereinigt und warten auf ihren nächsten Einsatz. Der Waggon mit der Leiche trägt die Nummer 1214708. Es könnte sein, dass er schon morgen wieder auf Tour geht. Dann ist seine Spur schwer nachzuverfolgen und er fährt vielleicht mit der Leiche bis nach Istanbul oder Athen!«, antwortete ich.

Steiner führte mehrere Telefonate, aus denen ich nicht ganz schlau wurde, zumal sie einige mir unbekannte Codes enthielten. Nur der Standort der Leiche samt Waggonnummer wurden immer wieder genannt.

Schließlich sagte mein Führungsoffizier:

»Wir entsorgen die Leiche, Mr Cooper, machen Sie sich deshalb keine Sorgen! Ich würde Ihnen nur dringend raten, bulgarisches Territorium für eine ganze Weile zu meiden. Vielleicht war der Mörder vom bulgarischen Geheimdienst und Sie sind nun in deren Visier. Mit den Kollegen ist nicht zu scherzen.«

Ich nickte.

»Versuchen Sie, eine Tour nach Prag zu bekommen, und melden Sie sich bei mir, sobald Sie wissen, wann Sie dort sein können«, sagte Steiner.

»In Ordnung! Und – weil ich schon mal da bin: Was ist jetzt mit meinem Honorar?«, fragte ich zögerlich.

»Mr Cooper, wir hatten 5000 DM Kopfgeld für jede Zielperson vereinbart, die Sie lebend in den Westen bringen. Das war hier nicht der Fall!«, konstatierte Steiner emotionslos.

Er hatte recht.

* * *

Frau Dombrowski überreichte mir mein spärliches Schlafwagenschaffnergehalt auf den Pfennig genau in einer Lohntüte.

»Herr Gruber, wegen Ihrer beiden Doppeltouren habe ich richtig Probleme mit meinem Chef bekommen. Wir können so etwas nicht noch einmal machen!«

»Mit Ihrem Mann?«, fragte ich.

»Dass mein Chef zufällig auch mein Mann ist, tut hier nichts zur Sache. Mein Mann muss sich schließlich gegenüber unserem Mutterhaus in Paris verantworten, und die wollen nicht, dass unser Personal länger als 24 Stunden am Stück im Dienst ist. Sie haben jetzt erst mal ein paar Tage frei und begleiten nächsten Mittwoch den Nachtzug von Prag nach Paris. Abfahrt 19:12 Uhr in Prag, Ankunft 9:45 Uhr in Paris. Anreise nach Prag und Rückreise von Paris per Bahn. Da mach ich Ihnen noch die Tickets fertig.«

Offensichtlich hatte die Pariser Wagons-Lits-Zentrale mal wieder Personalprobleme. Die Franzosen streikten viel und gerne. Mir passte das gerade gut. Ich rief Steiner an und gab ihm den Termin durch. Drei Tage später wurde ich nach Salzburg »zum Konzert« beordert.

»Wir gehen davon aus, dass Ihr Bulgare entweder vom bulgarischen Geheimdienst oder vom KGB ermordet wurde. Wir wissen nicht, wie weit sich diese beiden Dienste mit dem tschechoslowakischen Geheimdienst StB austauschen, haben aber aus Sicherheitsgründen beschlossen, dass das Versteck in Abteil 13 erst mal für längere Zeit tabu ist, vielleicht sogar für immer!«, beschrieb Steiner die Faktenlage in seinem abhörsicheren Büro und fuhr fort:

»Für den unwahrscheinlichen, aber nicht auszuschließenden Fall, dass sich die bulgarischen Zöllner Ihren

Namen gemerkt haben und der bulgarische Geheimdienst die Information mit KGB und StB teilt, haben wir Ihnen vorsichtshalber einen neuen Pass ausgestellt. Er lautet auf Hans Schulz. Dann haben Sie auch keine Probleme, wenn ein Kollege aus dem Bahnbetrieb oder der Putzkolonne Sie mit Ihrem Vornamen ruft.«

Steiner reichte mir den Pass und schlürfte an seiner Melange.

»Kommen wir jetzt zu Ihrem nächsten Auftrag, Mr Cooper. Es geht um eine KGB-Offizierin, die außer ihrer Muttersprache fließend Englisch, Tschechisch, Deutsch und Französisch spricht. Sie arbeitet als Dechiffrierungsspezialistin im KGB-Büro in Prag und möchte zu uns überlaufen.«

Steiner reichte mir das Bild einer hübschen Blondine mit lockigem Haar und strahlendem Lachen.

»So sieht sie normalerweise aus.«

Dann reichte er mir einen französischen Pass, ausgestellt auf den Namen Marie Mercier, in dem die Besitzerin ernst dreinblickte, schwarze Kurzhaarfrisur und eine dunkle Brille trug.

»Und so werden Sie die Dame kennenlernen. Sie wird Sie nach dem Schlafwagenabteil dritter Klasse fragen. Das ist das Codewort: dritter Klasse! Das gibt es beim Schlafwagen nicht und danach fragt sonst auch keiner. Sobald sich die Dame bei Ihnen meldet, geben Sie Ihr den Pass, das Bahnticket nach Paris und ein Schlafwagenticket. Der Zug hält nur einmal auf deutschem Staatsgebiet, und zwar um 23:18 Uhr in Nürnberg. Sorgen Sie dafür, dass die Zielperson dort aussteigt. Alles andere machen wir.«

Froh, dass ich keine neue Geruchstilgungsdecke fabrizieren musste, fuhr ich zurück nach München.

***

Der einzige D-Zug an meinem Anreisetag kam schon mittags am Prager Hauptbahnhof an. Ich hatte also den ganzen Nachmittag Zeit und bummelte zum nur wenige Minuten entfernten Wenzelsplatz, der mehr eine Prachtstraße als ein Platz war. Vor nicht einmal fünf Jahren hatten genau hier sowjetische Panzer friedliche Demonstranten überrollt und den Prager Frühling vereitelt. Fernsehbilder, die unauslöschlich in meiner Erinnerung blieben. Die Sowjets hatten Angst vor einem Dominoeffekt, ähnlich wie die Amerikaner in Vietnam.

Das Essen in einem Lokal an der Moldau war, wie schon bei früheren Touren mit Franz, konkurrenzlos günstig und äußerst schmackhaft. Ossietra-Kaviar zur Vorspeise, Krimsekt, Rinderroulade und als Nachspeise Palatschinken zusammen für nur zehn DM. Da man in meinem Job nie wusste, welche Mahlzeit die letzte war und ob es zwischendurch vielleicht mal ein paar Jahre nur Brotsuppe geben würde, ließ ich mir jeden Bissen genüsslich auf der Zunge zergehen.

Der Zug nach Paris fuhr schon um 18:30 Uhr auf Gleis 2 ein. Ich zog mich im Schaffnerabteil um, fertigte die zusteigenden Gäste ab und wartete gespannt auf meine Zielperson. Es war bereits dunkel. Auf dem Bahnsteig herrschte eine unheimliche Stimmung. Rauch dampfte aus einem Gully, die spärliche Beleuchtung erfasste immer nur einzelne Segmente des Bahnsteigs, sodass man nicht genau sehen konnte, wie viele Personen sich dort aufhielten. Drei, fünf oder doch mehr?

19:05 Uhr. Alle Schlafwagenpassagiere waren abgefertigt. Der Zug sollte in sieben Minuten abfahren. Meine Zielperson hatte sich noch nicht gemeldet.

19:12 Uhr. Abfahrtszeit. Nichts rührte sich.

Ich sah aus dem Fenster. Plötzlich durchbrach eine Lautsprecherdurchsage in deutscher Sprache mit osteuropäischem Akzent die gespenstische Stille:

»Herr Hans Gruber, bitte melden Sie sich am Schalter 3! Herr Hans Gruber, bitte melden Sie sich am Schalter 3!«

Die Durchsage war extrem laut. Ein Mann, der auf dem Bahnsteig direkt neben einem der Druckkammerlautsprecher stand, zuckte erschrocken zusammen. Ich sah, wie sich zwei Männer auf ihn stürzten und ihn aus dem schwachen Lichtkegel in die Dunkelheit zerrten.

Mir schoss so einiges durch den Kopf: Hatte ich gerade meiner eigenen Verhaftung zugesehen? Suchten sie nun im gesamten Ostblock nach Hans Gruber? Wie weit schützte mich Steiners neuer Pass auf den Namen Hans Schulz? Wo blieb meine Zielperson? Sollte ich meine Uniform ausziehen und mich irgendwo im Zug verstecken? Vielleicht im Abteil 13? Oder sollte ich einfach meinen Job machen, als wäre nichts gewesen? Ich entschied mich für Letzteres, obgleich ich nicht wusste, ob es das Beste war.

19:16 Uhr. Vier Minuten nach der planmäßigen Abfahrtszeit setzte sich der Zug in Bewegung. Ich war ein klein wenig erleichtert. Aber noch war die Schlacht nicht gewonnen. Wir fuhren noch gut zwei Stunden auf tschechoslowakischem Territorium. Die Zöllner konnten mich immer noch verhaften und an der Grenzstation Rozvadov aus dem Zug holen. Wo blieb die Zielperson? Hielt sie sich im Zug versteckt und kam erst später in den Schlafwagen? War die Operation verraten worden oder war die Zielperson selbst die Verräterin?

Nach etwa einer halben Stunde betraten vier Zöllner den Schlafwagen, diesmal mit Hund, was auf dieser Strecke nicht immer der Fall war. Sie kontrollierten die Pässe der Fahrgäste. Zuletzt, im Gang stehend, fragte einer von ihnen nach meinem Pass. Er überprüfte das Dokument außergewöhnlich gründlich, blätterte langsam vor und zurück und fragte dann freundlich in perfektem Deutsch:

»Dürfen wir bitte Ihre Uniform durchsuchen, Herr Schulz?«

Eine rein rhetorische Frage, denn ich hätte die Aufforderung nicht ablehnen können.

»Selbstverständlich!«, antwortete ich.

Möglicherweise suchten sie nach den Papieren der Zielperson und wussten gar nicht, wie nahe sie ihnen waren. Ich hatte Pass und Tickets von Madame Marie Mercier in die Abdeckung um die Deckenleuchte direkt über ihren Köpfen geklebt, genau da, wo Franz immer seine Slivovitz-Flaschen versteckte, wenn wir die Belgrad-Tour fuhren. Die Zöllner dehnten ihre Durchsuchung auf mein Reisegepäck und das gesamte Schaffnerabteil aus. Sie fanden nichts und verabschiedeten sich freundlich.

Als in Waidhaus die deutschen Zöllner in den Zug stiegen, fiel mir ein Felsbrocken vom Herzen! Die Zielperson meldete sich nicht. In Nürnberg verließen nur vier männliche Fahrgäste den Zug.

Sofort nach meiner Rückkehr aus Paris fuhr ich zu Steiner und erstattete ihm Bericht.

»Da haben Sie richtig Glück gehabt, Mr Cooper! Aber als Agent sind Sie verbrannt, zumindest für Osteuropa. Außerdem würde ich Ihnen dringend raten, sich von jeglichem Schlafwagen fernzuhalten, wenn Ihnen Ihr Leben lieb ist!«, meinte Steiner.

»Das sehe ich auch so«, stimmte ich zu, »aber was ist

denn diesmal mit meiner Bezahlung? Mich trifft doch keinerlei Schuld.«

»Results need no excuses! Die Schuldfrage ist hier völlig uninteressant. Die Vereinbarung war, dass es nur Geld gibt, wenn die Zielperson lebend im Westen ankommt«, stellte Steiner nüchtern fest und fügte zum Abschied hinzu:

»Freuen Sie sich, dass Sie jetzt nicht in einem tschechoslowakischen Knast einsitzen, sondern in Freiheit leben, gehen können, wohin Sie wollen, und tun können, was Sie wollen. Das ist doch viel mehr wert als ein paar tausend Dollar, oder?«

Ich nickte und verließ wortlos die American Express Bank am Salzburger Residenzplatz.

Auf meiner Heimfahrt nach München resümierte ich meine Arbeit als Schlafwagenschaffner im Auftrag der CIA: Ich hatte zweimal mein Leben riskiert, fünf Monate für einen Hungerlohn gearbeitet und unterm Strich keine müde Mark auf der Kante! Vielleicht sollte ich mich doch besser als Ölsaugschiffvertreter versuchen …

KAPITEL 8
Codewort Pekingente

Niemals wieder, so schwor ich mir, würde ich nur für ein Erfolgshonorar arbeiten. Es müsste ein Fixum sein oder besser ein Fixum plus Erfolgshonorar.

Auch wurde mir klar, dass ich nicht ewig Agent bleiben konnte und wollte. Eine anständige Ausbildung musste her! Am besten gleich mehrere! Wenn ich schon wegen einer soliden dreijährigen Berufsausbildung weder Langzeitaufträge annehmen noch längere Zeit durch die Welt reisen konnte, dann sollte sich das schon richtig lohnen.

Ich bewarb mich auf drei Stellen, die mich interessierten, überbrückte in meinem Lebenslauf die Zeiten bei der U.S. Army und auf der CIA-Farm mit fantasievoll ausgeschmückten Reisen – und wurde bei allen drei Stellen angenommen. Die Ausbildungen zum staatlich geprüften Krankenpfleger, zum staatlich geprüften Fallschirmsprunglehrer und zum Rettungssanitäter, einem gerade neu geschaffenen Berufsbild, ließen sich problemlos parallel durchführen: tagsüber Krankenpflegeschule, abends Rettungsdienst und am Wochenende Sprunglehrer-Ausbildung. Und das Ganze war ja nicht wirklich Arbeit, denn, wie hatte Laotse so weise gesagt: Wenn dir das, was du tust, wirklich Spaß macht, brauchst du keinen einzigen Tag in deinem Leben zu arbeiten!

Es stand auch die Idee im Raum, nach Abschluss der Berufsausbildungen das Abi nachzumachen und – wenn es der Numerus clausus erlaubte – Medizin zu studieren. Aber das waren Zukunftsträume.

Mit meinem als Medical Specialist erworbenen medizinischen Fachwissen musste ich mich in der staatlichen Krankenpflegeschule München-Großhadern schwer zurückhalten. Die Lehrschwestern mochten es gar nicht, wenn ein Schüler mehr wusste als sie selbst. Ganz anders verhielt es sich bei den Fallschirmspringern, die alles mit großem Interesse aufsogen, was ich an Know-how aus meiner Instruktorenausbildung bei der *United States Parachute Association* einbringen konnte. Sogar das Luftamt Südbayern, die zuständige Unterabteilung der Regierung von Oberbayern, zeigte sich offen für meine Verbesserungsvorschläge bei der Fallschirmspringer- und Sprunglehrerausbildung.

Falls die CIA sich meldete, würde ich von meinem ausgehandelten Recht Gebrauch machen, während einer Berufsausbildung Aufträge abzulehnen. Aber die CIA meldete sich nicht bei mir. Und ich meldete mich nicht bei der CIA. Wochenlang. Monatelang. Bis eines Nachts – es war Mitte September 1974 – das Telefon schrillte und eine freundliche Dame mit amerikanischem Akzent sagte:

»Pekingente, morgen 13:00 Uhr!«

Und ich schlaftrunken bestätigte:

»Pekingente, morgen 13:00 Uhr!« und auflegte.

Was hatte ich bloß getan? Was bedeutete Pekingente? War das nur ein Traum gewesen? Nein, das Telefon lag in meinem Bett und ich pflegte normalerweise nicht mit meinem Telefon im Bett einzuschlafen.

Ich knipste das Licht an, schrieb auf einen Zettel »8 K / 13 Pekingente« und legte ihn auf meinen Wecker. Bei dem Schlafdefizit, unter dem ich gerade litt, hätte ich durchaus mal einen nächtlichen Anruf vergessen können.

Um 6:00 Uhr klingelte mein Wecker. Ich sah den Zettel, stellte den Wecker auf 8:00 Uhr und war froh, dass ich noch zwei Stunden schlafen durfte. Dann erinnerte mich das K auf meinem Zettel daran, mich krankzumelden – das erste Mal, seit ich mit meiner Ausbildung in der Krankenpflegeschule begonnen hatte. Ich kochte mir einen Kaffee und überlegte, was »Pekingente« bedeutete. Es war ein Codewort für einen Treffpunkt, aus einer Liste mit Codewörtern, die ich vor geraumer Zeit ein einziges Mal gesehen und auswendig gelernt hatte. Verdammt! Was zum Teufel war gleich wieder »Pekingente«? Ich suchte im Telefonbuch für München, dann in den Gelben Seiten. Tatsächlich existierte ein Lokal »Pekingente« in der Barerstraße. Aber das wäre zu einfach gewesen und außerdem kein Code. Ein chinesisches Lokal? China? Chinaturm? Ja, das war's! Der Chinesische Turm im Englischen Garten!

Um 12:45 Uhr strich ich unauffällig und in sicherer Entfernung um die Holzpagode, den Mittelpunkt einer der beliebtesten Biergärten der Stadt. Dann sah ich ihn! Da saß ein Mann, den ich kannte und den ich nie und nimmer mit dieser Örtlichkeit in Verbindung gebracht hätte, bei einem Bier, rauchte eine Zigarette und las in aller Ruhe die Süddeutsche Zeitung. Der Mann war groß und schlank, hatte dichtes dunkelblondes Haar, ein sympathisches Kinngrübchen und einen markanten Fu-Manchu-Bart. Es war Barry Winslow Meeker, der Hubschrauberpilot, den ich aus Da Nang kannte. Ich trat langsam von hinten an ihn heran und sagte:

»Nennen Sie mich nie wieder Kraut, Captain Meeker!«

Barry drehte sich um, lachte und begrüßte mich herzlich.

»Barry! Schön, dich zu sehen! Was hast du die letzten beiden Jahre gemacht?«, fragte ich.

»Zwei Wochen nach unserem Ausflug zu *Suzie Wong*, ich fühlte mich gerade wieder flugfähig, wurde meine Einheit aus Vietnam abgezogen und aufgelöst. Für mein letztes Jahr in der Army durfte ich mir was aussuchen und ließ mich zum Coleman Army Airfield nach Deutschland versetzen. Ich liebe die Deutschen und ihre Kultur! Nach meiner Entlassung jobbte ich mal da, mal dort als Freelancer. Dann hörte ich von einem Freund, dass sie am Krankenhaus Traunstein eine Luftrettungsstation aufbauen wollten, die dritte in ganz Deutschland, nach München und Nürnberg. Jetzt fliege ich da seit einem halben Jahr eine Bell 206.«

Barry trank sein Bier aus, schlug vor, eine Runde um den nahen Kleinhesseloher See zu spazieren und fragte, was ich denn so machen würde. Ich übersprang ein Stück meiner Vita und erzählte nur vom Rettungsdienst, Fallschirmspringen und der Krankenpflegeausbildung, die ich gerade begonnen hatte.

»Du bist verrückt!«, meinte Barry, »nie im Leben würde ich freiwillig aus einem völlig intakten Flugzeug hüpfen!«

Wir mieteten ein Ruderboot, Barry ruderte zur Mitte des kleinen Sees hinaus, legte die Ruder hoch und wurde ernst:

»Wir arbeiten für die gleiche Firma. Ab jetzt bleibt das Gespräch unter uns. Kein Wort zu irgendjemandem, okay?«

»Okay«, nickte ich.

»Letzten Monat habe ich im Auftrag eines Münchner Rechtsanwalts seine Familie, alles DDR-Bürger, mit dem Hubi aus der Tschechoslowakei geholt. Bin im Tiefflug unter dem Radar über die Grenze. Keiner hat etwas gemerkt, nicht die deutsche Flugsicherung, nicht die österreichische Flugsicherung, nicht die Tschechoslowaken, nicht die Russen. Es war easy! Nur die CIA hat es irgendwie mitbekommen.«

»Wieso das?«, fragte ich.

»Nach meiner Meinung gibt es drei Möglichkeiten: Die NSA hat von Bad Aibling aus meinen Tiefflug mit einem Spezialradar verfolgt oder die CIA hat mein Telefon angezapft oder die CIA hat das Telefon des Rechtsanwalts angezapft.«

»Und jetzt?«

»Die CIA will, dass ich auf diesem Weg auch Leute für sie über den Eisernen Vorhang fliege. Und sie wollen, dass wir das zusammen machen. Du warst auf der Farm, bist Escape Agent und hast ein Pinch-Hitter Flight Training, richtig?«

»Du weißt, ich darf nicht darüber reden«, antwortete ich und nickte dabei.

»Nicht ohne Grund habe ich diesen Ort für unser Gespräch gewählt. Bist du dabei?«, fragte Barry.

»Was für Leute sind das, die wir da rausholen sollen? Geht es um eine oder mehrere Touren? Wie sind die Konditionen?«, wollte ich wissen.

»Wir erfahren nicht, wen wir da abholen. Vielleicht KGB- oder Stasi-Offiziere, die überlaufen wollen, vielleicht Polen, Tschechoslowaken, Ungarn oder Rumänen, die der CIA nützlich sein können. Wir bekommen von unseren Leuten auf der anderen Seite des ›Vorhangs‹ jeweils drei Personen an den vereinbarten Landeplatz angeliefert. Deine Aufgabe ist es, dafür zu sorgen, dass sie innerhalb von zehn Sekunden im Hubschrauber sitzen. Es sollen mehrere Touren in unregelmäßigen Abständen werden. Die CIA zahlt uns zehn Flugstunden für unsere Vorbereitungen, dann natürlich die tatsächlich anfallenden Flugstunden und 3000 US$ pro gerettetem Kopf Erfolgsprämie. Ich dachte, wir teilen das auf in 2000 für mich, weil ich als Pilot mehr Verantwortung trage, und 1000 für dich. Bei drei Passagieren, die du nur mal schnell in den Hubi setzen musst, sind das 3000 US$, also rund 8000 DM für dich!«, erläuterte Barry.

»Was ist, wenn etwas schiefläuft? Wenn die Leute nicht am vereinbarten Platz sind? Wenn wir verraten werden und auf uns geschossen wird? Dann riskieren wir unser Leben und bekommen – nichts! Ich wollte eigentlich nicht mehr auf Kopfgeldbasis arbeiten!«, sagte ich.

»Es läuft nichts schief. Glaub' mir, das schaffen wir locker! Aber wenn du Angst vor dem Restrisiko hast, dann bist du nicht der richtige Mann«, konstatierte Barry.

»Gib mir einen Tag Zeit, um die Sache zu überschlafen«, bat ich.

»Du hast eine Minute!«, antwortete Barry und fügte hinzu:

»Und das ist eigentlich schon zu viel. Als Pilot muss ich im Notfall innerhalb einer Sekunde die richtige Entscheidung treffen. Das gilt auch für dich, wenn wir ein Team sein wollen.«

Noch während er sprach, reichte ich Barry die Hand und sagte:

»Ich bin dabei!«

Wir vereinbarten, am kommenden Wochenende möglichst viele der von der CIA finanzierten Vorbereitungsflugstunden abzufliegen und das schnelle Boarding von Passagieren sowie die gemeinsame Navigation und Kooperation zu üben. Und ich hatte auch schon eine Idee, zumindest, was die Passagiere betraf.

* * *

Am folgenden Samstag, den 14. September 1974, traf ich Barry um 14:00 Uhr am Flugplatz Jesenwang, wenige Kilometer westlich von Fürstenfeldbruck. Er hatte den Jet Ranger bereits aus dem Hangar gezogen und prüfte die Zelle auf sichtbare Risse, den Hauptrotor samt Rotorkopf und Gestänge, den Lufteinlass für die Turbine, die Getriebekammer und den Heckrotor. Dann schwang sich Barry auf den Pilotensitz und erklärte mir die Funktionen der Steuerelemente, während er sie bediente. Ich stand neben dem Hubi und konnte sehen, was passierte, wenn Barry den Stick bewegte, wie sich der Anstellwinkel des Hauptrotorblatts veränderte, wenn er am Pitch zog, und wie der Heckrotor auf die Pedaleingaben reagierte. Es folgte ein Crashkurs in Aerodynamik und Mechanik des Hubschraubers. Dann drückte mir Barry eine Kopie des Hubschrauber-Handbuchs in die Hand mit dem Auftrag, bis zum nächsten Tag zehn angekreuzte Instrumente des Frontpanels, deren Namen, Funktion und Normalwerte auswendig zu lernen.

Ich warf das umfangreiche Manual auf den Beifahrersitz meines Ford Capri. Dann kippten wir noch einen Espresso. Das richtige Timing war entscheidend für jede Mission. Punkt 14:45 Uhr bestiegen wir den Hubschrauber und Barry fuhr langsam und gefühlvoll unter ständiger Beobachtung der Turbinenauslasstemperatur, der Rotordrehzahl und einiger anderer Instrumente die Turbine hoch. Erstmals wurde mir so richtig bewusst, dass man in ein Luftfahrzeug nicht einfach einsteigen und es starten kann wie ein Auto, sondern eine zeremonienartige Prozedur durchlaufen muss, bis alle Instrumente und Komponenten aufeinander abgestimmt sind. Um 14:50 Uhr hob der Heli ab. Wir überflogen die Amperauen, Germering, Gräfelfing und Martinsried und landeten nach zehn Minuten auf einer großen Wiese am südlichen Ende der Sauerbruchstraße, etwa fünfzehn Meter von einem freistehenden Baum, an dem drei Personen warteten. Als die Kufen des Hubschraubers den Boden berührten, drückte Barry eine Stoppuhr, die er mittels Klettband neben der Treibstoffanzeige angebracht hatte. Ich sprang hinaus, sprintete auf die Passagiere zu, wies sie an, mir zu folgen, und bugsierte sie auf die Sitzbank im Passagierraum, bevor ich selbst wieder auf den Co-Pilotensitz sprang und Barry zunickte.

»26 Sekunden – viel zu langsam«, konstatierte Barry, während die Wiese, an deren Rand meine gesamte Krankenpflegeschulklasse wartete, unter uns immer kleiner wurde. Keiner der 27 Schwesternschülerinnen und drei Krankenpflegeschüler wollte sich mein kostenloses Rundflugangebot entgehen lassen, das ich am Tag zuvor während der Mittagspause in der Krankenhauskantine angekündigt hatte. Begünstigt wurde diese Bereitschaft auch dadurch, dass die meisten Schwesternschülerinnen über den Schulräumen der Krankenpflegeschule in der Marchioninistraße wohnten und in wenigen Minuten zum Landeplatz gehen konnten. Wir überflogen das Klinikum München-Großhadern, die Würmtalstraße, den Waldfriedhof, das Autobahnkreuz München-Kreuzhof und landeten nach fünf Minuten wieder am Ausgangspunkt. Drei vor Freude strahlende Gesichter stiegen, wie ich ihnen eingebläut hatte, auf der Pilotenseite aus dem

Hubschrauber und liefen nach vorn zum Rand der Wiese, während ich die nächste Dreiergruppe zum Einstieg führte. Barry schüttelte unzufrieden den Kopf:

»24 Sekunden – du musst unter zehn kommen!«

Das Problem bei der Sache war, dass mir Gott – sofern es ihn gibt – nur zwei Hände gegeben hatte, aber drei Passagiere zu platzieren waren. Ich spielte verschiedene Techniken durch. Einmal rief ich allen laut zu, sie sollten sich an den Händen fassen, und zog die erste Person mit den anderen beiden im Schlepptau zum Hubschrauber. Ein andermal fasste ich mit meiner rechten und meiner linken Hand je eine Person und schob die dritte vor uns her. Es war schwieriger als erwartet und es gab auch kein Patentrezept. Jede Gruppe verhielt sich anders.

Nach rund zweieinhalb Rundflugstunden hatten Barry und ich zwar meine gesamte Krankenpflegeschulklasse glücklich gemacht, waren jedoch beide zutiefst unzufrieden. Der kurze Rückflug nach Jesenwang verlief schweigend. Nach der Hangarierung des Jet Rangers suchten wir uns eine ruhige Ecke im Fliegerstüberl, wo wir ungestört reden konnten.

»Woher hast du denn die fixe Idee mit den zehn Sekunden?«, fragte ich Barry.

»Vorgabe der CIA. Alte Erfahrungswerte bei Evakuierungen aus Kriegsgebieten. Diese Boarding-Zeit galt auch für *hot landing zones* in Vietnam. Und wenn wir auf Nummer sicher gehen wollen, müssen wir alle Gebiete hinter dem Vorhang wie Kriegsgebiete einstufen.«

»In Vietnam waren die Türen der Hueys meist ausgehängt. Kannst du nicht auch beim Jet Ranger wenigstens eine Passierraumtür aushängen?«

»Das ginge zwar, würde sich aerodynamisch aber ungünstig auswirken. Wir wären nicht mehr so schnell und wendig. Außerdem bringt es höchstens zwei Sekunden«, meinte Barry.

»Ich habe mein Bestes getan. Was könnte ich denn noch anders machen?«, fragte ich mit einem Unterton der Verzweiflung.

»Dann war das eben nicht gut genug! Man kann sich immer verbessern«, meinte Barry und fuhr fort:

»Wir sind nur zweimal unter 15 Sekunden gekommen, einmal beim neunten Flug – da waren es 14 Sekunden – und einmal beim zehnten Flug – da waren es 12 Sekunden. Bei beiden Malen hast du die Passagiere schon vor der Landung zu dir hergewunken. Die Leute müssen also schon vor der Landung auf den Hubschrauber zu rennen. Dann brauchst du ihnen nur noch beim Einstieg zu helfen und musst eventuell den Letzten antreiben. Nur so kann es funktionieren! Wir müssen das den Agenten, die uns die Leute anliefern, zur Bedingung machen. Und sie müssen den Zielpersonen eintrichtern, dass keiner hinten um den Hubi läuft. Sonst macht der Heckrotor Hackfleisch aus denen und wir können nicht mehr starten.«

»Messerscharf analysiert! Sehr gute Idee«, lobte ich, »und wie können wir das noch mal üben?«

»Wir machen morgen einen längeren Navigationsflug. Dann sehen wir, wie viele Flugstunden uns noch übrig bleiben, und du kannst dir überlegen, wo du noch ein paar Rundflugkandidaten auftreibst.«

Die halbe Nacht war ich damit beschäftigt, das Jet-Ranger-Handbuch durchzuackern, insbesondere die Instrumente, die Barry markiert hatte. Am Sonntagmorgen trafen wir uns um 7:00 Uhr in Jesenwang zum Briefing. Barry erklärte mir, dass er nach Marburg fliegen wollte, um dort einen alten Freund zu besuchen. Das Besondere dabei war, dass er im Hinflug die gesamte Flugzeit von etwa zweieinhalb Stunden unter 100 Fuß, also weniger als 35 Meter, über Grund bleiben wollte. So konnten wir üben, ohne Flugsicherung unter der Radarerfassung durchzufliegen. Der Jesenwanger Tower war vor 8:00 Uhr nicht besetzt, sodass unser Abflug dort nicht auffiel. Die Navigation in dieser geringen Höhe war deutlich schwieriger als bei Flügen in größeren Höhen. Fliegt man in 500 oder 1000 Metern Höhe über Grund, so sieht man markante Orientierungspunkte wie Fernsehtürme oder rauchende Schornsteine schon viele Kilometer im Voraus. In 35 Metern Höhe reicht die Fernsicht nicht sonderlich weit.

Wir beschlossen folgende Arbeitsteilung: Barry flog strikt einen Kurs von 329°, der uns zwar rein rechnerisch nach Marburg führen sollte, aber durch Seitenwinde auch um ein paar Kilometer abweichen konnte.

Ich hatte eine Jeppesen-Flugkarte auf dem Schoß, versehen mit einem geraden Bleistiftstrich von Jesenwang bis Marburg und Querstrichen bei jeweils fünf Flugminuten. War nun an einem Querstrich die Kirche oder Autobahn links von uns eingezeichnet, lag aber beim Blick aus dem Cockpit rechts, so machte ich Barry darauf aufmerksam. Er stieg dann meist ein paar Sekunden steil in die Höhe, orientierte sich neu, korrigierte den Kurs und sank dann wieder auf 100 Fuß ab. Das Verfahren machte zunächst Spaß, wurde aber immer anstrengender, je länger der Flug dauerte. Nach dem letzten Querstrich auf meiner Karte stieg Barry etwas an und ich suchte mit meinem Präzisionsfernglas, das ich eigens für unsere bevorstehenden Missionen erworben hatte, nach dem Landepunkt, einer Wiese westlich des Landgasthofs

Dammühle, der wiederum etwa drei Kilometer westlich von Marburg lag. Schnell erspähte ich die zwischen zwei Wäldchen eingebettete Wiese und die Sonnenschirme des Biergartens, die aus der Vogelperspektive wie Pilze in den Himmel sprossen.

Barry legte, ohne einen der Pilze umzupusten, eine Präzisionslandung direkt neben dem Biergarten hin, fuhr die Turbine herunter, ließ das Triebwerk abkühlen und zog die Rotorbremse. Im Biergarten stellte er mir Teddy vor, einen begeisterten Hubschrauberfan und Freund aus alten Tagen. Wir aßen hessische Krautwickel, tranken Bier und Kaffee und genossen diesen wunderbaren Herbsttag.

Barry drehte noch mit Teddy eine Runde um Marburg und nahm mich dann bei laufendem Triebwerk auf, um den Rückflug anzutreten. Diesmal flogen wir auf 2000 Fuß, was die Orientierung deutlich erleichterte, und legten mit offizieller Anmeldung bei der Flugsicherung einen Tankstopp am Flughafen Egelsbach ein, rund 20 Kilometer südlich von Frankfurt/Main.

Auf dem Flug von Egelsbach nach Jesenwang fragte mich Barry tatsächlich ein paar Instrumente, deren Funktionen und Normalwerte ab und bat mich, ihn dabei anzuschauen. Das hatte seinen Grund, denn auf fast allen Instrumenten wären die Idealwerte durch grüne Farbhinterlegung erkennbar gewesen. Aber ich hatte meine Hausaufgaben gemacht, kannte Sinn, Zweck und Werte von Torque, Gas Producer und TOT, wusste, wie schnell wir maximal fliegen durften und noch einiges mehr.

»Warum gibt's eigentlich kein Pinch-Hitter Flight Training für Hubschrauber?«, fragte ich.

Barry hatte meine Gedanken gelesen und fragte zurück:

»Keine Ahnung. Willst du mal fliegen?«

Und ob ich wollte! Ich nickte kräftig:

»Yes, Sir!«

»Dann nimm den Steuerknüppel mit deiner Rechten, den Pitch mit der Linken und geh' in die Pedale!«, forderte mich Barry auf, ließ die Steuerung aus und steckte sich eine Zigarette an.

Nachdem ich, etwas steif, eine Weile erfolgreich Kurs und Höhe gehalten hatte, bekam ich Lust, eine richtig geile 360°-Drehung zu fliegen.

»Nach rechts oder links?«, fragte Barry.

»Nach links!«, rief ich, denn es war die Seite, auf der ich saß und besser aus dem Fenster sehen konnte.

»Dann überprüfe den Luftraum auf deiner Seite und schrei' laut ›clear left!‹, wenn alles frei ist. Danach ziehst du den Steuerknüppel leicht nach links, ziehst den Pitch leicht an und gibst etwas linkes Pedal.«

Ich tat wie von Barry instruiert und es funktionierte! Allerdings war ich nach Ausleiten der Drehung um 150 Fuß tiefer als vorher und nicht mehr ganz auf Kurs.

»Und jetzt das Gleiche nach rechts. Clear right!«, rief Barry.

Diesmal wagte ich eine etwas steilere Drehung, zog den Pitch etwas zu stark an und war am Ende um 200 Fuß höher als zu Beginn der Drehung.

»Gar nicht so schwer«, befand ich.

»Da hast du recht – wenn man erst mal in der Luft ist«, bestätigte Barry, »deutlich schwieriger ist es, das Gerät zu starten, zu landen und im Schwebeflug zu halten. Aber das üben wir vielleicht ein andermal.«

* * *

Wir hatten noch knapp eineinhalb Stunden von der CIA finanziertes Flugstundenguthaben. Die Kufen des Hubschraubers durften bei Aufnahme der Passagiere nicht länger als zehn Sekunden den Boden berühren und ich überlegte, mit wem wir das Boarding nochmals mit neuer Strategie üben konnten. Mit meinen Freunden aus dem *C'est la vie!*? Das waren zu wenige. Da würden bestenfalls zwei oder drei Grüppchen zusammenkommen. Mit meinen Fallschirmspringerkameraden von Fallschirmsportclub München e.V.? Die wären wohl kaum für fünfminütige Rundflüge zu begeistern, sondern wollten rauf auf 4000 Meter und springen, springen, springen! Zu guter Letzt fielen mir meine Kollegen vom Rettungsdienst ein, allesamt verantwortungsvolle, zuverlässige Kumpel, die es verdient hatten, mal in die Luft zu gehen! Es gelang mir, 21 stramme Lebensretter für den kommenden Samstag zum Flugplatz Jesenwang zu beordern. Ihnen allen erteilte ich drei Vorgaben: die Formierung von Dreiergruppen an einem vorgegebenen Punkt, Losrennen zum Hubschrauber, sobald dieser zur Landung ansetzte, und, ganz wichtig, Meidung des Heckrotors.

Es lief wie am Schnürchen! Die Boardingzeit lag zwischen fünf und zehn Sekunden! Gut, die Rettungssanitäter waren wahrscheinlich schon von Berufs wegen etwas fixer als Otto Normalbürger, aber wir wussten nun, dass das Zeitlimit zu schaffen war, wenn die Passagiere zum Hubi rannten.

Barry und ich waren zufrieden, gingen eine Runde spazieren – die sicherste Art, nicht abgehört zu werden – und besprachen Kommunikationswege, Codewörter und Verfahrensweisen im Falle eines Auftrags. Ich spürte, dass wir die gleiche Ausbildung genossen hatten.

Barry würde die CIA informieren, dass wir bereit waren. Die Auftragserteilung sollte ausschließlich an ihn erfolgen, er würde mich dann informieren. Für Zeiten, die Barry in Telefonaten nannte, galt in der Realität minus ein Tag minus zwei Stunden. Sollten also unsere Telefonate abgehört werden, dann war die Aktion bereits gelaufen, wenn man uns erwartete. Für verschiedene Treffpunkte wie den Flugplatz Jesenwang, den Flughafen München Riem und den Wellblechhangar am Traunsteiner Krankenhaus vereinbarten wir originelle Codewörter. Nur die »Pekingente« blieb!

Der erste Auftrag ließ nicht lange auf sich warten und machte ein nochmaliges Treffen nötig. Barry hatte von der CIA mehrere großmaßstäbige Karten bekommen. Eine zeigte das Gebiet zwischen den Ortschaften Kvilda und Horní Planá im Südwesten der Tschechoslowakischen Republik. Auf dieser Karte waren die Zielgebiete Alpha, Bravo, Charly, Delta und Echo eingetragen, zu denen es jeweils detaillierte Einzelkarten gab. Wir sprachen alle Karten durch. Barry sollte erst am Morgen des Einsatztages das genaue Zielgebiet erfahren. Mindestens eine der drei Zielpersonen würde rote oder orangefarbene Oberbekleidung tragen.

»Wir sind bei der Aktion nur vier Minuten auf tschechoslowakischem Hoheitsgebiet und davon maximal eine Minute in der heißen Zone inklusive zehn Sekunden Boarding-Zeit«, rechnete mir Barry vor.

* * *

Mittwoch, 14:30 Uhr, Flugplatz Jesenwang. Barry hatte den Hubi schon aus dem Hangar gezogen und winkte mich zu sich. Wir gingen auf der Wiese neben dem Hangar auf und ab.

»Es gibt eine Planänderung«, flüsterte Barry leicht angespannt.

»Wie ist überhaupt der Plan? Wohin fliegen wir?«, fragte ich.

»Okay, das weißt du ja noch nicht. Wir operieren Punkt 17:00 Uhr im Zielgebiet Bravo. Neu ist, dass wir nicht durchgehend im Tiefflug unterwegs sind. Wir machen erst mal einen ganz normalen Ausflug nach Deggendorf, einem Sonderlandeplatz, bei dem es unter der Woche keine Flugleitung gibt. Die Flugzeit dorthin beträgt 55 Minuten. Dann gehen wir zusammen nochmals die Karten durch und fliegen unter dem Radar zum Zielgebiet«, erklärte Barry.

20 Minuten später waren wir in der Luft. In 1000 Fuß Höhe übergab mir Barry die Steuerelemente und zündete sich eine Zigarette an. Ich kämpfte ein wenig damit, Kurs, Höhe und Geschwindigkeit zu halten, vor allem deshalb, weil der Heli etwas verzögert auf meine Steuereingaben reagierte. Aber ich hatte schnell den Dreh raus und Kettenraucher Barry konnte noch ein paar weitere Zigaretten inhalieren, bevor er im Landeanflug auf Deggendorf wieder das Steuer übernahm.

Wir waren zu früh, viel zu früh. Vermutlich hatten wir ordentlich Rückenwind gehabt. Barry ließ die Turbine abkühlen und zog die Rotorbremse.

In einer Stunde und 15 Minuten wäre die Operation überstanden und wir würden wieder genau an dieser Stelle landen. Kollegen von der CIA würden die Zielpersonen übernehmen. Ein Tankwagen der U.S. Army sollte das Kerosin auffüllen.

Wir sprachen noch ein allerletztes Mal den Plan durch und rauchten eine allerletzte Zigarette.

»Gibt es einen Plan B, für den Notfall, wenn was nicht klappt?«, fragte ich Barry.

»Im Notfall müssen wir improvisieren. Aber denk bloß nicht dran, die zehn Sekunden Boardingtime zu überziehen!«, sagte Barry.

»Du würdest mich glatt zurücklassen?«, fragte ich entsetzt.

»Davon musst du ausgehen. Aber ich lade dich dann auch auf ein Bier ein, wenn du nach 20 Jahren aus dem tschechoslowakischen Knast kommst!«, witzelte Barry und fügte hinzu:

»Mach dir keine Sorgen. Es wird nichts schiefgehen! Wir ziehen das jetzt durch. Und zwar ganz locker vom Hocker.«

Er fuhr die Turbine hoch und hob gen Osten ab. Die nächste Stunde würde über unser Leben und das von drei Flüchtlingen, deren Schicksale wir nicht kannten, entscheiden.

Wir flogen mit 120 Knoten, also rund 220 Stundenkilometern, nur wenige Meter hoch über Äcker, Wiesen und unter Hochspannungsleitungen hindurch. Kurz vor einem Wäldchen zog Barry den Jet Ranger steil in die Höhe, um ihn dann wieder knapp über die Baumwipfel zu manövrieren. Wir vermieden das direkte Überfliegen von Ortschaften, zogen nördlich an Schaufling, Lalling, Grafenau und Neuschönau vorbei, bis wir das Örtchen Mauth erblickten. Vor dem Ortseingang drehte Barry eine steile 90°-Kurve. Die Zentrifugalkraft in der Kurve war so stark, dass ich erst wieder im Geradeausflug das Fernglas an meine Augen führen konnte.

Die Grenze verlief mitten durch den Mauther Forst im Norden der Ortschaft und gleich am Ende des Wäldchens lag unser Zielgebiet Bravo. Nach unseren Informationen war die Grenze hier nur durch einen Stacheldraht gesichert, der sporadisch von Patrouillen kontrolliert würde. Nachdem wir etwa ein Drittel des Waldgebiets im Tiefflug überflogen hatten, zog Barry den Hubschrauber steil auf etwa 1500 Fuß hoch, zum einen, damit wir außer Reichweite einfacher Schusswaffen waren, zum anderen, damit ich gute Sicht hatte. Ich entdeckte schnell, was wir suchten: Südlich der tschechoslowakischen Ortschaft Kvilda führten eine Straße und ein Fluss – die Moldau – aus dem Ort. Genau an der Stelle, wo Straße und Fluss am engsten beieinanderlagen, standen drei Personen. Eine von ihnen trug ein rotes Hemd. Ich konnte in der näheren Umgebung keine weiteren Personen, Fahrzeuge oder verdächtige Elemente erkennen.

Es war 16:58 Uhr. Ich deutete auf den Landepunkt und Barry schoss darauf zu, fing den Jet Ranger in einem gewagten Manöver ab, hoverte noch zwei Meter zurück, während ich bereits meine Tür geöffnet hatte und auf der Kufe stand. Die Zielpersonen kamen aus vier Metern Distanz auf uns zu gerannt. Ich musste nur noch die hintere Kabinentüre öffnen, sie hineinbugsieren, und schon waren wir wieder in der Luft. Das hatte bestimmt keine zehn Sekunden gedauert, vielleicht nicht einmal fünf!

Ich drehte mich um und sah in die Gesichter dreier älterer Herren, bei denen gerade die Angst der Erleichterung Platz machte. Einem rollten ein paar Tränen über die Wangen. Ich beneidete ihn und rief freundlich lächelnd nach hinten:

»Herzlich willkommen! Very welcome! Dabro paschalovit!«

Das letzte sollte Russisch sein und im gesamten Ostblock verstanden werden. Ich hatte mir die Phrase irgendwann mal rein phonetisch so aufgeschrieben und auswendig gelernt.

Im Landeanflug auf den Deggendorfer Sonderlandeplatz sahen wir einen olivgrünen Tankwagen der U.S. Army und einen unauffälligen grauen Pkw, beide noch in Bewegung, die aber anhielten, als sie uns hörten. Perfektes Timing!

Während einer der Soldaten sich sofort daranmachte, den Jet Ranger zu betanken, übergaben wir die Zielpersonen an die Kollegen. Alle drei verabschiedeten sich von Barry und mir per Handschlag. Nur einer – es war der, dem immer noch Tränen über die Wangen kullerten – wollte unbedingt noch mal aus dem Hertz-Leihwagen der CIA aussteigen. Die Agenten machten einen angespannten Eindruck. Sie wussten nicht, was jetzt kommen würde und griffen schon nach ihren verdeckt getragenen Smith & Wesson Colts. Da stürzte der kleine rundliche Mann, der sich nochmals aus dem Wagen gezwängt hatte, auf den ihn um mindestens zwei Köpfe überragenden Barry zu, umarmte ihn und drückte ihn dermaßen herzlich, dass auch Barry eine Träne des Glücks und der Rührung vergoss. Schließlich war ich an der Reihe, genoss die Umarmung und umarmte zurück. Ein wohliges Gefühl durchfloss meinen Körper, von den Zehenspitzen bis zum Scheitel. Leider konnte ich nicht weinen.

Kurz nach dem Start überließ mir Barry Pitch, Stick und Pedale, zündete sich eine Zigarette an und gab die Anweisung:

»Weiter steigen bis 1000 Fuß, dann Level off!«, was bedeutete, dass ich auf exakt 1000 Fuß Höhe den Pitch ein klein wenig absenken musste, damit der Hubi nicht weiter stieg und diese Höhe hielt. Dann gab er mir noch Kurs und Geschwindigkeit vor. Es war ein erhebendes Gefühl, diesen 317-PS-starken Donnervogel durch die Lüfte steuern zu dürfen. Aber so geil das Fliegen auch war, so klar war mir auch, dass ich noch längst nicht Hubschrauberfliegen konnte und dass bei Start, Landung, einer rasanten Steilkurve, einer Autorotation oder im Schwebeflug der Hubschrauber ohne den erfahrenen Piloten an meiner Seite gnadenlos in den Boden getrudelt wäre.

»Der Typ, der uns am Schluss so umarmt hat, hat uns doch das Gefühl gegeben, dass wir was richtig Gutes getan haben!«, meinte Barry.

»Da hast du recht! Zu gerne würde ich wissen, wo die drei herkamen, welches Schicksal sie hinter sich haben, was sie beruflich machen und warum die CIA ihre Flucht organisiert hat. Meinst du, wir werden das je erfahren?«, fragte ich.

»Nein, wahrscheinlich nicht«, antwortete Barry etwas wehmütig.

*　*　*

Wir flogen weitere Einsätze in unregelmäßigen Abständen, zu unterschiedlichen Tageszeiten und in verschiedene Zielgebiete. Mit der Routine schwand die Anspannung. Dennoch bereiteten wir jeden Einsatz so gründlich vor, als ging es um Leben oder Tod. Vor allem das Timing musste minutengenau, beim Boarding sogar sekundengenau eingehalten werden. Unsere Zielpersonen und Agentenkollegen jenseits der Grenze konnten sich auf uns verlassen – und wir uns auf sie.

Bis eines Tages Barry bei seinem üblichen Vorflugcheck die Getriebeverkleidung unter dem Hauptrotorkopf öffnete, seinen Kopf schüttelte, die Getriebeverkleidung wieder schloss und auf den Boden herunterstieg. Dann sagte er:
»Mit diesem Vogel fliege ich nicht!«
»Warum?«, fragte ich erschrocken.
»Auf der Blechwanne unter dem Getriebe steht ein Zentimeter Öl. Ganz in der Nähe liegt die Turbine, und die erhitzt sich auf 900° Celsius. Außerdem fallen wir runter wie ein Stein, wenn das Getriebe nicht mehr geschmiert wird.«
Ich hatte verstanden.
»Was machen wir nun? Gibt es Alternativen?«
»Wir haben keine Chance – aber wir versuchen es trotzdem!«, rief Barry und rannte los zum Fliegerstüberl. Ich folgte ihm auf dem Fuß.
Barry griff sich das Telefon und wählte eine Nummer. Er sprach ruhig und langsam mit seiner sympathischen, sonoren Stimme, so als hätten wir alle Zeit der Welt. Ich lauschte gespannt und versuchte mir zusammenzureimen, was die Gegenseite in den Sprechpausen sagte.
»Haiko, hier ist Barry. Kann ich bei dir einen Jet Ranger chartern?« – »Jetzt sofort!« – »Ich bin in Jesenwang und habe einen Auftrag, aber die Maschine hier verliert Getriebeöl.« – »Wenn du die Maschine jetzt sofort volltankst und durchcheckst, hast du bei mir ein Bier gut! Es macht nur Sinn, wenn ich in MUC sofort starten kann. Sonst bin ich bis Sunset nicht zurück.« – »Okay, bis gleich!«
Barry legt auf und fragte mich:
»Können wir deinen Wagen nehmen? Der ist schneller als meiner.«

207

Ich nickte, ließ es mir aber nicht nehmen, meinen Ford Capri selbst zu steuern und endlich einmal unter Beweis zu stellen, was ich beim CIA-Fahrertraining auf der Farm und in Arizona gelernt hatte. Unter Missachtung sämtlicher Verkehrsregeln und Geschwindigkeitsbegrenzungen raste ich Richtung Flughafen München-Riem. Barry studierte währenddessen die Flugkarten und hantierte mit dem Navigationsrechner E6-B, einer Art Rechenschieber, mit dem man die Flugzeiten bei unterschiedlich starkem Gegen-, Rücken- und Seitenwind sowie die Abdrift berechnen kann.

»Rein rechnerisch können wir nicht pünktlich im Zielgebiet Echo sein. Und weißt du, was die größte Scheiße ist?«, fragte Barry.

Ich schüttelte den Kopf, während ich mich voll und ganz auf den Verkehr konzentrierte und überholte, was zu überholen war.

»Die größte Scheiße ist, dass mir die CIA vor zwei Stunden Ziel und Zeitpunkt bestätigt hat, ich rückbestätigt habe und keine Chance besteht, das zu korrigieren. Die verlassen sich auf uns! Verstehst du?«

Ich nickte, erreichte in einer rallyeverdächtigen Rekordzeit von 33 Minuten den Münchner Flughafen und parkte am Ende der Taxireihe, einfach deshalb, weil der Stellplatz dem Haupteingang am nächsten lag. Wir rasten zur Sicherheitskontrolle, Barry zeigte seinen Pilotenausweis vor, wies mich als seinen Passagier aus und wenige Minuten später waren wir in der Luft. Der Pilot gab – bereits im Flug – der Flugsicherung München seinen Flugplan mit Ziel Vilshofen an der Donau durch und holte aus dem Hubschrauber heraus, was herauszuholen war. Wie bei jedem motorisierten Fluggerät gibt es auch beim Jet Ranger eine normale Reisefluggeschwindigkeit – da, wo der Geschwindigkeitsanzeiger in der Mitte eines grünen Balkens steht – und eine »velocity never exceed«, die Maximalgeschwindigkeit, die nicht überschritten werden darf. Wird sie dennoch überschritten, fängt das Luftfahrzeug meist erst mal kräftig zu vibrieren an und zerlegt sich dann irgendwann selbst in seine Einzelteile.

Barry reizte die Leistungsfähigkeit des Jet Rangers, dessen Turbine und Zelle bis an deren Grenzen und manchmal etwas darüber hinaus aus. Begann der Hubschrauber zu vibrieren, nahm er den Stick ein klein wenig zurück und senkte den Pitch ein oder zwei Zentimeter ab, um dann sofort wieder ans Limit zu gehen.

»Scheiße! Wir schaffen es nicht annähernd pünktlich«, fluchte Barry.

»Wie stark werden wir uns verspäten?«, fragte ich besorgt.

»Ich schätze, zwischen 15 und 20 Minuten. Das ist verdammt lang. Ich würde umgekehrt nicht so lange auf die Zielpersonen warten. Aber versuchen wir uns mal in die Flüchtlinge hineinzuversetzen. Stell dir vor, du hast jahrelang auf diesen Moment gewartet. Dein Leben ist in Gefahr. Dann wurde dir unsere Rettungsaktion versprochen. Und der Hubschrauber kommt nicht. Fünf, zehn, fünfzehn, vielleicht zwanzig lange Minuten. Was würdest du tun?«

Ich schaute auf die Detailkarte. Das Zielgebiet Echo lag auf einer Wiese einen Kilometer südlich des Örtchens Nová Pec, genau da, wo die dichte Bewaldung aufhörte und sich der Böhmerwald in kleine Wäldchen und Wiesen verlor. In der Mitte des Zielgebiets stand ein großer Baum und zwölf Meter südlich davon ein kleiner.

Wir sollten östlich der Linie zwischen beiden Bäumen und so nahe wie möglich an diesen landen.

»Ich würde einfach unter einem der beiden Bäume warten und aus der Deckung laufen, sobald ich das Rotorengeräusch höre. Auch wenn es eine halbe Stunde oder Stunde dauert. Es gibt ja keine vernünftige Alternative. Sollen sie wegen unserer Verspätung gleich die Flinte ins Korn werfen und dahin zurückgehen, wo sie hergekommen waren? Oder im Dorf nach einer Unterkunft suchen? Oder sich im Böhmerwald von den Wölfen auffressen lassen?«, resümierte ich.

»Okay. Ich lande genau an der vereinbarten Stelle. Schau du schon mal im Landeanflug mit deinem Fernglas, ob du die Zielpersonen, andere Personen oder irgendwas Verdächtiges siehst. Wenn die Luft rein ist, bleibe ich ausnahmsweise maximal zwei Minuten im Zielgebiet. Wenn sich bis dahin nichts rührt, fliegen wir zurück«, entschied Barry und ging, nachdem wir südlich von Vilshofen die Donau überflogen hatten, in den Tiefflug über.

Nach 25 Minuten atemberaubendem Konturenflug erreichten wir mit 17 Minuten Verspätung das Zielgebiet. Als Barry mit den Kufen den Boden berührte, rannten drei Männer, einer von ihnen mit einer roten Jacke bekleidet, auf unseren Hubschrauber zu. Ich half ihnen beim Einsteigen, schloss die Tür zum Passagierraum, schwang mich auf den Co-Pilotensitz und knappe zehn Sekunden später waren wir auf dem Heimflug.

Wenige Tage nach der gerade noch mal glücklich verlaufenen Operation wurden Barry und ich zum »Konzert« – also einer längeren Besprechung – ins CIA-Quartier in die Rhein-Main Airbase beordert. Wir fuhren zusammen in meinem Ford Capri nach Frankfurt. Dabei erzählte mir Barry einige spannende Geschichten aus seinem abenteuerlichen Leben, das ganz bieder begonnen hatte. Ursprünglich hatte er Lehrer werden wollen und erst bei der Army seine Leidenschaft fürs Fliegen entdeckt.

Bei der Dringlichkeitsbesprechung waren mein Führungsoffizier Joe Smith, ein Specialist, dessen Spezialgebiet nicht näher erläutert wurde, Barry und ich anwesend und es ging natürlich darum, wie bedrohlich die Nichteinhaltung vereinbarter Zeiten werden konnte. Gemeinsam arbeiteten wir Notfallpläne aus, wie in Zukunft mit solchen Situationen umgegangen werden sollte, und zwar von Seiten der »Rausholer« und der »Zubringer«.

Falls wir, die »Rausholer«, uns wieder einmal aus unvorhersehbaren und unvermeidlichen Gründen verspäteten, müssten wir es so einrichten, dass wir exakt 30 oder 60 Minuten nach dem vereinbarten Zeitpunkt ankämen, sodass die Zielpersonen solange sichere Deckung suchen konnten. Im erweiterten Notfallplan galten bei vormittags angesetzten Evakuierungsflügen drei Stunden und bei nachmittags geplanten Einsätzen 24 Stunden nach dem vereinbarten Zeitpunkt als alternative Optionen.

Sofern bei den »Zubringern« mal etwas schieflief, nachdem wir nicht mehr erreichbar waren, würden die Agenten und die Zielpersonen angewiesen, am Abholort oder in der Nähe etwas Weißes auszulegen, ein Hemd, Handtuch, Bettlaken oder was auch immer.

Mein Einwand, dass wir dann auch abdrehen würden, wenn einer tschechoslowakischen Hausfrau mal ein Stück weiße Wäsche von der Leine geweht wurde, fand kein Gehör. Die Zubringer und Zielpersonen, so versprach man uns, würden darauf gedrillt, dass kein weißes Stück Stoff etwas am Landeplatz zu suchen hätte, wenn kein Einsatzabbruch nötig war.

Am Ende der Besprechung gab es für Barry und mich ein Kuvert. Das war immer ein klein wenig wie Weihnachten, denn jedes einzelne Kuvert, das ich für meine Flugeinsätze bisher erhalten hatte, enthielt mehr Geld, als ich während meiner Ausbildung zum Krankenpfleger im ganzen Jahr an Gehalt bekam. Und ich hatte schon einige Kuverts unter meiner Matratze liegen!

* * *

Die nächsten Aufträge ließen ungewöhnlich lange auf sich warten, verliefen aber problemlos.

Bis wir Anfang August 1975 eine Operation im Zielgebiet Delta hatten, das auf einer Wiese zwischen zwei Wäldern am südwestlichen Ortsrand von Strážný lag, nur drei Kilometer Luftlinie von der deutsch-tschechoslowakischen Grenze entfernt. Kurz vor dem Landeanflug mussten wir eine dicht bewaldete Bergkette überfliegen. Danach war die Sicht auf das Zielgebiet frei und ich konnte kaum glauben, was ich durch mein Fernglas sah: Da standen vier Männer. Einer von ihnen trug ein rotes Hemd.

»Da stehen *vier* Leute, Barry!«, rief ich über die Bordsprechanlage.

»Wieso vier?«

»Weiß ich doch nicht! Einer trägt ein rotes Hemd. Sie sind alle vier relativ groß und kräftig. Ob das eine Falle ist?«

Barry brach den Landeanflug ab, hielt den Hubschrauber in etwa 200 Metern Höhe und 300 Meter vom Landepunkt entfernt im Schwebeflug und fragte:

»Kannst du sehen, ob einer der Männer eine Waffe trägt?«

»Nein!«, antwortete ich.

»Was ›nein‹ – kannst du es nicht sehen oder trägt keiner eine Waffe?«

»Ich kann natürlich nicht in ihre Socken gucken, aber es sieht nicht so aus, als wären die bewaffnet«, antwortete ich.

Während Barry auf dem Punkt schwebend eine 360°-Drehung flog, scannte er selbst das Gelände und fragte mich:

»Siehst du irgendwo ein Fahrzeug, Menschen oder was Verdächtiges?«

»Nein!«, antwortete ich.

»Gut, dann lande ich jetzt. Ich gebe dir 15 Sekunden! Keine Diskussion in der heißen Zone, keine Prügelei. Notfalls stopfst du alle vier in den Passagierraum!«, rief Barry.

Er hatte recht. Es war einfach zu gefährlich, in der Landezone zu diskutieren, wer hier überzählig war. Außerdem wollte die CIA, dass wir so wenig Aufsehen wie möglich erregten und keine Spuren hinterließen.

Noch vor der Landung stand ich auf der Kufe, sprang bei Bodenberührung ab, öffnete die Türe zum Passagierraum und half den heranstürmenden Männern in den Hubschrauber. Den letzten musste ich regelrecht am Hinterteil hineinschieben und er legte sich quer über die anderen Passagiere. Dabei fiel mir auf, dass er Gummistiefel trug und etwas streng roch.

Nach dem Start rief ich meine obligatorische Begrüßungsformel »Herzlich willkommen! Very welcome! Dabro paschalovit!« nach hinten, fügte auf Deutsch und Englisch hinzu, dass wir nur drei Personen erwartet hätten und fragte, was denn passiert sei. Keiner antwortete.

Plötzlich spürte ich, dass wir nicht an Höhe gewannen und nicht in die gleiche Richtung flogen, aus der wir gekommen waren.

»Was ist los, Barry?«

»Wir sind zu schwer! Ich komme nicht über den Berg und muss dem Tal Richtung Süden folgen!«

Besorgt beobachtete ich die Nadeln der Instrumente. Fast alle befanden sich am Anfang des roten Bereichs – nur die Anzeige des Geschwindigkeitsmessers nicht. Noch nie waren wir bei einer Evakuierung so langsam geflogen.

»Wir sind an den Leistungsgrenzen! Wir fliegen wie eine lahme Ente kurz vor dem Absturz. Einer muss raus!«, rief Barry und setzte zur Landung auf einer Wiese an.

Für diesen Fall hatte ich schon jemanden im Auge: den Mann mit den Gummistiefeln. Er passte irgendwie nicht zu den anderen. Ich hielt kurz inne und überlegte: Was würde mit dem Mann passieren, wenn wir ihn jetzt aussetzten? Was würden wir von der CIA zu hören bekommen, wenn er doch zu den Zielpersonen gehörte? Und was würde er den Behörden erzählen, wenn er nicht zu den Zielpersonen gehörte?

»Du entscheidest, wer rausfliegt, Mr Escape Agent! Jetzt! Und mach schnell!«, sagte Barry in einem befehlenden und zugleich verzweifelten Ton. So hatte ich ihn noch nie erlebt.

»Ich steige aus! Aber bitte, nicht hier! Bis zur Grenze ist es weniger als ein Kilometer. Ich habe aus der Luft schon Philippsreut gesehen. Das müsste auch für eine lahme Ente in ein oder zwei Minuten zu schaffen sein!«, flehte ich.

Barry fuhr wortlos die Turbine aus dem Leerlauf wieder hoch. Als wir mit Mühe etwas Höhe gewonnen hatten, sahen wir vor uns eine Straße mit einem Grenzübergang, die Barry sofort in großem Bogen und in geringer Höhe umflog. Wir landeten auf der ersten Wiese gleich hinter dem Grenzzaun, der eine tiefe Schneise in den Wald schlug und aus der Luft gut zu erkennen war.

Ich stieg aus, setzte den Mann mit den Gummistiefeln auf den Co-Pilotensitz und schloss die Türen.

Schon beim Abheben merkte man, dass aus der lahmen Ente wieder ein richtiger Hubschrauber geworden war.

Ich ging etwa eine halbe Stunde zu Fuß nach Philippsreut und hielt dort meinen Daumen in die Straße, um per Anhalter nach München zu kommen. Nach zwei frustrierenden Stunden war ich schließlich froh und dankbar, als mich ein lustiger Niederbayer bis Passau mitnahm. Von dort fuhr ich mit der Bahn nach München.

Spät nachts rief mich Barry an und sagte nur:
»Pekingente, wie gehabt!«

Das war ein Telefonat, wie ich es liebte! Kurz, bündig und ohne Risiko!

Am nächsten Tag trafen wir uns im Biergarten am Chinesischen Turm, genau dort, wo wir uns vor elf Monaten zum ersten Mal wiedergesehen hatten. Barry erzählte, dass das Auftanken und die Übergabe in Deggendorf wie immer schnell und problemlos abgelaufen waren. Einer unserer Leute sprach fließend Russisch und Tschechoslowakisch und konnte aufklären, dass der vierte Mann ein Bauernsohn aus der Region war, der schon immer in den Westen wollte und sich einfach spontan angehängt hatte. Er wollte in den USA um Asyl ansuchen. Die Agenten hatten ihn mitgenommen und Barry zwei Kuverts übergeben, eines davon für mich.

* * *

»*Fluchthilfe-Drama: Hubschrauberpilot angeschossen*« – so oder so ähnlich lauteten am Montag, den 18. August 1975, die Schlagzeilen sämtlicher Boulevardblätter, zunächst in Deutschland und bald weltweit. Darunter Bilder eines Jet Rangers und von Barry Meeker. Passauer Neue Presse, Traunsteiner Wochenblatt, tz, AZ, SZ, FAZ, Zeit und Spiegel berichten ebenso über die spektakuläre Aktion wie die New York Times, Prawda, BR und ZDF.

Den Berichten zufolge war Barry am Sonntag, den 17. August, im Auftrag des Anwalts, für den er ein Jahr zuvor den ersten Evakuierungsflug durchgeführt hatte, zusammen mit seinem Freund Teddy zu einem vereinbarten Treffpunkt bei Černá v Pošumaví südlich von Horní Planá geflogen, um einen 60-jährigen Ostberliner Kraftfahrer, dessen 54-jährige Ehefrau, deren 14-jährige Tochter und einen 19-jährigen Studenten abzuholen und in den Westen zu fliegen. Teddy sollte wohl die Aufgabe übernehmen, die ich bei unseren CIA-finanzierten Flügen innehatte. Es erstaunte mich, dass Barry nach unserer letzten Erfahrung einen Flug mit Fluchthelfer und vier Zielpersonen geplant haben sollte. Aber der Student, dessen Gewicht in der Presse mit 48 Kilo angegeben wurde, und das junge Mädchen brachten zusammen wahrscheinlich weniger auf die Waage als unser ungebetener Gummistiefelträger alleine.

Die Zielpersonen waren zum vereinbarten Zeitpunkt nicht am vereinbarten Ziel und mussten erst eine längere Wegstrecke zum Heli zurücklegen. Nach einer Bodenzeit von zwei Minuten fielen plötzlich Schüsse und das Drama nahm seinen Lauf. Der Student und der 60-jährige Ostberliner saßen bereits im Hubschrauber, als die 14-Jährige, von Schüssen am Bein getroffen, stürzte. Sie wurde von Teddy zum Hubschrauber gezogen und von ihrem Vater in den Innenraum gehievt. Schließlich durchschlug eine Kugel Barrys linken Ellenbogen und der Jet Ranger bekam immer mehr Treffer ab. Barry signalisierte, dass er nicht länger warten konnte. Teddy und die Frau schafften es nicht mehr in den Hubschrauber. Trotz seiner Verletzung, Kerosinverlust und eingeschränkter Manövrierfähigkeit gelang es Barry noch, den Hubschrauber nach Traunstein zu fliegen und dort direkt vor dem Krankenhaus zu landen, an dem er als Rettungshubschrauberpilot gearbeitet hatte. Da sich der diensthabende Chirurg nicht davon abbringen ließ, die Schussverletzungen der Polizei zu melden, kam die Sache an die Öffentlichkeit.

Barry Winslow Meeker verlor seine deutsche Fluglizenz und ging zurück in die USA. Die Ehefrau des geretteten Ostberliners musste drei Jahre, Teddy sechs Jahre in tschechoslowakischen Gefängnissen einsitzen. Durch die hohe weltweite Aufmerksamkeit, die der Schicksalsflug vom 17. August auf sich gezogen hatte, gab die CIA auch diesen Fluchtweg auf.

KAPITEL 9
Der Ölminister

Nachdem ich meine Ausbildungen zum Rettungssanitäter und Fallschirmsprunglehrer abgeschlossen und mein Krankenpflegeexamen in der Tasche hatte, beschloss ich, jeweils ein halbes Jahr dort zu arbeiten, wo es mir während meiner Ausbildung am besten gefallen hatte. Es waren die Orte, an denen man am tiefsten in die Menschen hineinschauen durfte, einmal in ihre Seelen und einmal in ihre Körper.

Ich arbeitete also sechs Monate in der geschlossenen Abteilung der Universitäts-Nervenklinik in der Nussbaumstraße, hörte mir die Lebensgeschichten der Menschen an, versuchte Depressive aufzuheitern und ihnen den verordneten Schlafentzug zu erleichtern, Manische herunterzubremsen und mich in die Welt der Schizophrenen hineinzudenken, deren sagenhafte Kreativität mich oft faszinierte. Danach arbeitete ich sechs Monate im Operationssaal der Chirurgischen Universitätsklinik gleich gegenüber, durfte den Ärzten die Instrumente zureichen und aus allernächster Nähe in offene Bauchhöhlen, auf pulsierende Herzen oder amputierte Beinstümpfe blicken. Zu gerne hätte ich auch mal selbst Hand angelegt, nur einen kleinen Blinddarm operiert oder wenigstens einen Bauch nach der OP zugenäht. Aber diese Tätigkeiten waren den Assistenzärzten vorbehalten.

Die Arbeit auf beiden Stationen machte mir unheimlich Spaß, aber ich hätte dort nicht jahrelang beschäftigt sein wollen. Spätestens dann, wenn man so ziemlich alle Fallvarianten erlebt hatte, wurde es langweilig. Für mich zumindest. Und bei den Schwestern und Pflegern, die sehr lange in der Psychiatrie arbeiteten, konnte ich mich des Eindrucks nicht erwehren, dass ein wenig Patientenverhalten auf sie abgefärbt hatte.

Kurz bevor ich wieder einmal wechselte, diesmal in die Chirurgische Notaufnahme des Krankenhauses München-Schwabing, verliebte ich mich in OP-Schwester Birgit.

Birgit schenkte mir das schönste Lächeln, das ich je bei einer Frau gesehen hatte! Dabei strahlten ihre wunderbaren rehbraunen Augen und zwei Lachgrübchen zierten ihre Wangen. Birgit hatte ein ebenmäßiges ovales Gesicht, braune mittellange Haare und war eine echte Naturschönheit! Dazu eine dieser seltenen Spezies, die ungeschminkt genauso gut aussehen wie geschminkt. Nie werde ich unseren ersten Kuss – während eines Spaziergangs in den Isarauen – vergessen. Er war sowas von intensiv, dass ich nicht nur an den Armen, sondern am gesamten Körper, vom Scheitel bis zu den Füßen, Gänsehaut bekam. Birgit interessierte sich auch noch fürs Fallschirmspringen und wurde an den Wochenenden eine meiner gelehrigsten Schülerinnen. Unter der Woche kochten wir oft zusammen, gingen mal ins Kino, mal ins Theater und hatten sehr viel Spaß miteinander.

Bis eines Tages um 3:00 Uhr morgens das Telefon schrillte.

»Wir verreisen, Schatz. Pack ein paar Sachen ein. Wir treffen uns um 11:00 Uhr unter der Säule am Friedensengel!«, wies mich eine freundliche weibliche Stimme mit leichtem amerikanischen Akzent an.

Mir stockte für einen Moment der Atem. Den gleichen Anruf hatte ich vor einigen Jahren bei meinem ersten Auftrag erhalten.

Birgit war aufgewacht. Was sollte ich sagen? Das Treffen ablehnen? Andererseits waren die Kuverts unter meiner Matratze, mit deren Inhalt ich nun über drei Jahre mein karges Gehalt aufgebessert hatte, fast alle leer und lechzten verzweifelt nach neuer Füllung.

»Hallo Schatz – bist du noch dran?«, fragte die Stimme.

»Ja!«

»Kann ich mich auf dich verlassen?«

»Okay«, bestätigte ich und legte auf.

»Wer war denn das? Nachts um drei?«, fragte Birgit.

Ich atmete tief durch und versuchte es mit der Wahrheit, oder zumindest mit einem Teil davon:

»Ich muss in zweieinhalb Stunden den ersten Zug nach Frankfurt nehmen und einen alten Bekannten treffen.«

»Aber das war doch gerade eine Frauenstimme, oder?«, insistierte Birgit.

»Ja. Die ruft immer an, wenn ich meinen Bekannten in Frankfurt treffen soll«, antwortete ich wahrheitsgemäß.

»Sag mal, für wie blöd hältst du mich eigentlich?«, wollte Birgit wissen.

»Bitte mach jetzt keine Szene! Ich erklär' dir das später mal in aller Ruhe«, versuchte ich sie zu besänftigen.

Birgit schaute mich so entsetzt an wie noch nie, seit wir uns kannten und schüttelte wütend den Kopf.

»Und noch was«, schob ich nach, »bitte melde mich krank. Ich hätte heute Spätdienst.«

»Du spinnst wohl!«, antwortete Birgit, drehte sich beleidigt von mir weg und zog die Bettdecke über den Kopf. Sicher hätte sie jetzt eine Erklärung verdient. Und einen Abschiedskuss. Aber es war weder Zeit noch der richtige Zeitpunkt, um mit Birgit über meine CIA-Einsätze zu reden. Außerdem war ich mir nicht im Klaren, ob ich überhaupt mit ihr darüber reden sollte. Bisher hatte sich die Frage ja nicht gestellt. Schnell packte ich ein paar Sachen in meine Reisetasche und verließ das Haus. Warten konnte ich auch am Hauptbahnhof.

* * *

Montag, 12. März 1979, 11:00 Uhr

Joe Smith, mein CIA-Führungsoffizier in der Rhein-Main Airbase, war stark gealtert, seit ich ihn vor knapp vier Jahren zusammen mit Barry bei unserer Dringlichkeitsbesprechung zuletzt gesehen hatte. Er begrüßte mich fast euphorisch mit den Worten:

»Cooper, wir haben was für Sie! Jetzt können Sie mal richtig zeigen, was Sie draufhaben!«

»Da bin ich aber gespannt!«, antwortete ich.

»Seit vor ein paar Wochen Ajatollah Ruholla Chomeini in Teheran gelandet ist, geht's dort richtig rund. Die Revolutionsgardisten haben begonnen, Vertraute des Schahs, ehemalige Minister und Staatsbedienstete ohne langen Prozess zu exekutieren. Nun sind wir etwas besorgt um Ali Reza Khan, den ehemaligen Ölminister des Schahs. Wir glauben nämlich, dass er als Ex-Chef der National Iranian Oil Company mehr über die Ölressourcen des Iran weiß als wir. Deshalb hat die CIA eine Kopfprämie von 50 000 US$ ausgesetzt und seine Evakuierung vorbereitet.«

»Seit dem Reinfall mit Ihrem Salzburger Kollegen arbeite ich nicht mehr für eine Kopfprämie. 25 000 US$ Fixum und 25 000 US$ Erfolgsprämie, sonst bin ich raus.

Ich riskiere nicht noch mal Kopf und Kragen für nichts!«, sagte ich.

»Von welchem Salzburger Kollegen sprechen Sie?«, fragte Smith.

Mir rutschte fast das Herz in die Hose. Konnte es sein, dass Steiner gar nicht für die CIA arbeitete? Vielleicht sogar für die Gegenseite? War das der Grund, warum die Aufträge schiefgegangen waren und er nicht zahlen wollte? Ich versuchte krampfhaft, mich an mein erstes Treffen mit Steiner zu erinnern und zugleich Zeit zu gewinnen:

»Ich nenne keinen Namen. Sie wissen schon, von wem ich spreche«, sagte ich bedeutungsschwer.

Joe Smith sah mich ernst an und legte eine viel zu lange Pause ein. Dann lachte er auf:

»Ja, der Steiner! Der koordiniert vorwiegend Osteuropa-Einsätze. Aber da sind Sie ja jetzt raus! – Machen wir 20 000 US$ Fixum und 30 000 US$ Erfolgsprämie, wenn Sie die Zielperson lebend entweder hier in Frankfurt oder in Langley abliefern!«

»Gut«, sagte ich, »aber ich müsste in München noch ein paar Dinge regeln, Urlaub nehmen und so weiter. Die Sache kommt jetzt doch sehr überraschend, nachdem ich fast vier Jahre nicht mehr für die CIA gearbeitet habe.«

»Das ist ja wohl ein schlechter Scherz, Mr Cooper! Die Iranische Revolution wartet nicht, bis Sie Urlaub bekommen! Außerdem hatten Sie doch selbst um eine Auszeit gebeten, um Ihre Krankenpflegeausbildung machen zu können, oder? Sie fliegen heute um 17:20 Uhr mit British Airways nach London-Heathrow und von dort um 21:10 Uhr ebenfalls mit BA nach Teheran Mehrabad Airport. Sie heißen Thomas Freeman und sind Reporter der Nachrichtenagentur Reuters. Ihre Tickets, Ihren britischen Pass, Ihren Presseausweis und Ihren Lebenslauf erhalten Sie nach der Einsatzbesprechung. Ebenso einen britischen Pass für den Ölminister. Er soll sich seinen Bart rasieren.«

Ich nickte nachdenklich. Hatte ich eine Wahl? 50 000 US$ waren zudem auch ein Sümmchen, für das man sich anstrengen und etwas riskieren konnte.

Joe Smith erklärte mir, über welchen Mittelsmann im Großen Basar von Teheran ich Kontakt mit Ali Reza Khan aufnehmen konnte. Khan sei bereits untergetaucht. Smith zeigte mir ein Foto, auf dem der Minister neben dem Schah zu sehen war. Dann gab er mir eine Telefonnummer, über die ich einen zuverlässigen, Englisch sprechenden Taxifahrer ordern könnte. Dieser würde uns dann bei Urmia ganz legal mit unseren britischen Pässen über die türkische Grenze bringen. Falls es Probleme gäbe, müsste ich einen Kurdenführer bestechen, uns weiterzuhelfen. Die Kurden dort seien pro-westlich eingestellt und hilfsbereit, vor allem ein gewisser Sheik Akar Achmad, ein Name, den ich mir merken sollte. In der Türkei müsste ich mich dann mit dem Minister nach Ankara durchschlagen, per Bus, Taxi oder sonst wie, und den nächstmöglichen Flug nach Europa oder in die USA nehmen. Das Ganze hörte sich mal wieder an, als sei es ein Kinderspiel. War es aber nicht! Ich konnte das förmlich riechen!

»Wieso kann ich nicht gleich mit unseren britischen Pässen zwei Flüge von Teheran nach London buchen?«, wollte ich wissen.

»Weil nach dem Minister und 19 weiteren Personen am Busbahnhof und am Flughafen gefahndet wird und das hohe Risiko besteht, dass ihn jemand wiedererkennt, auch ohne Bart und mit britischem Pass«, antwortete Smith.

»Sie meinen also, am Flughafen und am Busbahnhof würde man uns erkennen, am Grenzübergang zur Türkei jedoch nicht. Wie passt das zusammen?«

»Die Annahme, dass an den Grenzübergängen derzeit nicht gefahndet wird, basiert darauf, dass dafür zum einen die Infrastruktur fehlt, Leute, die Anweisungen geben, Fahndungslisten und Fotos kopieren und an alle Landesgrenzen verteilen, und zum zweiten der Großteil der Grenzkontrolleure Analphabeten sind. Natürlich steht es Ihnen frei, die Grenze zu umgehen. Improvisieren Sie! Lassen Sie sich ganz nach Ihrer eigenen Lageeinschätzung vor Ort etwas einfallen. Nur das Ergebnis zählt! Wenn etwas schiefgeht, haben wir nichts mit der Sache zu tun und kennen auch keinen Reuters-Reporter Thomas Freeman.«

Smith zeigte mir die Fluchtroute auf einer Landkarte.

»Ich bin vor Jahren mit einem alten VW Käfer von München nach Teheran und wieder zurück gefahren und kenne einen Teil der Strecke. Wäre es nicht einfacher, den Grenzübergang Bazargan zu nehmen?«, fragte ich.

»Nein. Auf der Strecke von Teheran nach Bazargan wären Sie 100 Kilometer länger auf iranischem Territorium und es gibt drei Checkpoints. Auf der Route über Urmia haben Sie nur einen Checkpoint. Jeder Checkpoint ist ein potenzielles Risiko«, überraschte mich Mr Smith mit seiner Detailkenntnis. Dann gab er mir 10 000 US$, vorwiegend in großen Scheinen, die ich in Hosen- und Jackentasche und in einem Geldgürtel verstecken sollte, und last not least einen schäbigen, heruntergekommenen schwarzen Rucksack, in den weitere 10 000 US$ in zehn Fächern zu je 1000 US$ in Scheinen unterschiedlicher Werte eingenäht waren. Das Gelingen der Aktion hinge, so Smith, ganz wesentlich von meiner geschickten Bakschisch-Politik ab. Schmiergeld müsse immer ausreichend und in US-Dollar bar verfügbar sein. Kein Helfer würde Traveller-Cheques, Kreditkarten oder D-Mark akzeptieren. Auch mit iranischen Rial-Scheinen, die noch das Konterfei des Schahs trugen und fast nichts mehr wert waren, käme ich nicht weit. Meist genügten jedoch schon 10 oder 20 US$, um Schweigen zu erkaufen und Unterstützung zu erfahren. Manchmal mussten es 100 oder sogar 1000 US$ sein. Dem Taxifahrer seien für seine Tour in die Türkei von einem unserer Agenten vor Ort 2000 US$ versprochen worden, das Zehnfache des üblichen Tarifs.

Natürlich musste ein guter Reporter auch mit einer professionellen Kamera ausgestattet sein. Die CIA hatte mir deshalb eine nagelneue Nikon F-2 und eine Handvoll Diapositivfilme besorgt. Außerdem präsentierte mir Smith noch ein besonderes Gadget: drei Ablenkungsbömbchen mit Zeitschalter, eingebaut in Zigarettenschachteln. Bei Auslösung sollten die Dinger minutenlang krachen, rauchen und Feuer speien. Man könnte damit den Mob ablenken, etwa um zu entkommen oder unbemerkt in ein oder aus einem Gebäude, Fahrzeug oder Versteck zu gelangen. Ich musste grinsen und kam mir ein wenig vor wie James Bond, dem Mister Q gerade sein neuestes Spielzeug vorgestellt hatte.

Last not least zog Smith nicht ohne Stolz eine Pistole aus dem Rucksack:

»Eine italienische Beretta 92, Kaliber 9 x 19 mm, neuestes Modell mit doppelreihigem Magazin, aus dem

Sie 15 Schuss Munition abfeuern können, ohne nachzuladen. Damit erledigen Sie notfalls eine ganze Checkpoint-Besatzung auf einmal!«

»Ich nehme keine Waffe mit! Außerdem würde ich damit wohl kaum durch eine Zollkontrolle kommen«, kommentierte ich das Prachtstück.

»Für die Sicherheitskontrolle in Frankfurt und den Zoll in London liegen Dokumente in Ihrem Pass, die Ihnen das Mitführen der Waffe erlauben und am Mehrabad-Flughafen in Teheran gibt es derzeit keine Kontrollen. Dort sitzen nach unseren jüngsten Informationen 20 bis 30 Revolutionsgardisten, von denen aber nur zwei oder drei lesen und schreiben können. Die stellen den anderen morgens die Stempel ein, und dann müssen die Analphabeten nichts anderes tun, als jedem Einreisenden kritisch in die Augen sehen und einen Stempel in den Pass drücken. Wir stehen in engem Kontakt mit unserer Botschaft und wissen etwas mehr, als Sie in den Nachrichten hören. Ajatollah Chomeini hat alle Staatsbediensteten, also Verwaltungsbeamte, Lehrer, Polizisten, Zöllner und Soldaten, mit sofortiger Wirkung ihrer Ämter enthoben. Die Gefängniswärter sind geflohen und haben die Tore der Strafanstalten geöffnet. Sie werden das Chaos morgen selbst erleben und können es vielleicht sogar für Ihren Auftrag nutzen. Die Revolutionsgardisten, meist zwischen 20 und 40 Jahren, waren zu Zeiten des Schahs größtenteils arbeitslose, unterprivilegierte, ungebildete, ja oft kriminelle Männer. Sie haben jetzt die Macht auf der Straße. Über ihnen stehen nur die Mullahs. Denken Sie daran, auch, wenn ein Revolutionsgardist weder Ihren Pass noch Ihren Presseausweis lesen kann und kein Wort Englisch versteht. Verhalten Sie sich möglichst unauffällig. Und färben Sie Ihre Haare schwarz!«, sagte Joe Smith und reichte mir eine Packung Haarfärbemittel und die schwere Pistole.

Ich nahm das Haarfärbemittel und wies die Pistole entschlossen zurück:

»Die nehme ich definitiv nicht mit!«

Im Waschraum neben dem Besprechungszimmer färbte ich meine Haare und meine Augenbrauen schwarz. Während der Einwirkzeit packte ich den Inhalt meiner Reisetasche in den Rucksack, überprüfte dessen zahlreiche Geheimfächer sowie die Papiere und lernte meinen neuen Lebenslauf auswendig. Ich hieß jetzt also Thomas Freeman. Tatsächlich hatte ich auf meinem Passbild schwarze Haare. Ob ich notfalls rein optisch als Einheimischer durchgehen würde? Vielleicht schon. Ich müsste auf jeden Fall noch an meiner Körperhaltung und meinem Habitus arbeiten, so, wie wir das auf der Farm gelernt hatten. Unter den Papieren fand sich auch eine Telex-Bestätigung des Sheraton Hotels in Teheran an Reuters über ein Zimmer für mich, gemietet für eine Woche. Es war das beste Hotel in der Stadt und Treffpunkt der Medienberichterstatter aus aller Welt. Ich war schon gespannt, wie die ›Kollegen‹ dort die Lage einschätzten und ob es trotz islamischer Revolution für die Devisenbringer ein Gläschen Scotch an der Hotelbar gab. Schließlich waren nicht wenige Journalisten potenzielle Alkoholiker.

Die Wartezeit am Frankfurter Flughafen reichte nur knapp für zwei Anrufe, die mir wichtig waren.

Der erste galt Dr. Fritz Liebl, einem guten Freund und Sprungkameraden, der mit 60 Jahren seinen ersten Fallschirmsprung bei mir absolviert hatte und immer noch eifrig dabei war. Fritz war eine Seele von Mensch und führte eine Hausarztpraxis in München-Fürstenried. Sie war immer gut besucht, vielleicht auch deshalb, weil Fritz Liebl sich viel Zeit für jeden Patienten nahm und weil man bei ihm im Arztzimmer auch mal eine mit ihm rauchen und sich alle Probleme von der Seele reden durfte. Er hatte mir einmal angeboten:

»Sag mir einfach, wenn du mal eine Krankschreibung brauchst. Die bekommt sowieso jeder, wenn er das Richtige erzählt oder simuliert. Den Schmarrn können wir uns unter Freunden sparen!«

Und jetzt brauchte ich eine Krankschreibung, vorsichtshalber gleich für 14 Tage. Ich rief Fritz an und er versprach ohne Wenn und Aber, diese heute noch an meinen Arbeitgeber zu schicken.

›Das sind Freunde!‹, dachte ich mir und mein Herz jubelte.

Der weitaus schwierigere Anruf galt Birgit. Aber auch da hatte ich Glück. Es war nur der Anrufbeantworter dran.

»Ich liebe dich, mein Schatz! Aber ich muss dringend für ein oder zwei Wochen weg. Ich erklär' dir alles, wenn ich wieder zurück bin. Bitte sag allen, die nach mir fragen, einfach nur, dass ich krank bin. Grippe, Fieber und so weiter. Hab' dich lieb! Ciao!«

* * *

Dienstag, 13. März 1979, 8:25 Uhr

Die Maschine landete pünktlich auf dem Flughafen Teheran Mehrabad. Ich war gespannt, ob die Kontrolle am Zoll wirklich so lax war, wie Mr Smith vorhergesagt hatte. Aber – es gab überhaupt keine Kontrolle! Passagiere, die wie ich nur Handgepäck hatten, gingen einfach auf die Straße und winkten sich ein Taxi heran. Die meisten warteten noch am Gepäckband auf ihre Koffer. Und dann gab es da noch eine Schlange von Leuten an einem Schalter. Ich fragte den Letzten in der Schlange, für was er denn anstünde.

»Wir wollen einen Einreisestempel, weil wir befürchten, dass wir ohne Stempel im Pass Probleme bei der Ausreise bekommen könnten. Man weiß ja nie ...«

Ich sparte mir das Anstehen und beschloss, direkt zum Hotel zu fahren. Doch jetzt gab es keine Taxis mehr. Da rollte ein khakifarbener Datsun-Pick-up-Truck zum Standplatz und der Fahrer winkte mich zu sich her.

»Taxi?«, fragte ich.

»Yes, come in!«, antwortete der ältere, etwas verwegen dreinblickende Schnurrbartträger lachend.

Ich zweifelte sehr daran, dass das ein offizielles Taxi war, aber der Typ gefiel mir, zum einen, weil er Englisch sprach, zum anderen, weil er so ein verschmitztes Lächeln im Gesicht trug. Außerdem war es doch wohl in dem Chaos, in dem sich das Land momentan befand, völlig egal, ob man nun offiziell oder inoffiziell beschissen wurde. Ich hatte nicht vor, was auch immer geschah, mich hier an die Polizei zu wenden, die es ja nach den Ausführungen meines Führungsoffiziers gar nicht gab. Mit Ausnahme einer sich gerade im Aufbau befindlichen Islampolizei, deren Interesse aber ganz bestimmt nicht auf Taxilizenzen und -tarifen liegen würde.

»Sheraton Hotel«, gab ich als Fahrziel an.

»Wo kommst du her?«, wollte der Fahrer wissen.

»England«, antwortete ich einsilbig.

»Das ist auf jeden Fall besser als Amerikaner!«

»Warum ist das besser?«

»Weil die Amerikaner unsere schlimmsten Erzfeinde sind. Das sagt unser neuer Führer Ajatollah Chomeini den ganzen Tag im Fernsehen und im Radio. Und die Leute glauben ihm!«, meinte mein Taxifahrer.

»Und Sie? Was glauben Sie?«, fragte ich.

Der Mann legte eine lange Pause ein, musterte mich mit ernstem Gesicht, bevor irgendwann sein verschmitztes Lächeln zurückkehrte:

»Ich liebe die Amerikaner. Und die Engländer, und die Franzosen, und die Italiener. Aber wenn ich das hier laut sagen würde, würden sie mich glatt auf der Stelle lynchen!«

»Warum denn das?«, fragte ich.

»Das ist einfach die Stimmung, seit sie den Schah verjagt haben. Unter dem Schah gab es viel Armut. Und Chomeini hat all diesen armen Leuten Wohlstand und Macht versprochen, wenn sie nur Allah preisen und ihm folgen. Ich bin auch Moslem. Aber so einfach ist das nicht. Mein Name ist Ali. Wie heißt du?«

»Thomas.«

Nach wenigen Kilometern Fahrt waren die Straßen von laut schreienden Menschen verstopft. Wir konnten nicht mehr weiter.

»Da geh' ich wohl besser zu Fuß. Wie weit ist es noch zum Sheraton?«, fragte ich Ali.

»Tu das nicht! Es ist zu gefährlich. Es sind noch gute fünf Kilometer«, meinte Ali.

»Was könnte ich denn sonst tun?«

»Du könntest bei mir und meiner Familie übernachten. Da bist du sicher!«

Das war mir nun doch plötzlich etwas zu viel Nähe und Familienanschluss. Ich erklärte Ali, dass ich aussteigen und zu Fuß gehen wollte. Er solle mir sagen, was ich ihm für die Fahrt schulde.

»Gib mir, was du willst. Und ich schreibe dir meine Telefonnummer auf, für den Fall, dass du mal Hilfe brauchst. Und ich warte hier an der Ecke noch 15 Minuten, sofern es nicht auch für mich zu gefährlich wird.«

Ich gab dem Taxifahrer fünf Dollar, steckte den Zettel mit seiner Telefonnummer in meine Hosentasche, schulterte meinen Rucksack und verabschiedete mich freundlich.

Die Stimmung war tatsächlich explosiv. Noch nie hatte ich solche Menschenmassen auf der Straße gesehen, nicht einmal bei den Großdemonstrationen gegen den Vietnamkrieg in München. Tausende Iraner skandierten fanatisch Parolen, die ich nicht verstand, und einige hundert schwarz vermummte Frauen schienen ihnen mit ihren nervtötenden Zungenjublern zuzustimmen. Ich schlich mich möglichst unauffällig an den Hauswänden entlang. Da verbrannten sie mitten auf der Straße unter lautem Geschrei eine amerikanische Flagge, übergossen eine überlebensgroße Pappmascheepuppe des amtierenden US-Präsidenten Jimmy Carter mit Benzin und zündeten sie an. Es klang immer wieder das Wort »Amerika« aus dem Geschrei heraus. Wahrscheinlich brüllten sie »Nieder mit Amerika« oder etwas Sinngemäßes.

Ein Mann in meinem Alter mit blonden langen Haaren fotografierte das Szenario. Neben ihm eine schlanke junge Frau in Jeans, mit locker umgelegtem Schleier. Es könnten eine Journalistin und ihr Fotograf gewesen sein. Plötzlich flogen Steine. Der junge Mann wurde am Hinterkopf getroffen. Blut rann über seine Haare und sein weißes Hemd. Er blickte sich erschrocken um. Da traf ihn ein weiterer, kraftvoll aus der Menge geschleuderter Stein an der Stirn. Blut schoss aus der klaffenden Wunde. Er stolperte, fiel hin. Die schmächtige Frau half ihm auf und die beiden rannten um ihr Leben, so schnell sie ihre Beine trugen. Nun richtete sich der Zorn Allahs und seiner Jünger auf ein Fernsehteam des US-Senders NBC, das die Szene gefilmt hatte. Es waren drei kräftige Männer, vermutlich Kameramann, Toningenieur und Reporter. Auch sie konnten, während sie kräftig Prügel einstecken mussten, dem Mob nur knapp entkommen. Alles hatte sich innerhalb weniger Minuten abgespielt. Gut, dass ich auf Joe Smith gehört und meine Haare schwarz gefärbt hatte. Mein Bauchgefühl sagte mir jedoch, dass die CIA geirrt hatte, wenn sie glaubte, eine Identität als Reporter könnte mich schützen. Ich schlich mich langsam, gegen den Menschenstrom, an der Hauswand entlang, beschloss, meine teure Kameraausrüstung in den nächsten Mülleimer zu werfen, meinen Presseausweis zu verbrennen und auch nicht im Sheraton abzusteigen. Als ich die Kreuzung erreichte, an der ich ausgestiegen war, und Ali immer noch in seinem Taxi warten sah, hatte ich eine bessere Idee.

»Könnten Sie mich bitte in die Naser Khosrow Straße fahren und mich gleich am Anfang der Straße absetzen? Dafür würde ich Ihnen eine nagelneue Nikon F-Kamera und ein paar unbelichtete Filme schenken.«

Ali schwieg. Man merkte, dass ihm die Sache nicht geheuer war. Wer würde schon eine so teure Kamera gegen eine einfache Stadtfahrt tauschen? Doch schließlich nickte er und wir fuhren los. Dass ich mein Angebot wirklich ernst meinte, glaubte er erst, als ich ihm nach dem Aussteigen die Kamera samt Filmen auf den Beifahrersitz legte. Da stieg er auch aus, bedankte sich und verneigte sich tief.

Ich schlenderte ein paar Meter die Straße hinunter und checkte im gleichen Hotel ein, in dem ich vor sieben Jahren schon mal übernachtet hatte. Der Rezeptionist im *Amir Kabir* erkannte mich nicht, und das war gut so. Das Zimmer kostete immer noch drei US$, der Putz blätterte immer noch von den Wänden und der Ausblick in den Innenhof mit dem immer noch beruhigend vor sich hinplätschernden Brunnen streichelte die Seele.

Es war 11:40 Uhr. Ich wollte keine Zeit verlieren, schob meinen Rucksack unter das Bett, verbrannte meinen Presseausweis im Aschenbecher des Zimmers, lüftete gut durch und rief von der Rezeption aus den Taxifahrer an, dessen Nummer mir Joe Smith gegeben hatte.

»Ali!«, meldete sich eine männliche Stimme. Heißen alle Taxifahrer in Teheran Ali oder war das nur ein Zufall? Intuitiv griff ich in meine Hosentasche und verglich die auswendig gelernte und eben gewählte Telefonnummer mit der, die mir mein Taxifahrer vorhin aufgeschrieben hatte. Es waren unterschiedliche Nummern und der Mann, der von der CIA als mein Fahrer auserkoren worden war, lief bei mir nun unter Ali 2. Wir verabredeten uns um 14:00 Uhr am nördlichen Haupteingang des Großen Basars, nur wenige hundert Meter von meinem Hotel entfernt. Als Erkennungszeichen sollte er einen Koran und eine Flasche Coca Cola in einer Hand halten. Ich machte mich gleich auf den Weg dorthin, zumal ich vorher noch unseren Mittelsmann treffen wollte, einen Maßschneider in der Mousavi-Basargasse, direkt neben einem Kebab-Restaurant.

Doch mit dem Maßschneider, einem dünnen, distinguierten älteren Herrn, war nicht, wie sonst in solchen

Fällen üblich, ein Codewort vereinbart worden, und er behauptete, keinen Ali Reza Khan zu kennen. Es dauerte eine geschlagene Stunde und zwei volle Kannen starken, mit orientalischen Gewürzen verfeinerten Schwarztee, bis wir uns vertrauten.

»Bitte fragen Sie den Minister, ob er morgen früh um 5:30 Uhr abreisebereit wäre und wo ich ihn abholen kann. Richten Sie ihm aus, er soll seinen Bart abrasieren und alte, abgetragene Kleidung anziehen. Ich komme um 16:00 Uhr wieder und erwarte Ihre Antwort«, instruierte ich den Maßschneider.

Um 14:00 Uhr hielt ich am Nordeingang des Basars Ausschau nach Ali 2. Ein Mann hielt in einer Hand eine Cola und in der anderen den Koran, also nicht ganz wie abgesprochen, aber er war weit und breit der Einzige mit diesen Utensilien. Er musste es sein, und er war es auch.

Ich schlug vor, einen Teil der Unterhaltung in seinem Auto zu führen, das ich bei dieser Gelegenheit gleich begutachten könnte, und dann einen kleinen Spaziergang zu unternehmen. Das Fahrzeug, ein zwölf Jahre alter Toyota Corolla, war ziemlich heruntergekommen. Der Tachostand zeigte 186 753 Kilometer, die Reifen waren abgefahren, es gab keinen Reservereifen. Mit etwas Glück könnten wir es damit in die Türkei schaffen, aber für meinen Plan B, die Umfahrung des Grenzübergangs abseits der befestigten Straße, wäre dieses Fahrzeug gänzlich ungeeignet.

Als wir die Panzdah-e Khordad Straße entlangschlenderten, fragte ich Ali 2, wie schnell er einsatzbereit sei.

»Sobald ich das Geld habe. 20 000 US$ in bar!«

»2000 US$ waren vereinbart«, antwortete ich und erinnerte mich, dass das schon das Zehnfache des üblichen Preises sein sollte.

»Ich habe darüber nachgedacht. Das Risiko ist gestiegen. Ich verlange jetzt 20 000!«, sagte Ali 2.

»So viel hab' ich nicht. 5000 ist mein letztes Angebot«, antwortete ich in der Hoffnung, er würde ablehnen. Ich hatte kein gutes Bauchgefühl bei diesem Typen.

»Ich weiß, dass du das Geld besorgen kannst, notfalls bei deiner Botschaft. Es bleibt bei 20 000!«

Ich überlegte einen Moment und kam zu dem Schluss, Ali 2 besser nicht zu sagen, was ich dachte. Er könnte mich sonst verraten und die Aktion gefährden. Solange er glaubte, noch im Rennen zu sein, würde er stillhalten.

»Okay«, sagte ich, »ich brauche etwas Zeit, um diese Summe aufzutreiben. Ich melde mich, sobald ich das Geld habe.«

Ich rannte im Laufschritt zum *Amir Kabir*, ließ mir an der Rezeption das Telefon geben und rief Ali 1 an, den wir ab sofort einfach nur Ali nennen.

»Da hast du aber Glück gehabt, Thomas! Ich habe nur kurz zu Hause etwas gegessen und fahre jetzt gleich wieder durch die Stadt«, sagte Ali.

»Wie schnell kannst du an der Stelle sein, an der du mich vor drei Stunden abgesetzt hast?«

»Am Anfang der Naser Khosrow Straße? In 15 Minuten. Du willst deine Kamera zurück, oder? Das hab' ich mir gleich gedacht«, sinnierte Ali.

»Nein, die Kamera gehört dir! Ich brauche nur ein Taxi. Bis gleich!«

Nach exakt 14 Minuten war Ali am vereinbarten Treffpunkt. Ein dicker Pluspunkt für ihn! Ich setzte mich auf den Beifahrersitz.

»Wo soll's hingehen, mein Freund? Du hast bei mir was gut. Ich fahre dich, wohin du willst, auch eine ganze Woche lang«, bot Ali an.

»Ein Geschenk ist und bleibt ein Geschenk! Ich zahle dafür, wenn du mich fährst. Aber ich hätte noch ein paar Fragen.«

»Was für Fragen?«

»Bist du überhaupt Taxifahrer? Oder hast du mal einen anderen Beruf gelernt?«

»Ich war Lehrer für Englisch und Geschichte, wurde aber vor vier Wochen entlassen. Ich muss irgendwie Geld verdienen, für mich, meine Familie und die meines Bruders.«

»Wieso für die Familie deines Bruders?«

»Mein Bruder Achmad wurde vor sechs Wochen ermordet.«

Tränen schossen in Alis Augen, als er fortfuhr:

»Er stand einfach nur zufällig während einer Demonstration auf der Seite der Schah-Anhänger und wurde von den Schah-Gegnern erschlagen! Einfach totgeprügelt! Obwohl er gar nichts getan hatte! Kannst du dir das vorstellen?«

»Mein tief empfundenes Beileid!«, sagte ich und senkte den Kopf. Ich gab Ali eine Weile, um den Schmerz zu verdrängen und fragte dann:

»Gehört das Auto dir?«

»Es gehörte meinem Bruder. Er hat Obst- und Gemüsehändler beliefert. Aber das Geschäft läuft nicht mehr. Deshalb fahre ich jetzt damit Taxi, obwohl der Wagen eigentlich zu groß für ein Taxi ist. Ich habe Angst, dass ihn mir die Revolutionsgardisten wegnehmen, so wie sie das bei meinem Nachbarn schon gemacht haben.«

»Darf ich mir den Wagen genauer ansehen?«, fragte ich.

»Wieso? Willst du ihn etwa kaufen?«, fragte Ali zurück, während wir beide ausstiegen.

»Nein, nur ansehen. Hast du einen Reservereifen?«

»Nein, warum? In Teheran hat keiner einen Reservereifen.«

Das Reifenprofil war noch einigermaßen akzeptabel. Ich schaute mich ein wenig um, stieg wieder ein und bewertete das Fahrzeuginnere als sicher für ein vertrauliches Gespräch.

»Kann ich mich darauf verlassen, dass du niemandem etwas von dem erzählst, was ich jetzt mit dir bespreche?«

Ali nickte schweigend.

»Kannst du mich und einen Bekannten morgen früh über Urmia in die Türkei fahren und was würde das kosten?«, fragte ich.

Ali legte die Stirn in Falten und sah mich so traurig an wie ein Vater, der seinem Kind einen Herzenswunsch nicht erfüllen kann.

»Das geht leider nicht.«

»Warum?«, fragte ich.

»Es ist für uns Iraner kaum möglich, das Land zu verlassen. Man braucht dafür schwerwiegende Gründe und eine Sondergenehmigung, die zurzeit niemand ausstellt. Außerdem habe ich keinen Pass«, antwortete Ali.

»Könntest du uns denn bis Urmia fahren?«, fragte ich.

»Ja, das könnte ich«, antwortete Ali mit so wenig Begeisterung in der Stimme, dass ich nachhakte:

»Könntest du oder kannst du? Ich zahle auf jeden Fall dafür! Was würde die Fahrt denn kosten?«

»Normalerweise 200 US$. Aber bei dir ...«

»Ich zahle dir 300 US$, wenn du morgen früh Punkt 5:00 Uhr vollgetankt hier genau an dieser Stelle bist und mich und meinen Bekannten nach Urmia fährst!«, bot ich an und streckte Ali meine Hand entgegen.

»Abgemacht!«, sagte der Taxifahrer meines Vertrauens und schlug ein.

Zufrieden marschierte ich zurück zum Bazar-e Bozorg, vergewisserte mich, dass mir niemand gefolgt war, und betrat den menschenleeren Laden des Maßschneiders.

Der Mittelsmann überreichte mir einen kleinen Zettel mit zwei Namen, die durch einen Schrägstrich getrennt waren.

»Der Mann, den Sie suchen, wird morgen um 5:30 Uhr reisebereit an dieser Straßenkreuzung stehen. Bitte seien Sie pünktlich!«

»Wo ist das? Können Sie mir nicht die genaue Adresse seines Aufenthaltsorts geben?«, fragte ich.

»Der Mann wohnt bei seiner ehemaligen Putzfrau am Rande eines ärmeren Viertels im Südosten der Stadt, nicht besonders weit von hier. Die genaue Adresse wollte er nicht einmal mir sagen.«

Das klang plausibel, konnte aber auch eine Falle sein. Ich bedankte mich und schaute dem Maßschneider beim Abschied tief in die Augen auf der Suche nach einem Flackern oder Zucken der Augenlider. Irgendetwas, was Unsicherheit oder Lüge verriet. Aber da war nichts.

Langsam verspürte ich Hunger. Kein Wunder, ich hatte ja seit meiner Ankunft in Teheran noch keinen Bissen zu mir genommen. Mal sehen, ob es das armenische Restaurant ganz in der Nähe meines Hotels noch gab und ob sie noch Bier anbieten durften.

Das Restaurant gab es noch. Das Essen war gut und preiswert und auf Nachfrage bekam ich sogar ein Bier, das nicht mehr auf der Karte stand und teurer war als das Essen. Die Stimmung war gedrückt. Man spürte überall, ob im Hotel, im Basar, auf der Straße oder im Restaurant, dass die Leute Angst hatten, vor allem diejenigen, denen es unter dem Schah einigermaßen gut gegangen war, vor denjenigen, denen es nicht so gut gegangen war.

* * *

Mittwoch, 14. März 1979, 5:00 Uhr

Ali war pünktlich zur Stelle. Ich zeigte ihm den Zettel mit den Straßennamen und fragte:
»Wie lange brauchen wir dorthin?«
»Zehn Minuten.«
»Es könnte auffallen, wenn wir dort warten. Fahr bitte langsam um den Block und richte es so ein, dass wir pünktlich um 5:30 Uhr an der Kreuzung sind.«
»Nichts fällt in Teheran mehr auf, als wenn ein Wagen langsam fährt, obwohl man auch schnell fahren könnte!«, lachte Ali.
»Okay, dann fahr halt schnell!«, erwiderte ich.
Die wenigen Autos, die um diese Zeit auf der Straße unterwegs waren, schienen sich tatsächlich Wettrennen zu liefern. Ali heizte mit dem alten Truck zweimal die Ferdowsi Avenue rauf und runter, was das Zeug hielt und ohne auf die Ampeln zu achten.
»Wir haben doch genug Zeit. Warum hältst du nicht bei Rot?«, fragte ich.
»Im Iran hat nicht derjenige Vorfahrt, bei dem die Ampel auf Grün steht, sondern derjenige, der das größere Auto fährt!«, belehrte mich Ali.

Das Timing war perfekt: Als wir Punkt 5:30 Uhr auf den Treffpunkt zufuhren, bewegte sich eine Gestalt aus dem Dunkel der Nacht auf die Kreuzung zu, die durch eine altersschwache Straßenlaterne nur schemenhaft erleuchtet wurde. Ich stieg aus dem Truck, ging auf den Mann zu und wusste sofort: Es ist die Zielperson! Ali Reza Khan, ein großer, korpulenter Mann mit öligem, zurückgekämmtem Haar, Vollbart und dunkelblauem Anzug sah exakt so aus wie auf dem Bild, das mir Joe Smith gezeigt hatte, auf dem der Minister neben dem Schah stand.

»Wir sind verabredet. Bitte kommen Sie!«

Ich forderte den Minister, der genau genommen nur ein Ex-Minister war, auf, in den Wagen zu steigen und auf der Sitzbank des Datsun-Pick-ups zwischen Ali und mir Platz zu nehmen. So wie mir mein Fahrer von der ersten Sekunde unseres Zusammentreffens am Teheraner Flughafen an sympathisch gewesen war, war mir der Minister von der ersten Sekunde an unsympathisch. Ich achtete immer auf mein Bauchgefühl, es hatte mir schon manches Mal mein Leben gerettet. Anderseits hatte ich einen Job zu erledigen und musste mich irgendwie mit dem Mann arrangieren.

»Haben Sie meinen Pass?«, war das Erste, was der Ex-Minister wissen wollte.

Ich nickte und antwortete mit einer Gegenfrage:

»Hat man Ihnen ausgerichtet, dass Sie sich rasieren und in alten, abgetragenen Kleidern kommen sollen?«

»Ja, das hat man. Aber keiner schreibt mir vor, wann ich mich rasieren und was ich anziehen soll!«, wütete Ali Reza Khan.

Ich wies Ali an, zum *Amir Kabir* zu fahren und dort ein paar Minuten zu warten, da ich mit dem Herrn etwas unter vier Augen zu besprechen hätte. Unterwegs sah ich mich mehrfach um, hatte aber nicht das Gefühl, dass uns jemand gefolgt wäre.

Der Rezeptionist schlief, als ich mir den Schlüssel zu meinem Zimmer schnappte, das ich immerhin bis 12:00 Uhr bezahlt hatte, und mit dem Ex-Minister in den ersten Stock ging.

»Sie heißen ab sofort Hassan Asghari, sind ein in London geborener britischer Staatsbürger mit iranischen Wurzeln. Sie arbeiten in London als Busfahrer und fahren einen dieser schönen roten Doppelstöcker. Können Sie sich das merken?«

»Ja, und jetzt geben Sie mir meinen Pass!«, forderte Hassan.

»Erst wenn Sie so aussehen wie auf dem Passbild. Der Bart muss ab!«, verlangte ich, gab Hassan eine Schere und Rasierzeug aus meinem Rucksack und drängte ihn zur Eile.

»Das ist Erpressung! Das werden Sie noch büßen!«, schnaubte Hassan. Noch schliefen die Hotelgäste und der Waschraum neben meinem Zimmer war leer. Das würde sich in einer viertel oder halben Stunde schlagartig ändern.

Während Hassan sich rasierte, hatte ich noch eine Idee. Vielleicht ein wenig gemein, aber unumgänglich.

»Geben Sie mir jetzt meinen Pass!«, verlangte Hassan, als er frisch rasiert wieder in mein Zimmer trat.

»Noch nicht! Ich muss Sie vorher noch um etwas bitten: Ziehen Sie Ihre Hose aus, nehmen Sie Ihr Jackett und wischen Sie mit Ihrem Anzug bitte mal ganz gründlich den Boden, vor allem unter dem Bett. Da sammelt sich immer der meiste Staub!«, bat ich den Ex-Minister freundlich.

Der Mann, der mich um einen Kopf überragte, platzte schier vor Wut, packte mich mit beiden Händen an meinem Hemdkragen, doch bevor er etwas sagen konnte, bog ich kräftig seine Daumen nach hinten und schleuderte ihn gegen die Wand. Er schrie laut auf vor Schmerz.

»Hör zu, Hassan«, sagte ich scharf und beschloss, den Londoner Busfahrer ab sofort zu duzen, was sich im Englischen vor allem durch Weglassen der Anreden ›Sir‹ und ›Mister‹ bemerkbar machte, »nächstes Mal tut's richtig weh! Wenn wir das hier überleben wollen, müssen wir zusammenarbeiten und nicht gegeneinander. Ein Mann in einem piekfeinen, maßgeschneiderten Ministeranzug, der sich in einem alten Pick-up durch die Gegend chauffieren lässt, wirkt doch sofort verdächtig. Wenn du schon nichts anderes zum Anziehen hast, dann musst du wenigstens das, was du hast, auf alt trimmen. Je mehr Falten und Staub, desto besser. Und jetzt mach zu! Wir haben nicht viel Zeit. Es geht um *dein* Leben!«

Hassan wischte schweigend mit seinem Sakko und seiner Anzughose anstelle eines Putzlappens den Boden meines Zimmers, auch unter dem Bett und auch in den Ecken, auf die ich ihn besonders hinweisen musste. Ich spürte, wie es in ihm kochte und brodelte. Er war nicht der Typ, der Anweisungen befolgte, sondern einer, der wahrscheinlich sein ganzes Leben lang nur Befehle erteilt hatte. Auch fürchtete ich, dass er sich des Ernstes seiner Lage nicht bewusst war oder den Gedanken daran verdrängte.

Nach getaner Arbeit überreichte ich Hassan seinen Pass. Er hatte ihn sich verdient!

Mit Sonnenaufgang verließen wir die Stadt in westlicher Richtung. Nach einer guten Stunde Fahrt brach ich das Schweigen:

»Wir haben uns noch gar nicht richtig vorgestellt. Ich bin Thomas. Unser Fahrer heißt Ali. Mein Bekannter, der mit mir in die Türkei fahren will, heißt Hassan.«

Ali setzte sein verschmitztes Lächeln auf, das mir an ihm so gefiel, und meinte:

»Dein Freund Hassan hat mit Bart und in seinem Anzug, als er noch sauber war, genauso ausgesehen wie ein Mann, den ich oft im Fernsehen und in der Zeitung gesehen habe.«

»Es gibt im Iran sicher viele Männer, die aussehen wie Hassan. Er ist Busfahrer in London«, log ich, und Ali wusste es.

»Busfahrer in London«, murmelte er leise.

»Können wir vielleicht ein bisschen Musik hören? Habt ihr einen guten Radiosender?«, fragte ich.

»Es gibt nur noch zwei Radiosender. Einen mit islamischer Musik, meist gesungene Koran-Suren, und einen, in dem die Ansprachen Chomeinis den ganzen Tag lang wiederholt werden. Welchen willst du hören?«, fragte Ali.

»Leider kann ich zu wenig Farsi, um zu verstehen, was Ajatollah Chomeini dem Volk zu sagen hat. Ich höre aber gerne mal ein paar gesungene Koran-Suren – das klingt irgendwie orientalisch-mystisch«, sagte ich, obwohl Countrymusik nach meinem Geschmack besser zu der kargen Wüstenlandschaft gepasst hätte.

»Aber nur, wenn ihr wollt!«, ergänzte ich noch.

Die beiden Moslems wollten nicht.

»Kannst du schon abschätzen, wann wir Urmia erreichen? Und müssen wir zwischendurch nicht mal tanken?«, fragte ich Ali nach drei Stunden Fahrzeit.

»In etwa einer Stunde sind wir in Zandschan. Da können wir eine kurze Pause einlegen, tanken, etwas essen, Tee trinken, frisches Wasser kaufen. Dann brauchen wir noch ungefähr sechs Stunden nach Urmia. Das müssten wir noch vor Sonnenuntergang schaffen.«

An der Tankstelle herrschte reges Treiben. Es gab Imbissstände, Marktstände mit Bekleidung, Shisha-Pfeifen, Bildern von Ajatollah Chomeini und Koran-Ausgaben in allen Größen und Preisklassen. Allzu gern hätte ich Hassan in eine Kurden-Kluft mit Pumphose, Weste, Bauchbinde und Turban gesteckt. Aber er weigerte sich strikt und vertrat die Meinung, das Problem läge nicht an ihm, sondern an den Leuten, die ihn erkannten. Schließlich kaufte ich für jeden von uns ein schwarz-weiß kariertes Kopftuch mit Quaste, das sich locker in Form eines Kurden-Turbans um den Kopf legen ließ, und überredete Ali und Hassan bei Shish-Kebab und Tee, dass wir uns die traditionelle Kopfbedeckung aufsetzen würden, bevor wir Urmia erreichten. Dann wollte ich Ali die Tankfüllung bezahlen, aber Ali lehnte ab, meinte, das sei im für die Fahrt vereinbarten Preis enthalten.

»Kommt überhaupt nicht infrage. Spesen wie Benzinkosten und Proviant zahle ich auf jeden Fall extra!«, insistierte ich. »Was hat das Benzin denn gekostet?«

»Einen Dollar«, antwortete Ali.

»Was hat einen Dollar gekostet? Der Liter? Die Gallone? Ich meine, was hat die ganze Tankfüllung gekostet?«

»Einen Dollar. Die Tankfüllung hat einen Dollar gekostet!«

Ich schaute auf die Zapfsäule, rechnete die Rial in Dollar um. Ali hatte recht! Ich erinnerte mich zwar, dass Benzin im Iran billig war, aber so billig? Das überraschte mich doch! Wahrscheinlich hatte es etwas mit der Revolution zu tun. Der subventionierte Preis in Rial war geblieben, während der Wechselkurs im Verhältnis zum

Dollar dramatisch abgestürzt war. Händler, Gastronomen und Hoteliers wollten entweder Dollar sehen oder passten ihre Preise in Rial der galoppierenden Inflationsrate an. Nur die National Iranian Oil Company, deren Ex-Chef ich gerade zum Essen eingeladen hatte und die momentan führungslos war, beließ die Preise in Rial so wie zu Zeiten des Schahs.

Bevor wir weiterfuhren, bat Hassan um ein Vieraugengespräch. Ich bedeutete Ali, am Wagen zu warten, und marschierte mit dem Ex-Minister hinter den Buden ein Stück die Straße entlang.

»Er hat mich erkannt! Das ist für uns beide lebensgefährlich! Du musst Ali erschießen!«, beschwor mich Hassan. Mit dieser Forderung hatte ich bei Allah nicht gerechnet.

»Ich habe überhaupt keine Waffe!«, antwortete ich.

»Was sind das bloß für Dummköpfe bei der CIA? Da schicken sie dich auf eine so gefährliche Mission und geben dir nicht mal eine Waffe mit«, schimpfte Hassan, »dann muss ich ihn eben selbst erschießen!«

»Hast du denn eine Waffe?«, fragte ich erstaunt.

»Ja, eine Beretta!«

»Eine italienische Beretta 92, mit doppelreihigem Magazin?«, fragte ich und erinnerte mich an die Waffe, die mir Joe Smith unbedingt in Frankfurt hatte aufdrängen wollen.

»Nein, eine Beretta 950. Die trage ich schon seit 15 Jahren immer bei mir.«

»Dieses kleine Teil mit acht Patronen im Magazin und einer im hochklappbaren Lauf? Ich kenne die Pistole gut, kann sie blind auseinanderbauen und wieder zusammensetzen und treffe alles damit. Gib mir die Pistole und lass mich das machen«, bot ich an.

»Du legst also Ali um? Du legst ihn wirklich um?«, fragte Hassan ungläubig.

»Ja! Ich bin schließlich der Profi! Hast du überhaupt schon mal einen Menschen getötet?«, fragte ich Hassan.

»Darüber will ich jetzt nicht sprechen. Aber wenn du ihn tötest, soll mir das recht sein. Wie willst du es machen?«

»Ich würde Ali an einer Stelle, die mir geeignet erscheint, auffordern, von der Straße abzubiegen«, sagte ich, »und in die Wüste zu fahren, zwei oder drei Kilometer, wo uns keiner mehr sieht und hört. Dann bitte ich ihn, das Fenster herunterzukurbeln, du beugst dich nach vorn und hältst dir die Ohren zu. Dann schieße ich ihm ein Loch in den Kopf. Die Kugel wird aus der anderen Seite seines Schädels und durch das offene Fenster austreten. Das geht schnell, ist schmerzlos und gibt keine Sauerei. Die Leiche entsorgen wir vor Ort. Dann fahre ich weiter«, erklärte ich den Plan.

Hassan schien zufrieden und nickte:

»Okay. So machen wir's!«

»Dann gib mir jetzt die Pistole!«, verlangte ich.

»Die hab' ich im Sakko im Auto. Du bekommst sie erst, wenn wir am Tatort sind.«

Ali war bester Laune und meinte, nach einer kleinen Mahlzeit und einer Tasse starkem Schwarztee würde ihm das Fahren noch mehr Spaß machen. Außerdem wären wir recht angenehme Fahrgäste. Er hätte auch schon Menschen befördert, die während der ganzen Fahrt gestritten und sogar aufeinander eingeprügelt hätten. Gerade bei einer so langen Fahrt sei es sehr angenehm, wenn alles harmonisch verlaufe.

Von Zeit zu Zeit gingen kleine, kaum erkennbare Wege von der Hauptstraße ab. Sie führten vermutlich auf die Safranfelder der örtlichen Bauern und endeten irgendwo im Nirgendwo. Es schien mir für mein Vorhaben sicherer, einen dieser Wege zu benutzen. Schließlich wollte ich nicht jetzt schon offroad in der zerklüfteten Steppe hängen bleiben. Ich wies Ali an, am nächsten dieser Wege rechts abzubiegen.

»Wieso?«, fragte er.

»Ich möchte einfach nur mal wissen, wo diese kleinen Wege hinführen. Zu Safran- oder Mohnfeldern? Dörfer oder Menschen sind ja weit und breit nicht zu sehen. Fahr' bitte einfach mal zwei oder drei Kilometer rein. Dann kehren wir wieder um«, bat ich und Ali folgte bei nächster Gelegenheit meinem Wunsch.

»Okay, hier kannst du wieder umkehren!«

Ali wendete den Wagen.

»Halt' doch mal an und kurble das Fenster herunter.«

Ali tat, was ich wollte, und auch ich kurbelte mein Fenster herunter.

»Hört ihr diese Stille?«, fragte ich.

Keiner antwortete. Hassan griff langsam in sein Jackett.

»Los, gib mir die Waffe!«, forderte ich ihn auf. Ich war auf alles vorbereitet. Während mir Hassan langsam seine Beretta 950 reichte, versuchte ich seinen Blick zu lesen. Aus ihm sprachen Angst und Misstrauen. Nicht Ali, sondern Hassan war starr vor Angst, beugte sich nicht nach vorn, wie besprochen, und hielt sich auch nicht die Ohren zu.

»Ohren zuhalten und nach vorne beugen!«, rief ich.

Nun hielten sich beide, Ali und Hassan die Ohren zu und beugten sich nach vorne.

Die Beretta 950 ist eine interessante Konstruktion und, weil sie so klein ist, unter Agenten besonders beliebt. Ich hatte auf der Farm mit ihr trainiert. Es steckte immer eine Patrone im Lauf, den man hochklappen konnte. Ich entnahm die Patrone und warf sie aus dem Fenster. Dann zog ich das Magazin heraus und schleuderte die Waffe – ohne Magazin – weit hinaus in die Steppe.

»Du kannst dein Fenster wieder schließen und zurückfahren, vielleicht etwas schneller, als wir hergekommen sind«, sagte ich zu Ali, ließ meinen Arm aus dem Fenster baumeln, schnippte alle zehn oder zwanzig Meter eine Patrone aus dem Magazin und warf zuletzt das leere Magazin hinterher.

»Du wolltest ihn doch erschießen!«, rief Hassan.

Das war ein Fehler. Vielleicht ein genauso großer Fehler wie der von Ali, als er gesagt hatte, dass er meinte, Hassan schon oft im Fernsehen gesehen zu haben. Wie viel einfacher wäre das Leben auf diesem Planeten, wenn die Leute nicht immer sofort sagen würden, was sie gerade denken? Wie viel Blut war schon geflossen, weil Menschen – ohne jegliche Not – ungefragt und ungefoltert einfach zur falschen Zeit den falschen Kommentar abgegeben hatten?

»Ich wollte Ali nie erschießen. Aber hättest du mir freiwillig deine Waffe gegeben? Natürlich hätte ich dich, da kannst du dir ganz sicher sein, entwaffnen können. Aber aus einer Single-Action-Pistole mit Patrone im Lauf kann sich dabei immer mal ein Schuss lösen. So war es einfacher«, sagte ich zu Hassan und fügte hinzu:

»Ali wird uns garantiert nicht verraten. Dafür lege ich meine Hand ins Feuer!«

»Ihr wolltet mich erschießen?«, fragte Ali verwirrt.

»Nein, Ali, niemand wollte dich erschießen. Ich musste nur mit einem Trick an Hassans Pistole kommen, die jetzt da draußen in der Wüste liegt. Das war alles«, versuchte ich ihn zu beruhigen.

Hassan kochte vor Wut, riss sich aber zusammen und schwieg.

»Was machst du eigentlich, wenn wir in Urmia sind? Du willst doch nicht etwa in der Nacht nach Teheran zurückfahren?«, fragte ich Ali.

»Nein, das wäre zu gefährlich. Ich schlafe im Auto und fahre morgen bei Sonnenaufgang zurück.«

»Da habe ich eine bessere Idee: Wir nehmen uns heute Abend gemeinsam ein Hotelzimmer, gehen zusammen essen und dann kannst du morgen zurückfahren. Oder übermorgen. Ich bitte dich, noch so lange zu bleiben, bis ich weiß, ob ich dich vielleicht doch noch brauche und zahle dir für jeden Wartetag 50 US$ sowie Unterkunft und Essen«, schlug ich vor.

»Das kann ich machen. Allerdings müsste ich morgen meine Frau anrufen und ihr sagen, dass ich später komme. Sie macht sich sonst Sorgen«, antwortete Ali.

»Natürlich kannst du zu Hause anrufen, solange du niemandem, wirklich absolut niemandem, nicht einmal deiner Frau, erzählst, dass wir einen Fahrgast dabeihaben, den du vielleicht schon mal im Fernsehen gesehen hast. Auch kein Wort über das, was wir gesprochen haben! Das ist sowohl für Hassan als auch für mich lebenswichtig! Kann ich mich da hundertprozentig auf dich verlassen?«, fragte ich Ali mit eindringlichem Blick.

»Ja, ich schwöre bei …«, sagte Ali mit fester Stimme.

»Schwören musst du nicht. Ich verlasse mich ganz fest auf dich! Du weißt, worum es geht. Denk an deinen Bruder!«

Ali nickte.

»Und wie komme *ich* morgen weiter?«, wollte Hassan wissen.

»Du setzt dich in ein Taxi und fährst in die Türkei. An der Grenze zeigst du deinen Pass vor, sagst, du bist Busfahrer in London und hast nur mal kurz deine Familie besucht.«

Hassan dachte nach, legte seine Stirn in Falten, schlug die Hände vors Gesicht und schwieg. Angst stieg in ihm auf. Ali grinste kaum merkbar. Nach einer Weile sagte ich:

»Keine Angst, Hassan. Ich begleite dich, bis du in Sicherheit bist, und noch ein Stück weiter. Ob wir mit unseren Pässen über den regulären Checkpoint können oder ihn umgehen müssen, weiß ich noch nicht. Das möchte ich mit dem Kurdenführer Sheik Akar Achmad besprechen, einem Mann, dem wir vertrauen können.«

Als wir am Südzipfel eines gigantischen Salzsees entlangfuhren, meinte Ali, wir würden unser Ziel bald erreichen. Ich ließ ihn anhalten und bestand darauf, dass wir alle unsere schwarz-weiß karierten Kopftücher wie einen Turban um unsere Köpfe knoteten. In erster Linie ging es darum, Hassans Identität zu verschleiern. Der Ex-Ölminister wehrte sich vehement. Als ihm klar wurde, dass wir ohne die Turbane nicht weiterfahren würden, beugte er sich letztendlich dem Gruppenzwang.

Kurz nach Einbruch der Dunkelheit erreichten wir Urmia und checkten im ersten Hotel, das wir sahen, ein. Das *Morvarid* am Ufer des Shahar-Flusses war einfach, sauber und billig. Ich nahm das Dreibettzimmer für fünf US$ die Nacht. Nur so konnte ich meine Mitreisenden im Auge behalten.

Wir fragten nach dem größten und bekanntesten Restaurant des Ortes und kehrten dort ein. Während sich

Ali und Hassan deutlich zurückhielten, fragte ich den Wirt und die Gäste an den größeren Tischen, ob sie wüssten, wo ich Sheik Akar Achmad finden könnte, und betonte auf ihr Schulterzucken, dass ich ihn in einer wichtigen Angelegenheit sprechen wollte und im *Morvarid* abgestiegen sei. Gerne hätte ich noch eine Runde Raki ausgegeben, war mir aber nicht sicher, ob das angesichts der neuen politischen Lage eine gute Idee gewesen wäre. Mein Bauchgefühl sagte mir, dass viele der Männer in dem Restaurant den Kurdenführer kannten und dass man ihm meinen Kontaktwunsch übermitteln würde.

* * *

Donnerstag, 15. März 1979, 9:15 Uhr

Wir hatten gerade vor dem Hotel gefrühstückt, als zwei vermummte Männer in schwarzer kurdischer Tracht mit einem Geländemotorrad vorfuhren. Der Sozius hatte eine Kalaschnikow geschultert. Sie fragten nach dem Mann, der Sheik Akar Achmad sprechen wollte und ich meldete mich, beschloss aber, dass wir alle drei zum Kurdenführer fahren würden, vor allem, weil ich meine Mitreisenden nicht aus den Augen lassen wollte.

»Habt ihr ein Auto?«, fragten die Kurden.

Ich zeigte auf den Datsun. Der Pick-up hatte vorne eine Sitzbank für drei Personen und eine Ladefläche. Ohne dass ich mir hätte Gedanken machen müssen, wer wo sitzen könnte, entschieden die Kurden, einer von ihnen würde fahren und der Sozius mit der Kalaschnikow ginge mit uns auf die Ladefläche. Allerdings gäbe es noch eine Kleinigkeit, auf die sie nicht verzichten könnten: Wir müssten alle schwarze Augenbinden tragen, damit wir uns den Weg zu ihrem Stammesfürsten nicht merken konnten.

Ali und Hassan gerieten in Panik. Sowohl der Schah als auch Ayatollah Chomeini hatten ihre Widersacher mit schwarzen Augenbinden in den Tod geführt. Ich bat um einen Moment Ruhe und überlegte. Eine Falle war nicht auszuschließen, aber eher unwahrscheinlich. Mehr Sorgen als die Augenbinde machte mir die Vorstellung, Ali und Hassan allein zurückzulassen, weil ich befürchtete, dass bei meiner Rückkehr Ali auf dem Heimweg war und Hassan ungetarnt über den Markt spazierte. Da fiel mir plötzlich der »Nackte-Mann-Trick« ein, der ganz am Anfang meiner Karriere gestanden hatte. Ich ließ mir von Ali den Autoschlüssel geben, bat die Kurden, kurz zu warten und ging mit Ali und Hassan auf unser Zimmer.

»Wenn ihr euch weigert, die Augenbinde anzulegen, was ich gut verstehen kann, dann fahre ich allein zum Sheik. Ich bin in ein paar Stunden wieder zurück. Aber ich will auf keinen Fall, dass einer von euch das Zimmer verlässt. Habt ihr das verstanden?« Die beiden nickten erleichtert.

»Wenn ihr das Zimmer ganz sicher nicht verlasst, dann braucht ihr auch keine Kleidung. Zieht euch bitte bis auf die Unterhose aus und stopft alles in euren Kopfkissenbezug!«, forderte ich die beiden auf.

»Wieso denn das? Wir bleiben auch so im Zimmer!«, meinte Hassan empört und Ali pflichtete ihm bei.

»Weil ich kein Risiko eingehe! Und weil es um unser Leben geht! Es ist jetzt auch keine Zeit, zu diskutieren. Entweder ihr macht *jetzt sofort* und *ganz schnell* das, was ich gesagt habe, oder ich fahre mit dem Pick-up weg und ihr seht mich nie wieder!«, drohte ich in scharfem Ton.

Als die beiden in ihren Unterhosen vor mir standen und mir die gefüllten Kopfkissenbezüge reichten, ließ ich sie unter die Betttücher kriechen und mir auch noch die Unterhosen reichen, verknotete die Kissenbezüge und nahm sie mit. Nach dem Verschließen der Zimmertür schob ich wenige Zentimeter von der rechten oberen Ecke ein Streichholz zwischen Tür und Türrahmen. So konnte ich bei meiner Rückkehr erkennen, ob die Tür während meiner Abwesenheit geöffnet worden war.

Die Kleidersäcke landeten auf der Ladefläche und die Sitzordnung war klar: Ein Kurde steuerte den Pick-up, ich saß mit verbundenen Augen in der Mitte und der Kurde mit der Kalaschnikow auf der anderen Seite neben mir.

Sheik Akar Achmad glich ein wenig einem Märchenprinzen aus Tausendundeiner Nacht. Er trug einen weißen Turban, eine weiße Pumphose, eine purpurrote Bauchbinde und eine purpurrote Weste, die mit Goldbrokat eingefasst war. Sein Empfangsraum hätte mit manchem Museum für orientalische Kunst konkurrieren können: schwere Perserteppiche auf dem Boden und an den Wänden, filigran geschnitztes Mobiliar, Samowar, Teetischchen, Teegläser, Silberlöffel, eine große Schale mit Datteln, Reiterfigürchen aus Porzellan.

Der Mann, den ich auf Mitte vierzig schätzte, fragte mich in perfektem Englisch:

»Wer sind Sie und was kann ich für Sie tun?«, während mir einer seiner Diener ein Glas Tee einschenkte.

»Mein Name ist Thomas Freeman. Sind Sie Sheik Akar Achmad?«, vergewisserte ich mich.

Der Sheik nickte.

»Dann möchte ich offen mit Ihnen reden. Ich soll einen Bekannten über die Grenze in die Türkei begleiten und bitte um Ihre Hilfe. Selbstverständlich werde ich mich erkenntlich zeigen, wenn Sie mir helfen können und wollen.«

»Heißt der Mann, um den es hier geht, Ali Reza Khan?«, fragte der Sheik.

Ich erschrak, versuchte meine Überraschung zu verbergen und antwortete:

»Bitte verstehen Sie, dass ich keinen Namen nennen möchte.«

»Das haben Sie bereits getan! Ich habe es in Ihren Augen gelesen«, erwiderte der Sheik und fuhr fort:

»Letzte Woche hat ein Mitarbeiter der amerikanischen Botschaft, vermutlich ein CIA-Agent, in Teheran einen Taxifahrer angeworben, der den ehemaligen Chef der National Iranian Oil Company zusammen mit einem Begleiter in die Türkei fahren sollte. Der Taxifahrer ist ein Verräter und wollte sowohl bei der CIA als auch bei Chomeinis Leuten abkassieren. Die erwarten euch bereits am Checkpoint!«

»Woher wissen Sie das?«, fragte ich möglichst emotionslos.

»Zwei meiner Männer arbeiten getarnt als Revolutionsgardisten, einer von ihnen am Checkpoint.«

»Was schlagen Sie vor?«, fragte ich.

»Als Erstes müssen Sie den Taxifahrer loswerden. Entweder exekutieren oder auf jeden Fall für die nächsten 36 Stunden sicher ausschalten!«, erwiderte der Sheik.

»Ich habe den Taxifahrer, von dem Sie gesprochen haben, nicht engagiert, ihm gesagt, dass ich noch Zeit bräuchte, um das geforderte Geld zu besorgen, und dass ich mich wieder bei ihm melden würde. Wir sind mit einem anderen Fahrer gekommen, der mein Vertrauen genießt.«

»Das klingt sehr gut. Dennoch sollten Sie niemandem vertrauen außer sich selbst«, belehrte mich der Sheik. Es waren genau die Worte, die man mir schon bei der Ausbildung im Camp der CIA immer wieder eingebläut hatte.

»Wo sind Ali Reza Khan und Ihr Fahrer jetzt?«, fragte der Sheik.

»Geschätzter Sheik, Sie haben mir gerade einen guten Rat gegeben, den ich gerne beherzige. Bitte sagen Sie mir erst, wie Sie mir helfen können. Dann sage ich Ihnen, wo sich die beiden befinden.«

Sheik Akar Achmad lächelte anerkennend und erläuterte:

»Es gibt zwei Möglichkeiten, den Checkpoint sicher zu umgehen. Einmal mit Pferden. Das dauert etwa zehn Stunden und ihr solltet mit Pferden umgehen können. Mein Mann, der euch begleitet, übernachtet dann in der Türkei und kommt am nächsten Tag mit den Pferden zurück. Die zweite Möglichkeit ist die Fahrt mit drei geländetauglichen Motorrädern. Meine Männer fahren, ihr sitzt bei zwei Motorrädern auf dem Sozius. Auf dem dritten Motorrad befinden sich Trinkwasser, Benzin für die Rückfahrt, Reservemunition, Reparatur- und Erste-Hilfe-Set. Die Tour dauert für euch fünf bis sechs Stunden und meine Männer kommen am gleichen Tag zurück.«

»Die Motorradvariante gefällt mir besser. Wie schnell können Sie das organisieren und was kostet mich das?«, fragte ich.

»Meine Männer können morgen früh bei Sonnenaufgang starten. Was können Sie zahlen? Was ist Ihnen das Leben dieses Mannes wert?«, fragte der Sheik.

»10 000 US$ in bar«, antwortete ich.

»10 000 Dollar? Das ist wenig für ein Menschenleben. Und es ist wenig, wenn man das Budget der CIA kennt. Aber wenn wir Kurden helfen, dann machen wir das nicht nur wegen des Geldes, sondern auch aus ideologischen Gründen. Viel lieber als Geld wäre mir allerdings ein Geschenk, das Sie mir machen könnten«, meinte der Sheik.

»Sagen Sie mir Ihren Wunsch und ich werde versuchen, ihn zu erfüllen, soweit es in meiner Macht steht«, bot ich an.

»Wir hatten genauso einen sandfarbenen Datsun-Pick-up wie der, mit dem Sie gekommen sind. Bis ihn uns die Revolutionsgardisten gestohlen haben. Wir vermissen diesen Wagen sehr«, sagte der Sheik.

»Der Wagen gehört meinem Fahrer. Vielleicht kann ich ihn überreden, ihn zu verkaufen. Ali Reza Khan und mein Fahrer liegen jetzt übrigens nackt, nur mit einem Leintuch bedeckt, in unserem Hotelzimmer. So können sie nicht weglaufen. Ihre Kleidung befindet sich in den Kopfkissenbezügen auf der Ladefläche des Pick-ups.«

Die Geschichte gefiel dem Sheik. Er musste laut lachen, so laut, wie man einen Sheik wahrscheinlich nur selten lachen hört. Ein guter Moment für mein Resümee:

»Morgen früh um 5:00 Uhr kommen Ihre Männer mit drei Motorrädern zum Hotel. Ihre Leute sollen den Kauf des Datsun mit einem Schreiben vorbereiten. Verkauft mein Fahrer, zahle ich ihn aus, einer Ihrer Männer macht den Kaufvertrag und bekommt die Schlüssel. Verkauft mein Fahrer nicht, so müssen wir das respektieren und ich gebe einem Ihrer Männer 10 000 US$ in bar. Dann fahren wir los. Wo in der Türkei werden uns Ihre Männer absetzen?«

»In Gever. Die Türken nennen den Ort Yüksekova. Von dort kommen Sie gut weiter.«

Der Sheik besiegelte unsere Vereinbarung mit einem kräftigen Händedruck, wies seine Leute an, mich zurückzufahren und rief ihnen nach:

»Am Ortseingang könnt ihr ihm die Augenbinde abnehmen!«

Als wir Urmia erreichten, bat ich die beiden Kurden, in einem Restaurant ihres Vertrauens drei gebratene Hühnchen, eine große Portion Safranreis, drei große Flaschen Trinkwasser und eine große Cola zu besorgen.

Vor unserem Hotel stiegen die beiden Kurden auf ihre Motorräder um, ich nahm den Proviant, hob die beiden prall gefüllten Kopfkissenbezüge von der Ladefläche und marschierte aufs Zimmer.

Das Streichholz klemmte noch an der rechten oberen Türecke. Ein gutes Zeichen. Meine beiden Freunde lagen brav, nur mit einem Leintuch bedeckt, da und schnarchten – einer lauter als der andere. Der einzige Grund, die beiden zu wecken, wären die frisch gebratenen Hähnchen gewesen, aber auch die konnten warten. Ich beschloss, mich ebenfalls ins Bett zu legen, starrte an die Decke und überlegte, was jetzt noch schiefgehen könnte, was ich übersehen oder nicht ausreichend bedacht hatte. Mir fiel nichts ein. Außer einem kleinen Streich. Ich hatte nämlich keine Ahnung, wie es um den Humor der Iraner stand und es war an der Zeit, das herauszufinden.

Ich schloss die beiden Kopfkissenbezug-Kleidersäcke in den einzigen Schrank im Zimmer ein und rief:

»Aufwachen, Leute, es gibt Essen!«

Ali und Hassan schliefen so tief, dass ich meine

Ansage deutlich lauter wiederholen und die beiden an den Schultern rütteln musste.

»Wo sind meine Kleider?«, fragte Hassan schlaftrunken und auch Ali schaute mich fragend an.

»Leute«, sagte ich mit ernstem Gesicht, »eure Kleider waren dermaßen verdreckt und haben nach Schweiß gestunken. Die hab' ich erst mal in die Wäscherei gebracht. Sie werden morgen fertig.«

Zornesröte stieg in Hassans Gesicht auf:

»Waaas hast du? Ich will sofort meine Kleider!«

Ali ergänzte leicht deprimiert:

»Das war keine gute Idee, Thomas. Wie soll ich denn nun zur Rezeption gehen und meine Frau anrufen?«

»Habt ihr denn überhaupt keinen Hunger?«, fragte ich.

»Ohne Kleider esse ich nichts!«, protestierte Hassan und Ali schüttelte ebenfalls den Kopf.

Ich ließ mir ein bisschen Zeit, bis ich verkündete:

»Ich habe zwei gute und eine schlechte Nachricht für euch. Was wollt ihr zuerst hören?«

»Die schlechte!«, bat Ali.

»Die schlechte Nachricht ist, dass keiner von uns bis morgen früh dieses Zimmer verlassen wird. Höchstens zum Pinkeln oder für ein kurzes Telefonat. Es ist zu gefährlich und es steht zu viel auf dem Spiel!«

Ich legte wieder eine bedeutungsvolle Pause ein und wartete, bis Hassan fragte:

»Und wo sind jetzt die guten Nachrichten?«

Ich öffnete den Schrank, gab jedem sein Kopfkissen und sagte:

»Die eine ist, dass ihr eure Kleider wieder anziehen dürft, allerdings ungewaschen und genauso verschwitzt, wie ihr sie mir übergeben habt.«

Ali schenkte mir sofort sein verschmitztes Grinsen, das mir vom Moment unserer ersten Begegnung so gut an ihm gefallen hatte und auch Hassan quälte sich ein Lächeln ab. Die beiden waren so glücklich, dass sie meine zweite gute Nachricht, die erfolgreichen Verhandlungen mit dem Sheik, gar nicht mehr einforderten.

Ich berichtete Ali und Hassan unter dem Siegel strengster Verschwiegenheit, wie mein Besuch bei dem Kurdenführer verlaufen war und machte ihnen klar, dass sie vor allem ihr eigenes Leben gefährden würden, wenn sie etwas von dem Gesprochenen weitererzählten.

Ali war nach reiflicher Überlegung bereit, mir seinen Pick-up für 10 000 US$ zu verkaufen, damit ich ihn dem Sheik schenken konnte. Die nötigen Papiere hatte er dabei.

Damit sich Ali nicht verquatschte und unsere Mission nicht in letzter Sekunde gefährdete, standen Hassan und ich sicherheitshalber neben ihm, als er mit seiner Frau telefonierte.

»Mach dir keine Sorgen. Ich komme erst morgen Abend«, war alles, was er sagen durfte.

* * *

Freitag, 16. März 1979, 5:00 Uhr

Die Kurden kamen pünktlich und besiegelten mit Ali den Fahrzeugkauf. Ich zählte unserem treuen Fahrer unter den Augen aller Anwesenden 10 000 US$ in bar auf sein Bett, legte noch 300 US$ für die Fahrt und 50 US$ für den zusätzlichen Tag drauf und verabschiedete mich mit einer kräftigen Umarmung.

Hassan und ich schwangen uns hinter je einem Kurden auf den Soziussitz. Die Support-Maschine fuhr abwechselnd mal voraus, mal hinterher. Nach 40 Kilometern Landstraße ging es in südlicher Richtung in die Berge. Dort wurde es ungemütlich: steil bergab, spitze Kurven, steil bergauf und immer hart an der Grenze der Leistungsfähigkeit von Mensch und Maschine. Die Federbeine der Yamaha XT 500 ächzten unter Hassans Gewicht und einmal rutschte er bei einer abrupten Beschleunigung vom Sozius und landete unsanft mit seinem Allerwertesten auf dem steinigen Terrain. Die Kurden beschlossen, dass Hassan und ich von Zeit zu Zeit die Motorräder wechseln mussten, um nicht eines zu sehr mit Hassans Gewicht zu belasten. Knappe vier Stunden quälten wir uns auf der strapaziösen Enduro-Tour, dann erreichten wir wieder eine befestigte Straße – und waren in der Türkei!

Mein Hinterteil schmerzte und Hassan ging es bestimmt nicht besser. Ich beriet mich kurz mit ihm, ob wir von hier aus lieber zu Fuß weitergehen sollten, zumal wir ja jetzt in Sicherheit waren.

»Wie weit ist es noch nach Yüksekova?«, fragte ich einen der Kurden. Er bedeutet mir, es seien noch 30 Kilometer.

»Gibt es hier irgendwo ein Taxi oder einen Bus?«, wollte ich wissen. Der Kurde zuckte mit den Schultern. Wir baten um eine kurze Bedenkpause und entschlossen uns dann, auch die letzten Kilometer zu unserem Ziel mit den Motorrädern zurückzulegen.

Am Ortsrand von Yüksekova drückte ich zum Abschied jedem der Kurden 100 US$ in die Hand. Die drei hatten vollen physischen und psychischen Einsatz bewiesen! Dann wollte ich noch meine drei in Zigarettenschachteln eingebauten Ablenkungsbömbchen loswerden. Ich brauchte sie jetzt nicht mehr und riskierte bei einer Flughafenkontrolle unnötige Probleme. Mit bühnenreifer Pantomime erklärte ich den Kurden, was es mit den Päckchen auf sich hatte und aktivierte eines davon mit zwei Minuten Zeitvorlauf. Auf die Sekunde genau fing das Teil an, für mehrere Minuten zu knallen, zu knattern, zu rauchen und Feuer zu speien. Ein echter Hingucker, der im Notfall sicher seinen Zweck erfüllt hätte. Die beiden übrigen Bömbchen schenkte ich den Kurden.

Noch am gleichen Tag fanden wir eine Busverbindung nach Ankara, mit Umsteigen in Diyarbakir, Gesamtfahrdauer 20 Stunden. Von Ankara ging's per Flug über Paris nach New York. Hassan schlief die meiste Zeit. Als wir in New York landeten, wollte er dort unbedingt entfernte Verwandte besuchen oder gab dies zumindest vor. Es kostete mich einige Mühe, ihn zum Weiterflug nach Washington D.C. zu bewegen, ja förmlich zu zwingen, denn ich hatte seinen Pass wieder an mich genommen.

Die Taxifahrt vom Washingtoner Flughafen zur CIA-Zentrale in Langley, Virginia, war kurz. Dennoch ließ ich den Ex-Ölminister keine Sekunde aus den Augen, war bei jeder roten Ampel darauf gefasst, ihn festhalten oder ihm hinterherhechten zu müssen, falls er das Fahrzeug verlassen wollte.

* * *

Sonntag, 18. März 1979, 20:38 Uhr

Ich übergab Ali Reza Khan meinen Auftraggebern. Zum Abschied sagte er nur:

»Ich hoffe, dass wir uns nie wiedersehen!«

»Das hoffe ich auch, Mr Khan! Alles Gute!«, antwortete ich.

Meine Kollegen nähten mir 50 000 US$ in meinen Rucksack ein, dazu eine Quittung, die bestätigte, dass ich das Geld beim Pokern in einem Casino in Atlantic City gewonnen hatte, damit ich bei Zollkontrollen keine Probleme bekommen konnte.

Zwei Wochen, nachdem ich den Ex-Minister außer Landes gebracht hatte, ließ Ajatollah Ruholla Chomeini, ganz staatsmännisch, das iranische Volk über seine Zukunft abstimmen und rief am Mittag des 1. April 1979 – lange bevor alle Stimmen ausgezählt waren – die Islamische Republik Iran aus, für die 98,2 Prozent aller wahlberechtigten Iraner gestimmt hätten. In den folgenden Tagen und Wochen wurden Hunderte ehemalige Staatsbedienstete und Schahgetreue hingerichtet. Der Ölminister hätte das ganz bestimmt nicht überlebt.

* * *

Mittwoch, 21. März 1979

Zu Hause konnte ich endlich wieder die vielen leeren Kuverts unter meiner Matratze füllen. Langfristig wollte ich mir mal eine Alternative überlegen, vielleicht einen Safe oder ein US$-Devisenkonto bei meiner Sparkasse. Aber noch ging das ja ganz gut so und ich genoss das Gefühl, wieder für längere Zeit aus dem Vollen schöpfen zu können. Die Casino-Quittung wanderte in den Papierkorb.

Birgit stand eine halbe Stunde nach meinem Anruf vor meiner Tür. Hatte sie mich so sehr vermisst oder war sie vor allem neugierig auf meine Erklärung?

Sie verwehrte mir den so sehr ersehnten Begrüßungskuss und wich erschrocken zurück:
»Wie sehen denn deine Haare aus?«
»Schwarz oder braun oder dunkelblond? Ich hatte sie schwarz gefärbt und jetzt geht die Farbe nicht mehr raus. Ich hab' sie schon zweimal gewaschen. Vielleicht muss ich sie blond überfärben oder das einfach rauswachsen lassen«, antwortete ich.
»Was machst du denn für einen Blödsinn? Fasching ist doch längst vorbei! Wo warst du denn die ganze Zeit? Und welche Tussi hat da mitten in der Nacht angerufen?«, wollte Birgit wütend wissen.
»Wenn ich dir das erklären soll, musst du mir absolute Verschwiegenheit versprechen! Du darfst niemandem etwas davon erzählen, nicht mal deiner besten Freundin! Versprochen?«
Birgit zögerte einen Moment, bevor sie nickte und bestätigte:
»Versprochen!«
»Die Frau, die nachts angerufen hat, ist vom CIA-Hauptquartier in Langley in Virginia, USA. Ich arbeite gelegentlich für den amerikanischen Geheimdienst und wenn sie mich brauchen, rufen sie meistens um diese Zeit an, weil ich da am besten erreichbar bin.«
»Und was machst du beim Geheimdienst?«, fragte Birgit spöttisch.
»Das darf ich dir nicht sagen. Sonst wäre es ja nicht geheim!«, versuchte ich es mal.
Birgit wickelte ihren Kaugummi in das Kaugummipapier ein, zielte auf meinen Papierkorb, warf daneben, hob ihn auf und legte ihn hinein. Dann kam, was kommen musste. Sie sah das einzige Stück im Papierkorb: die weggeworfene Casino-Quittung.

»Du bist gar kein Agent, sondern ein Spieler und hast einen Haufen Geld gewonnen! Wahrscheinlich war die Mieze, die dich angerufen hat, aus dem Casino und hat dich zum Pokerturnier eingeladen. Das läuft so, bei den Profis. Warum lügst du mich an?«, wollte Birgit wissen.

Ich fragte mich, ob es besser wäre, Birgit hielte mich für einen Agenten oder für einen Spieler und sagte schließlich:

»Würdest du die Frage eventuell zurückziehen und auch keine weiteren Fragen stellen, wenn ich dich mit einem Teil meines sauer verdienten Geldes zu einem wunderbaren Urlaub einlade? Kalifornien, Arizona, Nevada?«

KAPITEL 10
Deutsche Geiseln in Buschehr

Birgit war eine Wucht! Wenn ich nur an sie dachte, bekam ich Schmetterlinge im Bauch und nicht selten auch tieferliegende Regungen. Der Sex wurde mit zunehmender Vertrautheit immer besser und machte uns regelrecht süchtig aufeinander.

Jeder hatte die Hausschlüssel des anderen. Wir bekochten uns nun gegenseitig, dienstags und donnerstags bei mir, mittwochs und freitags bei Birgit. Dabei versuchten wir, uns mit immer neuen Gaumenfreuden zu übertreffen. Eine echte Herausforderung für mich, zumal meine Spezialität bisher das Aufwärmen von Raviolidosen und die Verfeinerung des Inhalts mit Butterflocken, Parmesan und italienischen Kräutern gewesen war.

Birgit hatte mich in meiner Zeit im OP der Chirurgischen Universitätsklinik in der Nussbaumstraße angelernt. Vor dem, was sie beruflich leistete, hatte ich allerhöchsten Respekt. Nur selten musste ein Chirurg während einer Operation ein Instrument von ihr verlangen, denn sie reichte es bereits an, wenn er die Hand danach ausstreckte. Sie stand bei schwierigen Eingriffen oft über viele Stunden ohne Pause am Tisch und hatte die Abläufe von Hunderten von Operationen im Kopf – einfach genial! Außerdem hatte sie Humor! Im OP, im Bett und auf dem Sprungplatz, wo wir gemeinsam unsere freien Wochenenden verbrachten. Genau wie ich wollte auch Birgit Kinder. Und sie war die erste Frau, mit der ich mir eine Familiengründung hätte vorstellen können.

Wir freuten uns schon beide riesig auf unsere bevorstehende USA-Westküstentour: Los Angeles, San Diego, Lake Elsinore – die Wiege des Formationsspringens –, Phoenix, Flagstaff, Las Vegas. Auf so einer Reise läuft nicht immer alles nach Plan, man muss Rücksicht aufeinander nehmen und lernt sich noch besser kennen. Ich spielte mit dem Gedanken, wenn alles gut lief, Birgit in Las Vegas einen Heiratsantrag zu machen. Am dortigen Sprungplatz konnte man sogar im freien Fall heiraten, begleitet von einem ebenfalls fallschirmspringenden Reverend, der die Trauung in der Luft rechtsgültig vollziehen durfte.

* * *

Dienstag, 10. Juli 1979, 9:30 Uhr

Ich hatte gerade meinen Dienst in der chirurgischen Nothilfe des Schwabinger Krankenhauses begonnen, einen gebrochenen Unterarm eingegipst und eine Tasse Kaffee getrunken, als mich der Personalchef zu sich rief und sagte:

»Ich habe da gerade einen ungewöhnlichen Anruf erhalten.«

Ich schaute ihn fragend an und er fuhr fort:

»Der Personalchef der Siemens-Tochterfirma Kraftwerk Union benötigt dringend für deren Werkskrankenhaus am Persischen Golf einen erfahrenen Chirurgie-Pfleger.«

»Was ist daran ungewöhnlich?«, fragte ich.

»Ich dachte, das wäre vielleicht was für Paul. Der arbeitet schon seit zehn Jahren bei uns und reist auch recht gern. Außerdem zahlt die KWU das Doppelte von dem, was wir zahlen können, und Paul ist doch immer knapp bei Kasse. Das Komische an dem Anruf war aber: Die wollten unbedingt Sie! Und zwar sofort und um jeden Preis! Die haben mir sogar eine Ablösesumme angeboten, wenn ich Sie freistelle. Aber so was mache ich nicht. Ich brauche gutes Personal und nicht das Geld. Wir sind ja hier nicht bei der Bundesliga«, meinte mein Personalchef.

»Kann ich mir mal unverbindlich das Angebot anhören?«, fragte ich.

»Und ob Sie das können! Die haben sogar schon ein Flugticket für Sie am Lufthansa-Schalter am Flughafen Riem hinterlegt. Ich soll Ihnen ausrichten, Ihr Flug nach Frankfurt geht heute um 11:50 Uhr und Sie sollen sich pünktlich um 14:00 Uhr an der Pforte des KWU-Hochhauses am Kaiserlei in Offenbach melden. Offenbach ist ein Vorort von Frankfurt, das Gebäude kennt dort angeblich jeder. Die Sache begeistert mich nicht recht. Aber der Kollege war überaus freundlich. Es ist Ihre freie Entscheidung! Das Beste, was ich Ihnen anbieten könnte, wäre, Ihren Urlaub vorzuziehen. Ansonsten müssten sie halt kündigen, wenn Sie sich für den Job entscheiden. Wäre schade!«

Mein Personalchef stand auf, reichte mir die Hand und schaute mir tief in die Augen. Ich konnte oder wollte seinen Blick nicht deuten. Als ich schon auf dem Flur war, rief er mir nach:

»Sie sollen Ihren Reisepass und Ihr Krankenpflegeexamen mitbringen!«

* * *

Dienstag, 10. Juli 1979, 13:45 Uhr,
KWU-Hochhaus Offenbach

Ich war zu früh dran. Die adrette Empfangsdame mittleren Alters bot mir Kaffee und Süßgebäck an und geleitete mich Punkt 14:00 Uhr in einen Konferenzraum in den 19. Stock. Von hier aus hatte man einen tollen Ausblick auf den Main und die Skyline der Stadt Frankfurt.

Die Empfangsdame stellte mich einem Mann vor, der sich gerade anschickte, eine Sitzung zu eröffnen:

»Herr Staatssekretär – Herr Müller, Herr Müller – Herr Staatssekretär Lautenschlager.«

Eigentlich hatte ich einen Personalchef und keinen Staatssekretär erwartet. War ich hier im falschen Film? Wenn ja, dann erschien mir die Sache doch ganz spannend! Ich beschloss, einfach mal abzuwarten.

Um den Konferenztisch aus dunklem Mahagoni standen zehn bequeme Ledersessel. Es waren nur fünf Leute im Raum. Der Staatssekretär ließ Pappkarten und Eddingstifte herumreichen, damit sich jeder selbst ein Namensschild schreiben konnte. Anschließend stellten wir uns kurz vor:

»Mein Name ist Hans Werner Lautenschlager. Ich bin direkter Referent unseres Außenministers Hans-Dietrich Genscher und leite diese Sitzung«, machte der Staatssekretär den Anfang.

»Mein Name ist Gertrude Schlecht, ich bin die Protokollantin.«

»Mein Name ist Karl-Friedrich von Borsch, KWU-Vorstandsvorsitzender.«

»Werner Krause, Mitarbeiter des Bundesnachrichtendienstes, Spezialgebiet Naher Osten.«

»Horst Schmitt, Mitarbeiter des Bundesnachrichtendienstes, Spezialgebiet Mittlerer Osten.«

»Mein Name ist Michael Müller, ich bin Krankenpfleger, Spezialgebiet Chirurgie und Psychiatrie«, gab ich zu Protokoll.

Der Staatssekretär forderte mich auf, den BND-Männern meinen Pass und mein Krankenpflegeexamen zur gründlichen Überprüfung zu übergeben. Die Herren glichen meine Unterlagen mit den ihren ab, warfen mir einen misstrauischen Blick zu und bestätigten dem Staatssekretär knapp:

»Es ist der richtige Müller.«

Dann wurden Verschwiegenheitsverpflichtungen verteilt, die alle Anwesenden zu unterschreiben hatten. Nichts, was in diesem Raum gesprochen wurde, dürfe an die Öffentlichkeit dringen, und jeder Unterzeichner wisse, dass er im Falle einer Zuwiderhandlung mit einer Geldstrafe bis zu 50 000 DM oder einer Haftstrafe bis zu fünf Jahren rechnen müsse.

Herr von Borsch, der Hausherr, ergriff das Wort:

»Die Siemens-Tochter Kraftwerk Union AG, kurz KWU, betreibt seit 1975 im Auftrag der Schah-Regierung den Bau eines Kernkraftwerks in Buschehr am Persischen Golf. Von den beiden geplanten Druckwasserreaktoren ist derzeit Block 1 zu 85 Prozent und Block 2 zu 50 Prozent fertiggestellt. Bis letztes Jahr arbeiteten auf der Baustelle noch über 5000 Deutsche. Es war weltweit die größte Auslandsbaustelle, die eine deutsche Firma je betrieben hat, mit einem riesigen Camp, Kantine, Swimmingpool, Bank, Supermarkt, Krankenhaus, Schule, Bücherei und eigenem Fernsehstudio. Leider mussten wir nach der Islamischen Revolution den Bau einstellen und die meisten unserer Leute abziehen, zum einen wegen der unberechenbaren politischen Lage, zum anderen, weil die Atomic Energy Organization of Iran seit der Ausrufung der Islamischen Republik Iran am 1. April keine Zahlungen mehr geleistet hat. Wir haben daher den Vertrag offiziell zum 1. Juni gekündigt.«

»Wir wollen zudem unter allen Umständen vermeiden, dass die neue Islamische Republik am Ende noch durch unsere Unterstützung in die Lage kommt, Atomwaffen herzustellen«, warf der Staatssekretär ein.

»In diesem Punkt kann ich Sie beruhigen«, meinte der KWU-Vorstandsvorsitzende, »um aus dem leicht angereicherten Uran-235, das für den Betrieb unserer Druckwasserreaktoren nötig gewesen wäre, waffenfähiges Material herzustellen, wären unter anderem Anreicherungsanlagen mit hochwertigen Gaszentrifugen, Forschungsreaktoren und vor allem Know-how nötig, das der Iran nicht hat. Das würde Jahrzehnte dauern! Wir sorgen uns viel mehr um unsere 141 Mitarbeiter, die noch auf der Baustelle sind, darunter der Bauleiter, ein Arzt, drei Ingenieure, ein Sicherheitsbeauftragter, mehrere Monteure, Poliere, Lageristen, Sekretärinnen, Kfz-Mechaniker, Feuerwehrleute, Köche und Ehepartner der Mitarbeiter. Solange die Gespräche mit der neuen Regierung liefen, sollten die iranischen Mitarbeiter in Wartungsmaßnahmen zum Erhalt der Baustelle unterwiesen werden. Nun sind die Verhandlungen, an denen auch die Bundesregierung beteiligt war, gescheitert. – Wollen Sie hier weitermachen, Herr Staatssekretär?«

Der Staatssekretär war sichtlich wenig begeistert, an dieser Stelle den Stab zu übernehmen, räusperte sich zweimal und erklärte:

»Unsere Verhandlungspartner ließen uns wissen, dass

Ajatollah Chomeini zwar einerseits Atomkraft nicht für islamkonform hielte, andererseits aber meinte, was einmal begonnen wurde, müsste auch fertiggestellt werden. Und zwar auf Kosten des Bauherrn, der ohnehin schon genug Gelder seit Baubeginn erhalten habe. Er gab daher die Weisung heraus, dass die verbliebenen Deutschen iranische Arbeiter darin unterweisen müssten, wie sie das Kernkraftwerk schnellstmöglich fertigbauen könnten. Jeder Deutsche, der jetzt noch das Camp verlassen wollte, müsste nachweislich durch einen deutschen Fachmann mit gleicher Qualifikation ersetzt werden.«

»Das hört sich ja an wie Staatserpressung mit Geiselnahme!«, brach es aus mir heraus.

Der Staatssekretär legte eine kurze Pause ein, atmete tief durch und antwortete:

»Ist es auch! Ist es auch! Aber bitte nehmen Sie diese Worte nie öffentlich in den Mund! Das gilt für alle hier im Raum. Wenn das die Medien mitbekommen, wird die Lage eskalieren!«

»Wissen die Betroffenen denn überhaupt, dass sie als Geiseln gehalten werden?«, fragte ich.

»Nur der Bauleiter, Herr Wiesenthaler, und der letzte verbliebene Arzt wissen Bescheid. Die anderen glauben, dass es einfach Verzögerungen wegen der hohen Anzahl von Ausreisewilligen und der wenigen Flüge gibt, die derzeit noch gehen. Aber die Leute werden schon unruhig und bedrängen den Bauleiter täglich, wann denn nun endlich ihre Ausreisepapiere kommen«, antwortete der KWU-Vorstandsvorsitzende.

»Wie kommunizieren Sie mit Ihrem Bauleiter?«, fragte ich.

»Schwierig, schwierig! Wir versuchen mehrfach täglich, dort anzurufen und er versucht mehrfach täglich, bei uns anzurufen. Wenn wir Glück haben, kommt einmal die Woche eine Verbindung zustande, die länger als zwei oder drei Minuten hält«, erläuterte von Borsch und fuhr fort:

»Wir haben einen Mann im Camp, der dringend ersetzt werden muss!«

»Der Krankenpfleger!«, schlussfolgerte ich.

»Der hat den Absprung frühzeitig geschafft. Aber unser Dr. Zimmermann ist mit einer iranischen Ärztin verheiratet. Die beiden haben ein dreijähriges Kind und Frau Dr. Zimmermann-Zadeh ist im siebten Monat schwanger. Dazu kommt, dass Herr Dr. Zimmermann seit einiger Zeit Herzprobleme hat. Die Zimmermanns bemühen sich seit Monaten um Flugtickets und Ausreisepapiere. Tickets zum Verlassen des Iran sind sehr schwer zu bekommen und die Wartelisten lang. Nun haben sie alle Papiere zusammen und es fehlt nur eines: Herr Dr. Zimmermann braucht einen Nachfolger! Trauen Sie sich das zu?«, fragte mich der KWU-Mann.

»Wenn ich nicht gerade operieren muss, schon«, antwortete ich.

»Dr. Zimmermann würde Sie als seinen Nachfolger einführen und Ihnen das Krankenhaus übergeben. Eine reine Formsache! Auf der stillgelegten Anlage gab es schon lange keinen richtigen Notfall mehr. Vielleicht müssen Sie mal eine Kopfschmerztablette ausgeben oder ein Heftpflaster aufkleben«, meinte Herr von Borsch.

»Moment mal«, sagte ich, »dann wollen Sie mich also nicht als Krankenpfleger, sondern als falschen Arzt in Ihrem Werkskrankenhaus einstellen und brauchen mich vor allem als Austauschgeisel. Hat denn jemand die Sache schon mal weitergedacht? Gibt es einen Plan, wie die 141 Personen und ich da wieder rauskommen?«

»Mit Ihnen wären 141 Deutsche im Camp, Dr. Zimmermann wäre dann ja raus«, rechnete der Staatssekretär und fuhr fort:

»Ja, wir haben sogar einen großen Schritt weitergedacht! *Sie* sind der Schlüssel zur Lösung unseres Problems und unsere große Hoffnung! Sie wurden uns als Iran-Kenner und Spezialist für Evakuierungen empfohlen. Sind Sie unser Mann?«

»Ihre Informationen sind richtig, aber ich weiß noch nicht, ob ich Ihr Mann bin«, antwortete ich, ohne zu hinterfragen, woher die Empfehlung kam. Es wäre nicht sachdienlich gewesen und ich konnte mir die beiden Antwortmöglichkeiten »ist geheim« oder »CIA« ohnehin denken.

Werner Krause vom BND meldete sich zu Wort:

»Wir haben gedacht, ein Austausch mit Dr. Zimmermann wäre die ideale Gelegenheit, Sie da unten einzuschleusen. Sie könnten dann Herrn Wiesenthaler den Fluchtplan überbringen.«

»Welchen Fluchtplan?«, fragte ich.

Jetzt schaltete sich wieder Staatssekretär Lautenschlager ein:

»Den Fluchtplan, den wir hier gemeinsam mit Ihnen erarbeiten wollen. Das ist der Sinn und Zweck dieser Runde. Am liebsten wäre mir, wir würden den Raum nicht verlassen, bis der Plan steht!«

Intuitiv erhob ich mich von meinem Platz, vielleicht um dem, was ich jetzt klarstellen musste, besonderen Nachdruck zu verleihen:

»Im Iran herrscht zurzeit das blanke Chaos! Wenn ich auffliege, kann mich das mein Leben kosten, oder – vielleicht noch schlimmer – Gefängnis und grausamste Folter. Wir können nur dann weiter über einen möglichen

Plan reden, wenn Sie mir absolute Entscheidungshoheit und volle Unterstützung garantieren! Darunter verstehe ich zum Beispiel: Wenn ich einen neuen Pass mit anderem Namen für sinnvoll halte, bekomme ich ihn. Ebenso nachvollziehbare Approbationsurkunde und Arztausweis. Wenn ich 140 neue Pässe für alle Geiseln benötige, bekomme ich sie. Wenn ich einen Koffer mit doppeltem Boden und einer halben Million Dollar in Hunderterscheinen für Bestechungen will, bekomme ich ihn. Und außerdem erhalte ich natürlich ein angemessenes Honorar!«

Für eine Weile herrschte betretenes Schweigen. Bis sich der Staatssekretär fasste:

»Gut – wir machen das so. An welches Honorar hatten Sie denn gedacht?«

»Eine Million D-Mark!«, pokerte ich.

Der Staatssekretär rang nach Luft:

»Das bekomme ich nicht durch! So viel haben wir noch nie an einen einzelnen Agenten gezahlt! Sie sollten die Sache auch nicht nur wegen des Geldes, sondern auch wegen der Geiseln und aus Patriotismus machen, wenn Sie es können. Wir dachten an 50 000 DM für Sie, steuerfrei!«

Natürlich hatte ich zu hoch gepokert und legte nach einer kleinen Pause nach:

»Einigen wir uns auf 100 000 DM Fixum und 1000 DM für jeden deutschen Staatsbürger, der unbeschadet deutschen Boden betritt. Das hat die Bundesregierung doch alleine durch die Steuerleistung einer geretteten Geisel in kürzester Zeit wieder eingenommen. Es ist mein letztes Angebot!«

Ich setzte mich wieder.

»Einverstanden!«, nickte der Staatssekretär, forderte

Frau Schlecht auf, die Vereinbarung zu Protokoll zu nehmen und bat die BND-Leute, nun ihre Rechercheergebnisse und Vorschläge zu unterbreiten.

»Es gibt derzeit zwei Hauptfluchtrouten aus dem Iran. Die eine verläuft auf dem Landweg über Täbris in die Türkei und die andere entlang der Küste nach Bandar Abbas und dann über die Straße von Hormus nach Kumzar im Oman«, begann Schmitt.

»Haben wir vielleicht eine Landkarte vom Iran und einen Lageplan der Kraftwerkbaustelle?«, unterbrach ich.

»Nein, aber die Landkarte werden wir besorgen«, kam die verlegene Antwort des BND-Manns. Der KWU-Vorstandsvorsitzende schickte die Protokollantin los, um einen Lageplan des Kraftwerks zu organisieren.

»Als Transportmöglichkeit stünden aus dem Fuhrpark der KWU-Baustelle 42 VW-Kübelwagen Typ 181 und drei Unimogs 404 zur Verfügung. Außerdem haben uns unsere amerikanischen Freunde mitgeteilt, dass es in Schiras einen Autohändler gibt, der mehrere alte amerikanische Schulbusse verkaufen würde. Da sich der Zorn des Volkes immer wieder gegen Amerika richtet, wäre es sinnvoll, die Busse weiß oder beige zu lackieren. Im Camp gibt es genug Farbe für zwei Busse«, erläuterte Schmitt.

»Und ich soll dann die Karawane in die Türkei führen?«, fragte ich mit leicht spöttischem Unterton.

»Wahrscheinlich würden alle Deutschen in zwei Schulbusse und zwei Unimogs passen«, beschwichtigte Schmitt.

»Das kommt überhaupt nicht infrage«, stellte ich entschieden klar, »die Strecke ist viel zu weit und hat zu viele Checkpoints! So viel Bakschisch kann ich gar nicht mitschleppen, wie da nötig wäre. Und außerdem gibt es immer ein paar unbestechliche Fanatiker. Kaum jemand flieht heute noch über Täbris in die Türkei.«

»Nach Bandar Abbas ist es deutlich kürzer. Da könnten wir Schnellboote aus dem Oman schicken, die alle Deutschen aufnehmen«, schaltete sich BND-Mann Krause ein.

»Wie weit ist es denn von Buschehr nach Bandar Abbas?«, wollte ich wissen.

»Ich glaube, ungefähr 700 Kilometer«, antwortete Krause.

»Das ist für mich keine Alternative! Zum einen ist auch diese Strecke zu lang, zum anderen ist zu erwarten, dass die Revolutionsgarden Bandar Abbas bald besser abriegeln, vielleicht schon morgen, vielleicht in einer Woche. Außerdem wären wir auf die Boote und entsprechend gutes Wetter angewiesen. Das sind zu viele Unsicherheitsfaktoren! Haben Sie denn schon mal an eine Luftevakuierung gedacht? Per Hubschrauber oder Flugzeug?«, fragte ich.

»Ja, das haben wir«, leuchtete Krause, »die Bundesregierung wollte eine Lufthansa-Maschine chartern und hatte auch schon Piloten, die sich freiwillig zu diesem Einsatz bereit erklärt hatten. Als wir aber erfahren haben, dass mittlerweile alle Flüge aus dem Iran in Teheran zwischenlanden müssen und dort gründlich kontrolliert werden, haben wir diesen Plan wieder begraben. Die lassen die KWU-Mitarbeiter da nie raus!«

»Das lassen Sie mal meine Sorge sein«, sagte ich etwas überheblich und fragte Krause und Schmitt:

»Was wissen Sie denn über den Mullah von Buschehr?«

Die beiden sahen sich ratlos an und zuckten mit den Schultern:

»Nichts!«
Ich stand wieder auf. Irgendwie hatte ich das Gefühl, mir im Stehen besser Gehör verschaffen zu können:
»Herr Staatssekretär, Herr von Borsch, Kollegen Krause und Schmitt! Bei dieser Anzahl von Personen halte ich eine *Luftevakuierung* für den einzig möglichen Weg! Dabei kommt uns zugute, dass es zum momentanen Zeitpunkt im Iran keine funktionierende behördliche Infrastruktur gibt und die Kommunikation insgesamt und innerhalb von Behörden schlecht oder gar nicht funktioniert. Ich kann mir vorstellen, dass die Flugsicherung in Teheran nicht weiß, was die Flugsicherung in Buschehr macht, und der einflussreiche Mullah in Buschehr nicht immer weiß, was ein Ajatollah oder Energieminister in Teheran will. Bevor wir in die konkrete Planung gehen, müsste ich wissen, ob das Angebot mit der Lufthansa-Maschine noch steht. Die Piloten sollten möglichst bei unserer nächsten Besprechung dabei sein, damit sie uns Auskunft über Flugzeugtyp, Passagierkapazität und Reichweite geben können. Vielleicht können sie auch ein paar Ideen für technische Notfälle und Abweichungen vom Flugplan beisteuern. Außerdem brauche ich alle verfügbaren Informationen über den Mullah von Buschehr, wo er aufgewachsen ist, welche Bildung er hat, ob er Englisch spricht, ob seine Gemeinde arm oder reich ist, seinen Jahresverdienst, seinen Korruptionsindex, seine Stärken und Schwächen. Notfalls fragen Sie Ihre amerikanischen Kollegen. Die wissen so was! Dabei fragen Sie bitte auch gleich nach dem aktuellsten Stand der Kommunikationslage zwischen Behörden und den beiden relevanten Flugsicherungszonen. Einen alten Koffer mit einer halben Million Dollar im doppelten Boden können Sie auch schon prä-

parieren. Und einen zwei Jahre alten Reisepass, ausgestellt auf den Namen Dr. Dagobert Dussmann, mit einem Ein- und Ausreisestempel der Türkei vom Juni dieses Jahres. Meine Approbationsurkunde aus dem Jahre 1977 muss nachvollziehbar an der Ludwig-Maximilian-Universität in München registriert sein. Es gibt auch Revolutionsgardisten, die einen Onkel in Deutschland haben, der Arzt ist und schnell mal recherchieren kann, ob Dr. Dagobert Dussmann tatsächlich in München sein Staatsexamen abgelegt hat. Außerdem benötige ich einen Arztausweis, eine Landkarte vom Iran, die aktuellen ICAO-Luftfahrtkarten, und zwar sowohl die kleinmaßstäbigen Instrumentenflugkarten, die die Piloten gleich mitbringen können, als auch großmaßstäbige Sichtflugkarten vom Iran, seinen Nachbarstaaten und allen Anrainerstaaten des Persischen Golfs. Wie schnell können Sie liefern?«

Krause und Schmitt sahen sich an.

»Was meinst du, Hotte?«, fragte Krause seinen Kollegen.

»Zwei bis drei Tage«, sagte Schmitt.

An diesem Punkt intervenierte Staatssekretär Lautenschlager:

»Das muss schneller gehen, meine Herrn! Um den Geldkoffer kümmere ich mich. Sie sorgen dafür, dass die Piloten morgen mit uns am Tisch sitzen und alle Landkarten und Pläne da sind, damit wir Nägel mit Köpfen machen können. Wir treffen uns morgen um 14:00 Uhr wieder hier in diesen Räumlichkeiten. Wenn dann der neue Pass von Herrn Müller erst abends fertig wird, ist das nicht tragisch. Aber machen Sie richtig Dampf! Notfalls nehmen Sie noch ein paar Leute aus Ihrer Pullacher Zentrale in die Pflicht. Ich muss morgen Hans-Dietrich

Genscher Bericht erstatten. Und da will ich ihm nicht sagen müssen, dass der BND das schwächste Glied in unserer Runde ist!«

Schmitt und Krause warfen mir böse Blicke zu. Im Hinausgehen bat ich Herrn von Borsch, mir ein gutes Hotel in Frankfurt zu besorgen, was er sofort in die Wege leitete. Bevor ich mich verabschiedete, kam Frau Schlecht mit den Plänen der Kraftwerksbaustelle zurück. Ich warf einen kurzen Blick auf die riesigen Aufrisszeichnungen und Lagepläne und bat sie, mir bis zum nächsten Treffen handliche Kopien im DIN-A-4-Format zu erstellen, die ich mitnehmen könnte.

* * *

Die Aussicht von meinem Zimmer im 19. Stock des Frankfurter InterContinental Hotels über die Stadt war grandios, das Hotel luxuriös. Das Abendessen, Entenbrustfilet in Orangensauce mit Püree, ließ ich auf die Rechnung der KWU setzen. Dann machte ich mich auf den Weg ins Bahnhofsviertel, um mir ein wenig Mut anzutrinken. Nicht für den Auftrag, sondern für das unumgängliche Telefonat, das noch an diesem Abend geführt werden musste.

Es war Dienstag. Eigentlich hätte ich heute kochen sollen. Ich trat in eine Telefonzelle, hob den Hörer ab und rief bei mir zu Hause an.

»Michael! Wo steckst du denn? Ich hab' mir schon Sorgen gemacht!«

»In Frankfurt.«

»Dann wird es wohl nichts mehr mit unserem Essen heute. Was machst du denn in Frankfurt?«

Ich holte tief Luft:

»Birgit, du weißt, ich liebe dich sehr! Aber ich muss leider noch mal verreisen.«

»Jetzt komm' mir bloß nicht wieder mit diesem Agenten- oder Pokerturnier-Scheiß! Wo soll's denn diesmal hingehen? Du weißt schon, dass wir nächste Woche zusammen in Urlaub fliegen?«

»Du musst jetzt mal ganz stark sein! Aus unserem Urlaub wird leider nichts.«

»Ich fass' es nicht!«, brüllte Birgit mit einem Unterton der Verzweiflung ins Telefon. »Ich hab' dir gesagt, was passiert, wenn du wieder abhaust! Aber dass du unseren Super-Urlaub platzen lässt, auf den ich mich so gefreut hatte, das hätte ich nie von dir gedacht!«

Dann begann Birgit laut zu schluchzen und legte auf.

Ich wartete ein paar Minuten, bevor ich nochmals zum Hörer griff:

»Birgit, hör zu, es tut mir wirklich fürchterlich leid! Die Tickets liegen in meiner Nachttischschublade. Sie gehören jetzt beide dir. Vielleicht findest du eine Freundin, die mit dir reist und auf die du mein Ticket umschreiben lassen kannst. Wenn ich wieder zurück bin, erklär' ich dir alles und lade dich zu einem noch tolleren Urlaub ein. Du zahlst keinen Pfennig und hast dazu noch einen großen Wunsch frei!«

»Mach's gut, Michael«, sagte Birgit und legte wieder auf.

KAPITEL 11
Die ganze Macht dem Volk!

»Man wird Sie auspeitschen!«, hatte Krause mit einem diabolischen Lachen im Gesicht gesagt. »100 Schläge auf den Rücken. Inklusive Discount! Es können auch 150 werden – für jede Flasche 50!«

Er hatte die drei Flaschen 18 Jahre alten Glenfiddich Single Malt Scotch Whisky genauso verpackt, wie ich es bestellt hatte: dünne Luftpolsterfolien zwischen Flaschen und Dosen, in denen dieser edle Tropfen üblicherweise geliefert wurde und die Dosen einzeln eingeschlagen in metallic-blaues Weihnachtspapier. Noch nie war mir Whisky so wichtig gewesen wie diesmal!

* * *

Freitag, 13. Juli 1979, 12:25 Uhr

Als ich beim Start in Zürich aus dem Fenster der Swissair-Maschine blickte, war mir klar, dass ich wieder einmal das Leben in einem Kulturkreis mit Rechtssystem, Polizei und Feuerwehr ganz bewusst für eine Weile gegen ein Leben ohne Recht und Sicherheit tauschte. Air France und Swissair waren die einzigen Fluglinien, die noch nach Teheran flogen. Und tatsächlich hätte man mir beim Auffinden der Whisky-Flaschen bei der Einreise an Ort und Stelle das Hemd vom Leibe reißen und mich auspeitschen können. Aber ich nahm den Fifty-fifty-Joker. Ja, ich rechnete mir sogar eine deutlich höhere Chance aus, dass nichts dergleichen passieren würde.

Die Maschine landete um 22:55 Uhr in Teheran Mehrabad. Der Anschlussflug mit Iran Air nach Buschehr startete am nächsten Morgen um 7:35 Uhr, das heißt, ich musste schon um 5:30 Uhr wieder am Flughafen sein. Man hatte mir ein Zimmer im Sheraton Teheran gebucht. Schon wieder! Ich rechnete nach, ob sich der Hotelbesuch abzüglich der An- und Abfahrtszeiten überhaupt lohnen würde. Fünf Stunden Hotel waren immer noch besser als sechseinhalb Stunden Flugplatzsitzbank, zumal nachts nicht mit Verkehrsbehinderungen und Demonstrationen auf den Straßen gerechnet werden musste. Ich nahm meinen Koffer vom Band und ging Richtung Ausgang. Der Zollschalter war unbesetzt. Auch Revolutionsgardisten müssen schlafen. Außerdem war Freitag, der islamische Feiertag, der mit dem Sonntag im Christentum zu vergleichen ist. Die Taxifahrer missachteten Ampeln und Verkehrsschilder und fuhren, sowohl auf dem Hinweg zum Sheraton als auch auf dem Rückweg zum Flughafen, als wäre der Teufel hinter ihnen her und sie völlig allein auf den Straßen. Was nicht so ganz stimmte. Dann wurde der andere, der auch meinte, er wäre um diese Zeit alleine unterwegs, laut hupend und mit quietschenden Reifen großzügig umfahren. Ich verdrängte den Gedanken, ob und wann hier jemals ein Krankenwagen kommen würde, wenn es mal richtig krachte, und wo er einen dann hinschaffen würde.

* * *

Samstag, 14. Juli 1979, 7:45 Uhr

Der Flug von Teheran nach Buschehr sollte eineinhalb Stunden dauern. Ich war der einzige Westler an Bord.

Was sich da in der Boeing abspielte, hatte ich noch nie in einer Linienmaschine erlebt. Fladenbrote flogen wie Frisbeescheiben über die Sitze. Wer hatte, gab. Wer nichts hatte, nahm. Sehr sozial! Sogar ich bekam etwas ab. Am meisten aber erstaunten mich die lebenden Hühner und Lämmer – in der Kabine! Natürlich war es für die Tiere angenehmer, wenn sie während des Fluges auf dem warmen Schoß einer iranischen Bäuerin sitzen durften und gekrault wurden, als in kalten Käfigen im Frachtraum zu darben. Ein Musterbeispiel für stressarme Tierhaltung! Aber wie bekommt man ein Huhn stubenrein? Insbesondere, wenn es aufgeregt ist? Ich ahnte, wir konnten noch viel lernen von diesem Volk.

Nach einer knappen Stunde gab der Flugkapitän in bestem Farsi und schwer verständlichem Englisch durch, wir hätten Triebwerksprobleme und müssten auf dem Flughafen von Schiras landen. Angst breitete sich unter den Passagieren aus. Einige weinten. Die meisten wurden ganz still. Doch die Landung verlief problemlos, ja sogar ausgesprochen sanft.

Rund um das Rollfeld standen jede Menge Hubschrauber, von Horizont zu Horizont, so weit das Auge nur blicken konnte! Noch nie in meinem Leben hatte ich so viele Hubschrauber an einem Ort gesehen! Und jetzt erinnerte ich mich auch: Barry hatte mir erzählt, er wäre ein halbes Jahr als Ausbilder in Schiras gewesen und dieser Flugplatz wäre weltweit der größte Hubschrauberstützpunkt außerhalb der USA.

Unsere Leidensgemeinschaft wurde in einen viel zu engen Warteraum gepfercht. Von hier aus konnte ich beobachten, wie ein paar Piloten immer wieder einen anderen Hubschrauber starteten, eine Platzrunde flogen und wieder landeten. Es sah ganz danach aus, als wollten einige zu den Revolutionsgardisten übergelaufene Piloten wenigstens einen kleinen Teil der Hubschrauberflotte betriebsfähig halten. Der Rest würde früher oder später gnadenlos versanden und verrotten.

Nach gut fünf Stunden Wartezeit – es war etwa 14:00 Uhr und die Sonne hatte den Raum in eine Sauna verwandelt – wurde uns mitgeteilt, dass der Triebwerksschaden heute nicht repariert werden könne. Wir wurden in mehreren Kleinbussen auf verschiedene Hotels verteilt und sollten uns am nächsten Morgen um 9:00 Uhr wieder am Flughafen einfinden. Ich wusste, dass Boeing und die meisten anderen US-Firmen seit Anfang Juni keine Ersatzteile mehr in den Iran lieferten, und auch, dass qualifizierte Flugzeugmechaniker im Land kaum noch zu finden waren. Die Reparatur konnte sich also leicht über mehrere Tage hinziehen. Aber hatte ich eine Wahl?

Ja, die hatte ich! Ich musste nur einen Englisch sprechenden Taxifahrer finden, der bereit war, mich ad hoc über die Hochebene der Provinz Fars und dann hinunter nach Buschehr am Persischen Golf zu chauffieren.

Zwei Stunden später saß ich mit meinem abgeranzten, über eine halbe Million US$ schweren Koffer in einem genauso abgeranzten, aber deutlich weniger wertvollen Toyota Corolla und ließ mich von Ali – er hieß wirklich so! – bei orientalischer Kassettenmusik über die Berge um Dascht-e Arzan schaukeln. 100 US$ wollte er für die Tour und veranschlagte rund sechs Stunden, aus denen dann sieben wurden.

***

Samstag, 14. Juli 1979, 23:30 Uhr

An der Einfahrt zum umzäunten KWU-Camp hielten zwei Revolutionsgardisten Wache, die uns partout nicht passieren lassen wollten. Kurz vor Mitternacht brauste ein weißer Geländewagen heran. Ein ganz in Schwarz gekleideter athletischer junger Mann, den die Wächter offenbar verständigt hatten, stieg aus und leuchtete uns mit seiner riesigen Stabtaschenlampe an.

»Guten Abend«, sagte der Mann mit versteinertem Gesicht, verlangte meinen Pass und fragte, was ich hier wollte.

»Ich bin Dr. Dussmann und soll Ihren Arzt Dr. Zimmermann ablösen. Leider hatte mein Flieger Triebwerksprobleme. Wir mussten außerplanmäßig in Schiras landen. Deshalb komme ich mit dem Taxi«, erklärte ich.

»Jo, do legst di nieda! Olle woin's do raus und etzat kimmt oana aus Deitschland daher! I bin da Freddy! Baustellenwachmann, Sicherheitsbeauftragter, Mädchen für alles! Herzlich willkommen!«, begrüßte mich der Mann in astreinem Bayrisch.

»Dagobert«, sagte ich und reichte ihm die Hand.

»Dagobert«, lachte Freddy, »den kenn' ich nur aus den Micky-Maus-Heftchen. Wo hast du denn den witzigen Namen her?«

»Den hab' ich mir selbst ausgesucht«, antwortete ich wahrheitsgemäß.

Freddy lud meinen Koffer in seinen VW Kübelwagen, ich bezahlte den Taxifahrer und wir fuhren ins Camp. Aber wohin dort? Alles schien wie ausgestorben.

»Um diese Zeit ist das Camp tot«, wusste Freddy, »aber wenn du willst, kannst du bis morgen früh in meinem Bungalow auf der Couch schlafen. Ich drehe alle zwei Stunden meine Runde und stelle dich dann um 7:30 Uhr dem Dr. Zimmermann vor. Da ist er meistens schon im Krankenhaus.«

Ich nahm das Angebot dankend an. Dieser Freddy war mir sympathisch! Er hatte stahlblaue Augen und eine Glatze, und vor allem hatte er eine unheimlich angenehme, ruhige Ausstrahlung, wie ich sie nur von wenigen Menschen kannte.

Als ich gerade dabei war, meinen Koffer in Sichtweite meiner Schlafstätte zu platzieren, fragte Freddy:

»Hast du Hunger?«

»Ehrlich gesagt, schon. Ich habe seit dem Swissair-Menü gestern Abend vor der Landung in Teheran keinen Bissen mehr zu mir genommen«, sagte ich und vergaß dabei das Viertel Fladenbrot auf dem kurzen Inlandsflug.

»Ich kann dir eine Dose Ravioli warm machen.«

Mit allem hatte ich heute gerechnet, sogar mit Peitschenhieben, nur nicht damit, dass mir ein g'standner Bayer um Mitternacht Dosenravioli kochen würde!

* * *

Sonntag, 15. Juli 1979, 7:30 Uhr

Dr. Zimmermann, ein schlanker Mittvierziger mit schmalem Gesicht und karg sprießenden blonden Härchen, war hocherfreut über mein Erscheinen:

»Ich hatte Sie schon gestern erwartet. Aber gut, dass Sie es überhaupt hierher geschafft haben. Sie können sich gar nicht vorstellen, wie dankbar Ihnen meine Frau und ich sind! Ohne Ihre Ablösung würden wir hier nicht rauskommen!«

»Das mach ich gerne!«, antwortete ich.

Dr. Zimmermann führte mich durch die Räumlichkeiten der Klinik, zeigte mir Nothilfe, OP, Krankenzimmer, Intensivstation, Röntgen, Labor – ja sogar einen Hightech-Zahnarztstuhl gab es.

»Hier war mal richtig was los. Drei Ärzte, zwei Schwestern, drei Pfleger und eine MTA hatten rund um die Uhr zu tun. Als einziges Krankenhaus in Buschehr haben wir, so weit es unsere Kapazitäten zuließen, auch die einheimische Bevölkerung mitversorgt. Aber das Hilfsprogramm wurde eingestellt und die meisten deutschen Baustellenmitarbeiter abgezogen. Seit zwei Monaten ist hier tote Hose. Der einzige Notfall, den ich letzte Woche hatte, war die Frau unseres Fahrzeugpool-Chefs. Sie wurde von einer Wespe in die Hand gestochen. Aber eine Sache ist noch ganz interessant: Jeden Dienstag um die Mittagszeit landet hier eine Huey der Shell Oil Company direkt vor dem Krankenhaus und fliegt Sie – wenn Sie wollen – ins Meer hinaus zu einer ihrer Bohrtürme, wo Sie eine Sprechstunde für die Arbeiter abhalten sollten. Dafür gibt's dann leckeres, chinesisches Kantinenessen auf dem Bohrturm und einen traumhaften Rückflug! Die Sache hat sich irgendwann vor einem halben Jahr mal so eingebürgert, als sie mit einem echten Notfall bei uns gelandet sind. Die Aktion ist inoffiziell und nirgends geregelt. Es steht Ihnen frei, ob Sie das machen wollen. Ich fand's immer eine willkommene Abwechslung.«

Dr. Zimmermann übergab mir feierlich und mit sichtbarer Erleichterung zwei Schlüssel: den fürs Krankenhaus und den für den Giftschrank, einen kleinen Tresor, in dem die harten Drogen und Narkosemittel eingeschlossen waren.

»So, jetzt sind Sie der Klinikchef! Ich stelle Sie nur noch dem Bauleiter vor. Dann bekommen Sie einen VW Kübel, ein Walkie-Talkie und Ihren Bungalow und ich mache mich im wahrsten Sinne des Wortes aus dem Staub«, frohlockte der Arzt.

»Einen Moment noch«, bat ich, »kennen Sie eigentlich Mullah Haschemi?«

»Ja. Das war mein letzter richtiger Patient. Dem hab' ich vor zwei Monaten noch eine Analfistel operiert.«

»Könnten Sie mich bitte dem Mullah vorstellen? Es wäre mir sehr wichtig!«, betonte ich.

»Hm … Eigentlich wollte ich jetzt so schnell wie möglich zu meiner Frau und ihr die frohe Botschaft überbringen. Aber ich kann Ihnen ja schlecht einen Wunsch abschlagen. Dann fahren wir zuerst zum Bauleiter und dann zum Mullah.«

Ich kramte noch schnell ein Gastgeschenk für den Mullah aus meinem Koffer, den mir Freddy ins Arztzimmer gestellt hatte, dann folgte ich Dr. Zimmermann.

Der Bauleiter, Herr Wiesenthaler, ein leicht untersetzter Mittfünfziger mit braunen, nach hinten gekämmten Haaren und Hornbrille, begrüßte mich freundlich, aber reserviert. Ich bat ihn um ein baldiges Vieraugengespräch.

»Jetzt gehen Sie erst mal zum Mullah. Ich muss da ja nicht mit. Danach sehen wir, ob das noch was wird mit unserem Gespräch. Ansonsten schauen Sie morgen mal in mein Büro«, meinte Herr Wiesenthaler.

»So richtig gefreut hat sich der ja über meine Ankunft nicht«, bemerkte ich gegenüber Dr. Zimmermann.

»Herr Wiesenthaler ist in letzter Zeit nur etwas introvertiert«, erwiderte der Arzt, »der Druck der Leute, die hier alle endlich rauswollen und die Unsicherheit, wie es weitergeht, machen ihm zu schaffen. Und nicht nur ihm!«

Die Moschee von Buschehr war zu meiner Überraschung unbewacht. Der Mullah, der große Macht auf sich vereinte, und seine Gefolgsleute schienen sich sehr sicher zu fühlen. Ein steinalter, scheinbar nur aus Haut, Knochen und weißem Bart bestehender Gottesdiener geleitete uns zum obersten Geistlichen der Region. Dr. Zimmermann stellte uns einander vor.

Mullah Haschemi begrüßte mich in gepflegtem Englisch:

»Herzlich willkommen in Buschehr und in der Islamischen Republik Iran!«

Der kleine, rundliche Mann mit Goldrandbrille und schwarzem Vollbart erinnerte mich ein wenig an unseren Stadtpfarrer, der mir in meiner Kindheit Religionsunterricht erteilt hatte. Die Ausgangspositionen waren sich ja auch gar nicht unähnlich, obgleich der Mullah nun ganz plötzlich und unversehens zu viel mehr Macht gekommen war. Der Gottesmann erweckte einen weichen, mildtätigen Eindruck. Kaum vorstellbar, dass er die Scharia, das Gesetzbuch des Islam, durchsetzen und auch nur einen einzigen Peitschenhieb anordnen konnte.

Nach 15 Minuten von gegenseitigem Respekt geprägtem Smalltalk bei einem Glas Tee, hatte ich ein gutes Bauchgefühl. Ich glaubte, wir könnten miteinander. Zum Abschied überreichte ich dem Mullah mein Gastgeschenk, ein in metallic-blaues Weihnachtspapier eingehülltes Mitbringsel, mit den Worten:

»Ich habe Ihnen etwas Medizin mitgebracht.«

Ich konnte nur hoffen, dass die Information, Mullah Haschemi sei Alkoholiker und schätze vor allem 18 Jahre alten Glenfiddich Single Malt, die die CIA an den BND geliefert hatte, richtig war. Sollte sich da ein Fehler oder gar ein Scherzbold in die Kommunikationskette eingeschlichen haben, würde ich bald mit erheblichen Problemen rechnen müssen. Anderenfalls hätte ich einen dicken Stein im Brett des Statthalters, zumal die Quelle des edlen Tropfens für den Gottesmann seit kurzem versiegt war. Alle Ausländer-Supermärkte, die zu Zeiten des Schahs ganz offiziell Spirituosen verkaufen durften, waren vor zwei Wochen auf Weisung der Regierung in Teheran geschlossen, die Restbestände vernichtet worden. Der Inhaber des Ladens in Buschehr, der den Mullah regelmäßig durch die Hintertür beliefert hatte, wurde – nicht ganz zu Unrecht – unislamischer Umtriebe und Spionage für die USA beschuldigt. Man hatte ihn vor seinem ehemaligen Supermarkt an einem Kran aufgehängt und ihn dort noch bis letzte Woche baumeln lassen.

Zurück im Camp, übernahm ich einen vollgetankten und frisch durchgecheckten VW Kübel, Typ 181, mein Walkie-Talkie und den Schlüssel für meinen relativ zentral gelegenen Bungalow. Es war Mittagszeit. Brütende Hitze. Ich erleichterte meinen Koffer um mehrere Kilogramm Mitbringsel und nutzte die Gelegenheit, mich in der gut besuchten und angenehm klimatisierten Kantine vorzustellen:

»Mein Name ist Dr. Dagobert Dussmann. Ich bin der neue Arzt hier und bei Problemen immer für Sie da! Ich habe Ihnen ein paar aktuelle Magazine aus Deutschland mitgebracht, die hier nicht zu bekommen sind: Stern, Spiegel, Bunte, ADAC Motorwelt und andere. Bedienen Sie sich an dem Stapel am Eingang. Aber bitte geben Sie gelesene Zeitschriften entweder weiter oder legen Sie sie in die Bücherei.«

Dann überreichte ich dem deutschen Koch zwei Kilogramm mittelalten Gouda und drei Kilogramm besten italienischen Parmaschinken mit der Bitte, er solle letzteren hauchdünn aufschneiden und als besondere Spezialität in den nächsten Tagen zum Frühstück oder Abendessen servieren lassen. Vielleicht konnte ein kleiner kulinarischer Kick die Stimmung ein wenig heben.

Die Deutschen sahen mich an wie einen Alien und konnten nicht fassen, wieso da einer ankam, wo alle seit Wochen nur noch ein Wunsch vereinte: raus aus dem Camp und zurück nach Deutschland!

* * *

Dienstag, 17. Juli 1979, 11:00 Uhr

Ich war gerade dabei, mich mit dem Krankenhaus vertraut zu machen, den Räumlichkeiten, den vorhandenen Gerätschaften und Instrumenten, den Medikamenten innerhalb und außerhalb des Giftschranks, dem Arztkoffer und seinem Inhalt.

Da trat Freddy in den Warteraum:

»Doc, wir haben einen Notfall! Darf ich ihn reinbringen?«

»Nur zu!«, antwortete ich unbedarft und sah mit Spannung meiner ersten Amtshandlung entgegen.

Ein Mädchen, geschätzte fünf Jahre alt, wies eine große klaffende Wunde am Unterkiefer auf. Das Kind wurde von zwei Gestalten in zerlumpter Kleidung begleitet, vermutlich die Eltern. In scharfem Kontrast dazu stand die Übersetzerin, die Freddy vorausschauenderweise gleich aus Wiesenthalers Büro mitgebracht hatte: eine bildhübsche junge Iranerin in engem grauem Businessrock und weißer Bluse, mit Nofretete-Lidstrich und weinrotem Lippenstift. Der schwarze

Pflicht-Tschador war dezent um ihren Kopf drapiert. Sie übersetzte:

»Das Mädchen ist auf eine Dattelpalme geklettert und abgerutscht. Dabei hat sich einer dieser spitzen Borken, die den Stamm ummanteln, durch den Unterkiefer gebohrt.«

»Kann sie bitte mal den Mund ganz weit aufmachen?«, bat ich und die Übersetzerin übersetzte.

Das Kind zitterte am ganzen Körper. Die Wunde sah nicht gut aus. Das Loch war so groß, dass man unter der Zunge durch den Unterkiefer hindurchschauen konnte.

»Okay«, sagte ich, »ich werde jetzt mal die Wunde säubern und einen Verband anlegen. Dann muss das Kind möglichst schnell ins nächste Krankenhaus oder zu einem Chirurgen und operiert werden.«

Die Übersetzerin übersetzte. Der Vater des Mädchens lieferte sich ein heftiges Wortgefecht mit ihr, dann sank er auf die Knie und rief unter ständigem Verneigen: »Allah uh akbar!«, während sich die Frau auf den Boden warf und wie am Spieß schrie und heulte, als wäre sie selbst schwer verletzt.

»Was ist los?«, fragte ich die Übersetzerin.

»Der Vater meint, seine Tochter würde sterben, wenn Sie sie nicht operieren. Es gäbe weit und breit keinen Arzt, der das machen könnte.«

»Und? Stimmt das?«, fragte ich die Übersetzerin.

»Ja! Wir haben sonst kein Krankenhaus in Buschehr. Das nächste liegt 80 Kilometer entfernt in Borazjan und ist meistens geschlossen. Keine Medikamente, kein Arzt oder keines von beiden.«

»Sagen Sie den Eltern ….«, ich hielt kurz inne und dachte nach. Hätte es irgendetwas an der Situation geändert oder gar verbessert, wenn ich den Eltern gesagt hätte, dass ich kein Chirurg, ja nicht einmal Arzt war? Nein! Sie hatten keine Alternative. Und ich auch nicht!

»Sagen Sie den Eltern, dass ich die Kleine operiere. Sie müssen aber bitte alle drei dabeibleiben. Sie als Übersetzerin und die Eltern, um das Kind festzuhalten und zu beruhigen!«

Ich suchte nach einem vertraulichen Kontakt zu der kleinen Patientin, kniete zu ihr nieder, blickte ihr lächelnd in die Augen, strich ihr übers Haar und bat die Übersetzerin, ihr zu erklären, dass es erst ein paar kleine Pikser geben würde, dann habe sie keine Schmerzen mehr und alles würde gut.

Im Zahnarztzimmer fand ich Lidocain, ein altbewährtes Lokalanästhetikum, und zog fünf Spritzen mit den dünnsten Nadeln auf, die vorrätig waren. Drei Spritzen setzte ich mit je zwei Einstichen großzügig um die zu operierende Wunde, zwei hielt ich in Reserve bereit. Das Mädchen verhielt sich unter ständigem Zureden der Eltern, die ihre Arme hielten, tapfer und ruhig. Nach wenigen Minuten sollte das Schmerzempfinden einem pelzig-tauben Gefühl gewichen sein. Ich säuberte die Wunde mit Wasserstoffperoxid, das zugleich die Blutung etwas eindämmte. In der Zeit, bis das Lokalanästhetikum zu wirken begann, suchte ich nach einem Antibiotikum und fand schließlich ein Fläschchen Ampicillin. Das weiße Pulver war eigentlich zur Aufbereitung einer Infusion vorgesehen. Ich öffnete das Fläschchen und drückte es der Dolmetscherin in die Hand. Dann konnte es losgehen.

Das Zungenbändchen des Mädchens war durchtrennt. Irgendwo hatte ich mal gehört, dass ein Zungenbändchen nicht zu kurz und nicht zu lang sein dürfe, da es sonst zu Artikulationsproblemen käme. Ich machte mich also zuerst daran, das Zungenbändchen zusammenzunähen, und zwar möglichst genau in der Länge, wie es vorher gewesen sein musste, und mit einem Faden, der sich nach einer Woche von selbst wieder auflösen sollte. Das Vernähen des Zungenbeinmuskels und der darüberliegenden Schleimhäute im Mundraum gestaltete sich sehr schwierig, zumal unter der Zunge einige Speicheldrüsen liegen und mir die von Blut und Speichel benetzten Schnittränder immer wieder wegflutschten. In diesem schwierigen Moment hörte ich ein Geräusch, das mein Herz höherschlagen ließ, zu diesem Zeitpunkt jedoch mehr als unpassend war. Es klang wie ein immer lauter werdender Teppichklopfer. Die Huey der Shell Oil Company, die jeden Dienstagmittag hier landete und mich zur Sprechstunde auf den Bohrturm bringen sollte!

»Freddy!«, brüllte ich.

Freddy hatte im Vorraum gewartet und stürzte herein.

»Sag dem Piloten, ich operiere gerade. Er soll in zwei Stunden wiederkommen!«

Freddy nickte und ich versuchte mich weiter im Nähen der Schleimhäute. Anschließend vernähte ich von der Kieferunterseite her den Zungenbeinmuskel und die Faszie, so gut ich nur konnte. Während der Operation bat ich die Dolmetscherin, immer mal wieder eine Prise Ampicillin in die Wunde zu streuen, um einer Infektion vorzubeugen. Am einfachsten war die Hautnaht am Schluss.

Ich hatte getan, was ich konnte. Die OP war vielleicht nicht ganz perfekt verlaufen, aber ohne den Eingriff hätte sich die Wunde mit Sicherheit infiziert und wahrscheinlich zum Tod des Mädchens geführt. Ich dankte der Dolmetscherin, die ohne mit der Wimper zu zucken das Antibiotikum in die Wunde gestreut hatte und lobte die tapfere Patientin. Die Eltern sollten sich mit ihr in einer Woche zur Nachkontrolle vorstellen.

Freddy kam zurück:

»Sorry, das wird heute nichts mehr. Der Pilot hat einen engen Flugplan und kann erst nächste Woche wiederkommen.«

»Schade! Sehr schade!«, sagte ich. Zu gern hätte ich mir mal das Leben und Treiben auf so einem Bohrturm angesehen und bei der Gelegenheit gleich eruiert, ob es dort vielleicht ein Satellitentelefon gab.

Ich ging mit Freddy in die Kantine zum Mittagessen. Er erzählte mir, er sei ein »Schwarzer Sheriff« und vom Zivilen Sicherheitsdienst ZSD zur Bewachung der Baustelle abgeordnet worden. Der ZSD gehörte, ebenso wie mehrere Ausbildungsstätten für Judo, Karate, Taekwondo und Aikido, Carl Wiedmeier, einer Ikone, die den Kampfsport in München groß gemacht hatte. Und Freddy war einer seiner engsten Vertrauten.

»Aber was nützen dir Judo und Karate, wenn dein Gegner eine Schusswaffe hat? Und was nützt dir die Ausbildung an der Waffe, wenn du selbst keine tragen darfst? Manchmal komme ich mir vor wie ein zahnloser Tiger!«, seufzte Freddy.

»Da sind wir schon zwei«, entfuhr es mir leise.

»Was hast du gesagt?«, fragte Freddy.

»Nichts, nur laut gedacht«, erwiderte ich.

Der Bauleiter, der mich am Tag zuvor so knapp und kühl empfangen hatte, war nicht in der Kantine.

»Der kommt immer als Erster und geht als Erster«, wusste Freddy.

Es war nicht einfach, Herrn Diplom-Ingenieur Martin Wiesenthaler davon zu überzeugen, dass das Vieraugengespräch nicht in seinem Büro stattfinden durfte. Dass ich dann auch noch mit ihm auf dem Beifahrersitz das Camp verließ und an den nahen menschenleeren Strand fuhr, gefiel ihm überhaupt nicht.

»Machen wir einen kleinen Spaziergang«, schlug ich vor und stieg aus. Herr Wiesenthaler folgte mir gezwungenermaßen und meinte sarkastisch:

»Ich liebe diese Geheimniskrämerei!«

»Ich auch«, antwortete ich, »sie ist sogar Teil meines Berufes.« Spätestens jetzt hätte es bei dem Bauleiter klingeln müssen. Tat es aber nicht.

»Ihre Bürowände sind so dünn wie Papier. Ihre Sekretärin ist Iranerin, Ihre Dolmetscherin auch. Und das, was ich mit Ihnen besprechen möchte, ist streng geheim! Geben Sie mir Ihr Wort, dass Sie absolutes Stillschweigen über das bewahren, was ich Ihnen zu sagen habe«, forderte ich, reichte ihm meine Hand und sah ihm in die Augen. Widerwillig schlug er ein.

»Ich bin nicht nur als Arzt gekommen, sondern mit einem Plan, wie Sie alle hier rauskommen, und zwar genau heute in 14 Tagen.«

»Na, da bin ich aber mal gespannt!«, sagte Herr Wiesenthaler und schenkte mir plötzlich seine volle Aufmerksamkeit.

»Der Plan wurde gemeinsam vom Auswärtigen Amt, dem Bundesnachrichtendienst und der KWU in meinem Beisein erarbeitet. Er sieht vor, dass am Dienstag, den 31. Juli um 8:30 Uhr, eine gecharterte Lufthansa-Maschine am Flughafen in Buschehr landet, alle Deutschen aufnimmt und um 9:30 Uhr wieder startet. Alle Passagiere dürfen erst am Vorabend informiert werden und müssen dann innerhalb von zwölf Stunden abreisebereit sein«, erläuterte ich.

»So ein Quatsch! Die lassen uns doch nie hier raus!«, kommentierte Herr Wiesenthaler den Plan.

»Das lassen Sie mal meine Sorge sein! Der Plan darf nur unter keinen Umständen frühzeitig bekannt werden und nichts davon darf nach außen dringen. Nicht zu Ihren engsten Vertrauten und auch nicht bei Heimatkontakt! Wann haben Sie zuletzt mit Deutschland telefoniert?«

»Vor einer Woche. Ich versuche es jeden Tag, aber es klappt nur sporadisch und meist bricht die Verbindung schnell wieder ab. Aber warum diese Geheimniskrämerei? Die Leute machen hier von Tag zu Tag mehr Druck und würden sich über Ihre ›frohe Botschaft‹, wenn es denn eine ist, freuen!«, meinte der Bauleiter.

»Der Plan könnte scheitern, wenn die Zentralregierung in Teheran davon erfährt, zum Beispiel durch ein abgehörtes Telefonat, durch Ihre Sekretärin oder Ihre Dolmetscherin, die es ihren Eltern erzählt und die es wieder weitererzählen, und so fort. Der Plan wird funktionieren! Vertrauen Sie mir! Aber ich brauche Ihre Unterstützung. Ich kümmere mich darum, dass die Abfertigung am Flughafen klappt und wir starten können. Sie sorgen dafür, dass alle, aber auch wirklich alle Deutschen abreisefertig am 31. Juli um 6:00 Uhr am Flughafen von Buschehr stehen«, sagte ich.

»Wie soll ich das machen?«, fragte Herr Wiesenthaler. »Die Revolutionsgarden haben heute Vormittag die Hälfte unserer Fahrzeuge einfach beschlagnahmt und mitgenommen! Wenn ich die 141 Deutschen im Camp auf die verbliebenen Fahrzeuge verteile, dann müsste ich in jeden Kübelwagen sieben Leute samt Gepäck hineinquetschen. Absolut unmöglich!«

»Gut, dass Sie mir das sagen. Ich werde eine Lösung

finden«, versuchte ich ihn zu besänftigen, »wir müssen uns regelmäßig austauschen und ich muss von solchen Dingen wie Änderungen im Fuhrpark, Änderungen bei den Campwachen, eventuellen Übergriffen, Stimmungsänderung bei den deutschen und bei den iranischen Mitarbeitern schnell erfahren. Aber bitte nicht in Ihrem Büro! Wir treffen uns nach Vereinbarung mal innerhalb und mal außerhalb des Camps, immer an anderen Orten und mit gehörigem Abstand zu anderen Personen. – Wie ist eigentlich Ihr Verhältnis zu Mullah Haschemi?«

»Da gibt es keins. Ich kenne ihn nicht«, sagte Herr Wiesenthaler zu meinem Erstaunen.

»Aber der Mullah ist doch nun die oberste Instanz in dem Gebiet, in dem die Baustelle liegt!«

»Für uns ist die Atomic Energy Organization of Iran in Teheran zuständig und sonst niemand«, erwiderte Herr Wiesenthaler.

»Wann hatten Sie zuletzt mit denen Kontakt?«, fragte ich.

»Vor etwa einem Monat. Damals haben sie uns eröffnet, dass das iranische Volk unter unserer Anleitung das Kraftwerk fertigbauen wird und keine deutsche Fachkraft mehr das Land verlassen darf, sofern sie nicht durch eine gleich qualifizierte Fachkraft ersetzt wird. Aber ich sage Ihnen, das ist so ein chaotischer Haufen, das kann man sich gar nicht vorstellen. Zwei Tage vorher hieß es noch aus Teheran, ein Kernkraftwerk sei nicht mit dem Islam zu vereinbaren und wir könnten alle unsere Koffer packen. Und dann diese Erpressung! Da weiß die linke Hand nicht, was die rechte tut. Es ist auch kein einziger Ansprechpartner mehr im Amt, mit dem wir zu Zeiten des Schahs verhandelt haben.«

»Genau dieses Chaos wird unsere Rettung sein!«, sagte ich.

Wir fuhren schweigend zurück.

* * *

Samstag, 21. Juli 1979, 10:00 Uhr

Es herrschte Stille im Krankenhaus. Totenstille. Anfangs waren noch KWU-Mitarbeiter mit der Absicht gekommen, ihren Seelenschmerz kurieren zu lassen. Sie erwarteten von mir, dass ich in ihr himmelschreiendes Wehklagen einstimmte und mit ihnen gegen ihren grausamen Arbeitgeber, der sie so schändlich in der Wüste verrecken ließ, wetterte, oder sie wollten hören, dass gleich ein Flugzeug vom Himmel käme und sie alle hier rausholte. Beide Wünsche erfüllte ich nicht und es sprach sich sehr schnell herum, dass jeder, der kein ernsthaftes medizinisches Problem hatte, bei mir harsch abgewiesen wurde.

Ich beschloss, in meiner Arztkleidung ins Dorf zu fahren, über den Markt zu schlendern und mir ein Bild von der Situation in Buschehr zu machen. Wie war die Stimmungslage? Waren mehr Männer oder mehr Frauen auf der Straße? Trugen wirklich alle Frauen den Tschador? Wie zahlreich waren die Revolutionsgarden vertreten?

Auf der Fahrt zum stets gut bewachten Camp-Ausgang lief mir Freddy über den Weg.

»Ich fahr' mal kurz ins Dorf. Willst du mitkommen?«, fragte ich ihn. Freddy schien wenig begeistert, schwang sich aber, vermutlich aus reiner Langeweile, auf den Beifahrersitz. Der Markt befände sich, so hatte man mir erklärt, etwa 20 Kilometer von der Baustelle entfernt, am nördlichen Ende der Flughafenschnellstraße Talequani, und sei überhaupt nicht zu verfehlen, allein deshalb, weil die Straße dort am Meer endete.

Ich rauschte mit gemütlichen 40 Stundenkilometern und wehenden Haaren über die fahrzeugleere Piste, bis es plötzlich etwa in Höhe des südöstlichen Landebahnendes einen kräftigen Knall gab und es uns beide ein Stück aus den Sitzen hob. Ich bremste sofort scharf ab, fuhr langsam an den Straßenrand und hielt an. Wir stiegen aus, um den VW Kübel rundherum zu inspizieren. Freddy warf mir einen kritischen Blick zu:

»Da hast du noch mal Glück gehabt, dass es dir nicht die ganze Achse weggerissen hat! Diese ›stillen Wächter‹ werden immer häufiger, je näher du ans Zentrum kommst.«

Tatsächlich hatte ich einen Bodenschweller übersehen, der unauffällig in die Fahrbahn eingearbeitet war. Mit stark erhöhter Aufmerksamkeit und ebenso stark reduziertem Tempo fuhr ich weiter Richtung Markt und, in der Ortschaft angekommen, einmal um einen Häuserblock. Die Bremshügel gab es nun alle paar hundert Meter und offensichtlich über das ganze Dorf verteilt. Eine Flucht oder Verfolgungsjagd wäre hier unmöglich.

Vor dem Eingang zum Markt standen drei sandfarbene Militär-Lkws. Davor eine riesige Menschenmenge, vorwiegend Kinder, Jugendliche und Greise.

»Was ist denn hier los?«, fragte ich. Freddy zuckte ratlos mit den Schultern. Ich parkte im Schatten einer Dattelpalme und wir erkämpften uns eine schmale Gasse durch die Menschenmenge.

Als wir nahe genug an die Lkws herangekommen

waren, sahen wir deren Beladung: Waffen, Waffen und nochmals Waffen! Vorwiegend Schnellfeuergewehre des Typs Heckler & Koch G3 mit Stangenmagazinen und NATO-Munition, aber auch Kalaschnikows mit Kurvenmagazinen und Faustfeuerwaffen. Die Revolutionsgardisten verteilten sie an jeden, der sie haben wollte.

»Gibt's hier was umsonst? Spricht hier irgendjemand Englisch?«, fragte ich.

Ein Revolutionsgardist packte mich harsch am Oberarm und führte mich – Freddy im Schlepptau – zu seinem Vorgesetzten, einem dünnen, geschätzte eins fünfundneunzig großen Offizier mit hagerem Gesicht, gepflegtem schwarzem Vollbart und typisch persischer Hakennase. Er fragte mich in perfektem Englisch:

»Wer sind Sie und was machen Sie hier?«

»Mein Name ist Dr. Dagobert Dussmann. Ich bin der neue Arzt auf der Kraftwerksbaustelle. Wollte mich nur ein wenig auf dem Markt und im Dorf umsehen«, sagte ich unbedarft und ahnte nicht im Entferntesten, welche entsetzlichen Folgen diese Aussage schon in wenigen Tagen haben würde.

Der Mann nickte, stellte sich selbst jedoch nicht vor, was bei Persern eher ungewöhnlich war.

»Kann sich hier jeder eine Waffe abholen?«, fragte ich mit Blick auf die vielen Kinder und Jugendlichen, die sich begeistert mit Sturmgewehren, Pistolen und Munition eindeckten.

»Jeder Iraner!«, konstatierte der Mann. »Unser großer Führer Ajatollah Chomeini hat die Devise ausgegeben ›Die ganze Macht dem Volk‹ und angeordnet, dass nach Versorgung der Revolutionsgarden alle überzähligen Waffen an das Volk abgegeben werden müssen.

Jeder soll in der Lage sein, sich und den Islam zu verteidigen!«

»Gegen wen?«, fragte ich.

»Gegen die Feinde unserer Religion und gegen die Feinde unseres Volkes! – Es ist besser, wenn Sie jetzt wieder gehen!«, riet mir der Offizier mit einem unmissverständlichen Blick.

Freddy und ich gingen schnell – aber nicht zu schnell – zu unserem Fahrzeug zurück. Auf der Rückfahrt erzählte mir unser Baustellenwachmann und Sicherheitsbeauftragter:

»Da waren einige Jungs dabei, die ich kannte. Ein paar von ihnen arbeiten bei uns in der Putzkolonne, und einen, Arasch heißt er, habe ich vor zwei Wochen erwischt, als er nachts in unsere Schlosserei eingebrochen ist und Werkzeuge geklaut hat.«

»Was hast du dann mit ihm gemacht?«, wollte ich wissen.

»Ich habe ihm die Werkzeuge abgenommen und ihn gewarnt, er solle so was bloß nie wieder tun. Er ist vierzehn. Sollte ich vielleicht die Revolutionsgardisten rufen? Die hätten mich wahrscheinlich ausgelacht und ihn noch ermuntert, er solle sich doch nehmen, was er braucht. Manchmal frage ich mich wirklich, was ich hier überhaupt noch soll! – Dieser Arasch ist übrigens ein kluger Kopf und spricht so gut Englisch wie kaum ein anderer Iraner auf der Baustelle, und auch ein wenig Deutsch. Er kann sogar auf Bayrisch fluchen.«

»Hat er das von dir gelernt?«

»Nein, natürlich nicht!«, sagte Freddy und grinste.

* * *

Sonntag, 22. Juli 1979, 7:00 Uhr

Ich hatte schlecht geschlafen, von Kindern geträumt, die mit Maschinengewehren herumballerten, und beschloss, noch ein Viertelstündchen zu dösen. Da knarzte das Walkie-Talkie:

»Doc! Dagobert! Bitte melden!« Es war Freddys Stimme.

»Guten Morgen!«, meldete ich mich.

»Es gab eine Schießerei! Pack' deinen Arztkoffer und komm schnell rüber zum Haus vom Behrens. Es liegt direkt neben meinem. Die Tür steht offen. Aber sei vorsichtig!«

»Muss mich nur schnell anziehen, bin gleich da!«

›Behrens! Behrens?‹, überlegte ich, während ich mir das Hemd in die Hose stopfte. ›War das nicht der Mann, der den Fuhrpark verwaltete? Anfang fünfzig, blond, Bart, Brille, etwas korpulent?‹

Ich packte meinen Arztkoffer und rannte zu dem beschriebenen Haus, das zu Fuß schneller zu erreichen war als mit meinem Kübel. Wahrscheinlich hatte ich die Schüsse gar nicht geträumt, sondern im Halbschlaf wirklich gehört!

Freddy erwartete mich vor der offenen Haustür.

»Hopp, hopp, hopp – geht das nicht schneller?«, drang eine Stimme aus dem Haus.

Freddy und ich nickten uns zu und gingen gleichzeitig hinein.

Im Wohnzimmer standen drei verlegen kichernde Jungen, zwischen acht und zehn Jahren alt, jeder mit einem G3 Schnellfeuergewehr um die Schulter, und ihr Anführer: Arasch!

Die Kleinen hatten Mühe, sich so zu strecken, dass der

Gewehrschaft nicht über den Boden schleifte. Arasch dagegen zielte mit seiner geladenen und entsicherten Waffe direkt auf den Kopf von Behrens, dem die Schweißperlen von der Stirn liefen, während er auf dem Boden herumkroch und putzte. Die Todesangst stand ihm ins Gesicht geschrieben.

»Dem Herrn Behrens konnte ich nie recht machen«, begann Arasch zu erklären, als er uns sah, »nie war ihm sauber genug. Ich immer muss nachputzen, auch wenn alles schon sauber. Er immer sagen, auf Kühlschrank oder andere noch Staub. Jetzt soll zeigen, wie gut putzen kann!«

»Aber ich hab doch schon das ganze Haus zweimal geputzt«, weinte Herr Behrens.

Arasch gab einen Feuerstoß in die Decke ab. Putz bröckelte herunter.

»Jetzt du machen die Ecken noch mal sauber! Aber richtig sauber! Genau wie ich muss sauber machen, wenn schon sauber!«, schrie Arasch sein leichenblasses Opfer an.

»Lass' gut sein, Arasch«, versuchte Freddy mit seiner ruhigen, sonoren Stimme zu deeskalieren.

»Du bist auch noch dran, Freddy! Du mich gezwungen, die Werkzeug zurücklegen. Dabei gehören dir gar nicht. Werkzeug gehören uns, dem iranischen Volk! Alles gehören uns! Wir dafür bezahlen«, sagte Arasch.

Ich hütete mich zu erwähnen, dass da noch einige Rechnungen im neunstelligen US-Dollar-Bereich offen waren.

Arasch ließ endlich von Behrens ab und bugsierte nun Freddy mit dem G3 im Anschlag in dessen Haus. Die drei Kinder und ich folgten.

»Du nur Ecken richtig putzen. Ecken sind das Wichtigste! Nimm Lappen und dann auf Knie!«, befahl Arasch, sparte sich aber diesmal die einschüchternde Gewehrsalve. Auch sein Umgang mit dem Sturmgewehr wurde nachlässiger, der Lauf war jetzt auf den Boden gerichtet.

Freddy kochte innerlich. Für ihn als geschulten Einzelkämpfer wäre es jetzt ein Leichtes gewesen, Arasch zu entwaffnen. Ich hätte mich dann sofort um die drei Kinder kümmern müssen, bevor die Situation aus dem Ruder lief. Aber so weit sollte es besser nicht kommen.

»Bitte, Freddy! Tu einfach, was er sagt!«, bat ich ihn vorsorglich. Und Freddy ging auf die Knie und putzte.

Als Arasch endlich zufrieden war, spazierte er mit seinen »Gefolgsleuten« vor die Tür und forderte mich zu einem Wettschießen auf. Just for fun! Der neue Doktor sollte mal zeigen, was er so draufhatte!

Arasch feuerte aus der Hüfte heraus drei kurze Salven auf das etwa 50 Meter entfernte Hinweisschild zum Hospital ab. Ein paar Schüsse trafen. Dann nahm er einem der Kinder das Schnellfeuergewehr ab und reichte es mir.

»Jetzt du, Doktor!«

Mir war klar, dass er mich hätte erschießen können. Einfach so. Aus reiner Mordlust oder weil ich eine andere Religion hatte. Noch besser würde es aussehen, wenn ich eine Waffe in der Hand hielt. Dann könnte er zu allem Überfluss auch noch Notwehr vorschützen.

»Ich kann nicht schießen«, log ich und verweigerte die Annahme der Waffe, »aber wenn du dir mal versehentlich ins Bein schießt, kann ich dich verarzten.«

In diesem Moment brauste wie aus dem Nichts ein Pick-up-Truck mit drei Revolutionsgardisten heran.

Vermutlich waren sie von den Wachposten am Tor verständigt worden. Auf dem Beifahrersitz saß der lange Offizier, den wir am Vortag auf dem Markt gesprochen hatten und der sich nicht vorgestellt hatte. Er sprang aus dem Wagen und redete heftig in Farsi auf Arasch ein.

Der Junge und die drei Kinder nahmen auf der Ladefläche des Pick-ups Platz, der Offizier stieg wieder ein und der Wagen rauschte davon.

Freddy und ich gingen zu Behrens, der völlig niedergeschlagen auf seinem Sofa saß. Ich bot an, ihm eine Ampulle Valium zur Beruhigung zu spritzen, aber er bevorzugte Freddys Angebot: ein Stamperl Enzianschnaps aus dessen Geheimvorrat.

* * *

Dienstag, 24. Juli 1979, 8:00 Uhr

Der Vorfall mit Arasch hatte im ganzen Camp die Runde gemacht und die Wir-wollen-sofort-hier-raus-Stimmung weiter angeheizt.

Dann war er plötzlich wieder da: der Pick-up mit den drei Revolutionsgardisten und dem baumlangen Offizier, der sich nie vorgestellt hatte.

»Wir brauchen Sie, Doktor!«, sagte der Mann und wies mich mit dem G3 im Anschlag an, auf die Ladefläche des Pick-ups zu steigen.

»Keine Angst. Wir müssen Ihnen die Augen verbinden«, sagte er auf Englisch zu mir und wies einen seiner Leute auf Farsi an, mir eine schwarze Binde um den Kopf zu legen.

Mir war mulmig zumute. Ich hatte ein deutlich schlechteres Bauchgefühl als vor ein paar Monaten, als mir die Kurden die Augen verbunden hatten, weil sie nicht wollten, dass ich mir den Weg zu Sheik Akar Achmad einprägte. Damals hatte ich freiwillig den Kontakt gesucht. Diesmal wurde ich zu einer Fahrt ins Ungewisse gezwungen. Gedankenblitze schossen mir durch den Kopf: Menschen, die man zu ihrer Hinrichtung fuhr, wurden die Augen verbunden. Und natürlich wurde ihnen nicht gesagt, wohin die Reise ging. Aber warum sollten sie mich töten? Vielleicht hatte sich einer ihrer Kindersoldaten beim Herumspielen mit der Waffe verletzt. Warum brachten sie ihn dann nicht in die Klinik? Ich hatte ja nicht mal meinen Arztkoffer dabei.

Der Umstand, dass der Pick-up immer wieder scharf abbremste, über Bremsschweller zuckelte und wieder beschleunigte, ließ mich darauf schließen, dass wir ins Dorf fuhren. Nach einer Weile ging es aber wieder flott durch die Pampa, also vermutlich wieder raus aus dem Dorf.

Schließlich hatten wir unser Ziel erreicht. Die Augenbinde wurde mir abgenommen. Wir standen am Rande einer grölenden Menschenmenge, ausschließlich Männer, darunter viele Uniformierte. Der baumlange Offizier führte mich durch die Menge zu einem freien Platz. Ich sah einen in ein weißes Tuch gehüllten Oberkörper, der bis zum Brustansatz in die Erde eingegraben war.

Der Offizier sagte:
»Wir müssen diese Frau steinigen.«
»Was hat sie getan?«, fragte ich schockiert.
»Sie hat sich geweigert, den Tschador zu tragen, und ein Flugblatt mit dem Aufruf verteilt, andere Frauen sollten es ihr gleichtun. Die Anstiftung, Gottes Gesetze zu brechen, muss mit dem Tode bestraft werden!«
Die Frau schluchzte erbärmlich.

»Wer hat das Urteil gefällt?«, wollte ich wissen.

»Der Kadi! Eigentlich hat er das Recht, den ersten Stein zu werfen. Aber er hat mich beauftragt, ihn zu vertreten. Dann sind die Zeugen an der Reihe, die die Flugblattverteilung gesehen und angezeigt haben. Dann alle anderen. Sie wissen, worauf es ankommt.«

»Worauf kommt es denn an?«, fragte ich.

»Die Steine dürfen nicht zu klein und auf keinen Fall zu groß sein. Sie müssen der Sünderin so lange wie möglich Schmerzen bereiten. Und *Sie* werden mir zwischendurch berichten, wie viel sie noch aushält! Wir fangen jetzt an!«

Der baumlange Offizier wandte sich mit ein paar kurzen Worten auf Farsi an die Menge und warf einen ersten, relativ kleinen Stein auf den Oberkörper der Verurteilten. Es folgten fünf Männer aus der ersten Reihe, dann drängten alle anderen nach vorne, um auch zum Zug zu kommen.

Mir wurde schlecht. Etwas derartig Grausames hatte ich noch nie gesehen. Die Stimmung in der Menschenmenge heizte sich auf, die Männer verfielen in einen regelrechten Blutrausch, als sich das weiße Tuch über dem Kopf der Frau langsam rot färbte. Die Verurteilte schrie bei jedem Treffer auf den Kopf laut auf. Es waren Todesschreie! Je lauter sie schrie und je röter sich das Tuch um ihren Kopf färbte, desto mehr Steine flogen. Dabei brüllten die Peiniger aus Leibeskräften:

»*Allah uh akbar!*« – Gott ist groß!

Am liebsten hätte ich ebenso laut herausgeschrien:

»*Allah uh saghir!*« – Euer Gott ist klein, wenn er so etwas zulässt! Aber dann hätten sie mich mit Sicherheit auf der Stelle gelyncht.

Langsam wurden die Schreie des Opfers kraftloser und leiser. Der baumlange Offizier befahl, eine Pause einzulegen. Einigen Männern waren die Steine ausgegangen und sie durften sich mit den schon geworfenen, die rund um das Opfer lagen, neu bevorraten. Ich sollte den Zustand der jungen Frau beurteilen. Attestierte ich einen stabilen Zustand, würden sie mit kleinen bis mittelgroßen Steinen weitermachen, um das Leiden der Frau möglichst lange hinzuziehen. Erklärte ich die Todgeweihte für bewusstlos, kämen größere Steine zum Einsatz, die schnell ihren Tod besiegeln würden.

»So wie sie eingewickelt ist, kann ich weder ihren Puls fühlen, noch ihre Atmung oder ihre Pupillenreaktion prüfen. Ich kann ihren Zustand nicht beurteilen«, sagte ich.

Der Offizier, der sich nie vorgestellt hatte, schaute mich böse an und schob mich kommentarlos zur Seite. Auf sein Zeichen hin warf der Mob jetzt immer größere Steine. Auch als die Frau längst tot und ihr Schädel zertrümmert sein musste, warfen die Männer weiter. Immer schneller und immer kräftiger folgten die inzwischen pfirsichgroßen Steine aufeinander, trafen den blutdurchtränkten, vornübergebeugten Kopf und Oberkörper. Nur mit Mühe konnte der Offizier das grausame Spektakel beenden.

Mit verbundenen Augen, aber nur einem Bewacher wurde ich zurück ins Camp gebracht. Als wir das Eingangstor passierten und mir die Augenbinde abgenommen wurde, flog gerade laut dröhnend die Huey über uns hinweg. Wieder hatte ich die Bohrturm-Sprechstunde verpasst. Aber nach diesem Erlebnis hätte ich den Flug ohnehin nicht genießen können.

Am nächsten Tag erfuhr ich von einem iranischen Baustellenmitarbeiter, dass die Gesteinigte aus seiner Nachbarschaft stammte, gerade mal 17 Jahre alt gewesen war und dass die meisten Steine von den Angehörigen der Sünderin geworfen worden waren, vom eigenen Vater, den drei Brüdern und den Cousins.

Wie grausam können Menschen nur sein? Kann allein religiöse Verblendung Menschen dazu treiben, das gestern noch geliebte eigene Fleisch und Blut heute bestialisch zu quälen und abzuschlachten?

* * *

Samstag, 28. Juli 1979, 6:20 Uhr

Ein nervtötendes Dauerhupen weckte mich aus dem Halbschlaf. Mein Wecker war eigentlich erst auf 7:00 Uhr gestellt.

Ich schlüpfte in meine weiße Arzthose, zog ein weißes T-Shirt über, griff meinen Schlüsselbund und lief aus dem Haus zu dem hupenden Auto, das zwischen der Klinik und meinem Bungalow auf der Straße stand. Es war der VW Kübel mit dem Küchenanhänger.

Helmut Fischl, einer unserer beiden deutschen Köche, ein massiger, meist gut gelaunter Zweizentnermann, hing über dem Steuer und keuchte:

»Ich bin angeschossen worden! Ich glaube, Lungensteckschuss! Es tut fürchterlich weh!«

Blut floss über Fischls Rücken, dicke Schweißperlen standen auf seiner Stirn. Das Fahrzeug hatte Einschüsse an der Frontscheibe, am Beifahrersitz und am Anhänger. Ein Reifen des Anhängers war durchschossen. Immer mehr Baustellenmitarbeiter waren durch das Hupen geweckt worden und kamen aus ihren Häusern, in Schlafanzügen, Bademänteln oder nur mit Unterhose bekleidet.

Freddy war als Erster bei mir, und zwar in voller schwarzer Dienstkleidung. Wir hakten den Koch rechts und links unter und brachten ihn in die nur wenige Meter entfernte Klinik, direkt in den OP-Saal, gefolgt von neugierigen und besorgten Camp-Bewohnern.

»Freddy, bitte schotte den OP, besser noch die ganze Klinik an der Eingangstür ab! Die Versorgung des Patienten hat absolute Priorität. Um 8:00 Uhr erfahren alle in der Kantine, was los war. Da soll dann möglichst auch Herr Wiesenthaler da sein.«

Freddy, der natürlich zu gerne auch als Erster gewusst hätte, was passiert war, nickte stumm und tat, worum ich ihn gebeten hatte.

Ich zog Fischl Hemd und Unterhemd aus und forderte ihn auf, sich aufrecht hinzustellen. Bei einem Lungendurchschuss mit ausgebildetem Pneumothorax bestand möglicherweise Lebensgefahr.

»Atmen Sie tief aus und ein, und nochmals tief aus und ein, und nochmals …«, bat ich den Patienten mehrere Male und hörte dabei mit dem Stethoskop seine Lungen vorne und hinten ab. Die Luftgeräusche waren normal, kein Rasseln oder Rauschen. Auch die mit einem Peak-Flow-Meter gemessene maximale Ausatmungsgeschwindigkeit zeigte normale Werte. Das kreisrunde Einschussloch am Rücken des Patienten lag anatomisch gesehen im unteren Drittel des linken Schulterblatts. Es floss ein stetiges Rinnsal Blut aus der Wunde über den Rücken des Patienten. Damit nicht alles in seine Hose und Unterhose floss, klebte ich erst mal eine sterile Kompresse darüber, erklärte dem Patienten, dass seine Lungen völlig in Ordnung seien, ließ ihn sich setzen und fragte, was denn passiert wäre.

»Ich wollte wie jeden Morgen zum Markt ins Dorf fahren. Das mache ich abwechselnd mit meinem Kollegen, um Gemüse, Obst, Eier und Geflügel frisch für den Tag einzukaufen. Als ich losfuhr und auf das Tor zu unserem Camp zusteuerte, erkannte ich dort, wo in der Regel zwei bis vier Wächter stehen, einen riesigen Menschenauflauf, 20 Leute oder mehr. Soweit ich auf die Entfernung sehen konnte, alles Revolutionsgardisten, zumindest trugen sie alle Gewehre. Ich fuhr sehr langsam. Kurz vor dem Tor war mir die Sache nicht mehr geheuer und ich kehrte um. Da fingen sie plötzlich an, auf mich zu schießen. Ich fuhr schneller, merkte, dass sie wohl den Reifen des Anhängers getroffen hatten, weil er hinter dem Kübel hin- und herschlenkerte wie ein Kuhschwanz. Dann weitere Feuerstöße und Einschläge. Ich warf mich mit dem Oberkörper auf den Beifahrersitz. Eine Kugel zischte an mir vorbei und durchschlug von hinten kommend die Frontscheibe. Plötzlich spürte ich einen stechenden Schmerz im linken oberen Rückenbereich. Ich konnte für einen Moment nicht atmen. Die Kugel hatte wohl die Lehne des Beifahrersitzes durchschlagen und war dann in meinen Rücken eingedrungen. Nachdem die Feuerstöße eine Weile aufgehört hatten, fuhr ich so schnell ich konnte vor Ihr Haus und habe gehupt«, berichtete der Koch.

»Das haben Sie gut gemacht«, lobte ich, »und dazu noch eine Menge Glück gehabt! Wenn Sie wollen, kann ich Ihnen die Kugel herausoperieren.«

»Was heißt hier, ›wenn ich will‹? Und was ist, wenn ich nicht will?«

»Dann bleibt sie eben drin!«, antwortete ich.

»Geht das auch?«, fragte Fischl.

»Ja, das geht auch. Aber es kann sein, dass die Kugel irgendwann anfängt zu wandern und den Pleuraspalt oder die Lunge verletzt. Das kann dann gefährlich werden.«

»Na gut, dann machen Sie schon!«

Ich bat den Koch, sich bäuchlings auf den OP-Tisch zu legen, nahm die provisorisch angelegte Kompresse wieder ab, richtete die OP-Lampe ein, desinfizierte den Bereich um das Einschussloch und fragte:

»Mit oder ohne lokale Betäubung?«

»Ich bin kein Held. Aber wir können's vielleicht erst ohne versuchen und wenn ich es nicht aushalte, geben Sie mir eine Spritze«, schlug Fischl vor.

»Genauso machen wir's!«, bestätigte ich.

Vorsichtig versuchte ich, mit einer sterilen Pinzette die Tiefe des Schusskanals auszuloten. Schon nach knapp einem Zentimeter stieß ich auf etwas Hartes, Metallisches: die Kugel! Da der Koch recht gut gebaut war und bestimmt eine vier Zentimeter dicke Fettschicht über seinem Schulterblatt lag, durfte die Operation kein Problem sein. Fischl schrie schon bei meiner ersten Berührung der Kugel laut auf!

›Es ist eben nicht jeder ein Indianer‹, dachte ich, spritzte rund um das OP-Feld kräftig Lidocain ein und wartete eine Weile, bis das Lokalanästhetikum wirkte.

Dann versuchte ich, die Kugel mit einer Pinzette zu fassen und herauszuziehen. Aber das ging nicht. Zumindest nicht so einfach wie erhofft. Auch eine etwas größere Pinzette führte nicht zum Erfolg. Schließlich musste ich mit einem kleinen scharfen Löffel das deformierte Geschoss aus dem schräg verlaufenden Schusskanal popeln. Vermutlich hatte sich die Kugel beim Durchschlagen der Beifahrerlehne verformt, dabei viel Energie verloren und war dann noch ein kleines Stück in die Schulter des Patienten eingedrungen.

Ich beschloss, das kreisrunde Loch mit einem Durchmesser von weniger als zehn Millimeter nicht zu vernähen. Die Wunde sollte von innen heraus heilen, zumal mit der Kugel sicher auch ein paar Bakterien hineingelangt waren.

Da im OP nichts Passendes vorhanden war, suchte ich im Zahnarztzimmer nach einem blutstillenden, antibiotischen Streifen, den ich in die Wunde legen konnte und wurde dort auch fündig. Sterile Kompresse, Pflaster – fertig. Fischl hatte alles ohne einen Mucks über sich ergehen lassen.

»In einer halben Stunde gibt es Frühstück. Da wollen die Leute wissen, was passiert ist. Erzählen Sie Ihre Geschichte selbst oder wollen Sie lieber ins Bett und sich nach dem Schreck und der Operation erst einmal ausruhen?«, fragte ich den Koch.

»Nein, das geht schon. Allerdings gibt's heute keine Frühstückseier. Und für mittags hab' ich auch nichts einkaufen können«, meinte Fischl.

Freddy hatte für 20:00 Uhr zu einer Krisenversammlung in die Kantine geladen. Wie alle anderen erfuhr ich erst kurz vor Versammlungsbeginn durch Mund-zu-Mund-Propaganda davon.

»Leute, wir müssen etwas tun!«, begann Freddy seine Rede. »Seit drei Monaten kommt hier keiner mehr raus, seit einem Monat gibt es kein Bier und seit heute auch kein Essen mehr. Und sie schießen jetzt auch noch auf uns. Herr Wiesenthaler, können Sie uns vielleicht sagen, wie das hier weitergehen soll?«

Herr Wiesenthaler erhob sich und meinte:

»Die Kraftwerkunion wird uns ganz bestimmt nicht im Stich lassen. Aber das Problem ist, dass momentan jeder raus will und die Fluggesellschaften und die Verwaltungsbehörden völlig überlastet sind. Da muss ich Sie einfach noch um etwas Geduld bitten!«

»Geduld ist ja gut und recht«, redete sich der sonst so besonnene Freddy in Rage, »Geduld kann man mal ein paar Tage oder Wochen haben. Aber nicht über drei Monate. Und das bei immer schlechter werdenden Bedingungen. Losgegangen ist es vor vier Wochen, als man uns auf unserer eigenen Baustelle einen ganzen Container mit 1000 Tragerl bestem Münchner Augustiner-Bier zerstört hat. Da nützt es auch nichts, dass manche von euch auf dem Flaschenfriedhof hinter dem Baustofflager Blumen hingelegt haben! Der Gerstensaft ist weg! Einfach in der Sonne verdunstet! Vor ein paar Tagen sind dann Herr Behrens und ich mit G3-Schnellfeuergewehren bedroht worden, mussten auf dem Boden herumkriechen und putzen. Und heute wird Herr Fischl angeschossen und die Küche bleibt kalt. Meine Geduld ist jetzt am Ende! Wir müssen was tun!«

Freddy bekam tosenden Applaus. Die Leute klatschten, jubelten, trampelten, pfiffen und schrien ihre Zustimmung heraus.

Nachdem sich Herr Wiesenthaler nicht rührte, stand ich auf und sagte:

»Wir werden eine Lösung finden. Und zwar bald!«

Freddy, der mich als Einziger im Camp duzte und das auch durfte, griff mich barsch an:

»Du hast doch keine Ahnung! Du bist ja auch erst zwei Wochen da!«

»Okay, Leute. Erst mal wollen wir sicherstellen, dass wir ab morgen wieder etwas zu essen haben. Gibt es denn schon Erkenntnisse, was der Grund für die heutige Schießerei war? Und können wir denn überhaupt das Camp verlassen, ohne dass auf uns geschossen wird?«, fragte ich in die Runde.

Herr Wiesenthaler meldet sich zu Wort:

»Vor ein paar Stunden war dieser große Revolutionsgardist bei mir und meinte, die Schießerei sei ein Versehen gewesen. Schuld sei aber der Fahrer, weil er umgekehrt und schnell davongefahren ist. Da dachten seine Männer, er hätte was zu verbergen und wollte fliehen.«

Gelächter, Gefluche, Geschrei.

»Ruhe bitte!«, rief ich laut. »Wer vom Küchenpersonal wäre denn morgen früh bereit, auf dem Markt einzukaufen?«

Niemand meldete sich.

»Könnte das sonst jemand übernehmen? Ich meine, man muss sich ja etwas auskennen mit den Mengen, der Qualität und wo man was bekommt?«

Niemand meldete sich.

»Haben wir denn für den Notfall etwas eingefroren? Und was ist überhaupt aus dem italienischen Parmaschinken und dem mittelalten Gouda geworden, den ich vor zwei Wochen mitgebracht habe?«, fragte ich in Richtung Kochtruppe.

»Unser Tiefkühlvorrat an Fleisch und Gemüse reicht für genau drei Tage. Ihren Parmaschinken und den Gouda hab' ich für eine ganz besondere Gelegenheit aufgehoben«, antwortete unser zweiter Koch, dem ich bei meiner Ankunft die Schmankerl übergeben hatte.

»Dann tauen Sie bitte *jetzt* den Vorrat auf und servieren Sie morgen früh die mitgebrachten Gaumenfreuden!«, forderte ich den Mann auf.

»Können Sie das so einfach bestimmen?«, fragte der

Koch. »Nach drei Tagen hungern wir dann alle, wenn keiner was nachkauft!«

Natürlich wusste er nicht, dass er und die anderen Deutschen, wenn alles gut ging, in drei Tagen bereits ihr Mittagessen in einer Lufthansa-Maschine einnehmen würden. Ich nickte Herrn Wiesenthaler zu.

»Machen Sie, was unser Arzt gesagt hat!«, bestätigte der Bauleiter knapp.

»Was unsere Ausreise anbelangt, würde ich vorschlagen, dass wir in einer kleinen Runde über den Sonntag ein paar Lösungsvorschläge ausarbeiten und Ihnen diese am Montagabend zur gleichen Zeit hier in der Kantine zur Abstimmung präsentieren. Der Arbeitskreis sollte nicht mehr als drei Leute umfassen. Ich dachte an Herrn Wiesenthaler, Freddy und mich. Sollten Sie mit unseren Lösungsvorschlägen nicht einverstanden sein, kann dann natürlich jeder Vorschläge einbringen«, sagte ich.

Murmelnd und grummelnd löste sich die Versammlung auf. Ich hatte genau die Zeit gewonnen, die ich brauchte.

* * *

Sonntag, 29. Juli 1979, 14:00 Uhr

Herr Wiesenthaler, Freddy und ich trafen uns am Bierflaschenfriedhof, einem Ort, den ich bisher nicht gekannt hatte und der mir geeignet erschien. Nachdem ich Freddy auf hundertprozentiges Stillschweigen eingeschworen hatte, eröffnete ich ihm:

»Am Dienstag um 8:30 Uhr landet eine Lufthansa-Maschine am Flughafen in Buschehr, nimmt alle Deutschen aus dem Camp auf und startet um 9:30 Uhr.«

»Warum hast du mir das nicht früher gesagt?«, fragte Freddy.

»Zu dem Plan gehört, dass alle Betroffenen frühesten zwölf Stunden vor Abflug informiert werden. Damit soll sichergestellt werden, dass keine Kommunikation mit Teheran stattfindet, die den Plan gefährden könnte. Außer uns dreien weiß niemand Bescheid und das muss auch bis morgen Abend so bleiben!«, antwortete ich.

»Und wer übernimmt Zoll und Abfertigung am Flughafen?«, hakte Freddy nach.

»Mullah Haschemi und seine Leute!«

»Aber dann kann der doch mit Teheran kommunizieren und die lassen uns nicht raus«, gab Freddy zu bedenken.

»Nein, das kann er nicht. Er weiß noch gar nichts von seinem Glück. Ich rede morgen nach dem Abendgebet mit ihm.«

Freddy schüttelte den Kopf:

»Wenn das bloß gut geht!«

Der Bauleiter schwieg und schien in Gedanken versunken.

»Es wird gut gehen!«, bekräftigte ich und ergänzte an Freddy gewandt: »Tut mir leid, dass ich dich nicht früher ins Vertrauen gezogen habe. Aber jetzt, wo du's weißt, bekommst du gleich noch eine Sonderaufgabe!«

»Nein danke, ich brauch' hier keine Sonderaufgaben mehr!«, lehnte Freddy ab.

»Es könnte dir gefallen!«, machte ich ihn neugierig.

»Also, dann sag schon!«, meinte unser Sicherheitsbeauftragter.

»Die Boeing 737-200 darf maximal 139 Leute plus Crew mitnehmen. Wir sind aber 141 Passagiere. Deshalb hab' ich den Piloten mit viel Mühe abgerungen, dass sie zwei Stewardessen weniger mitnehmen und dafür ich und ein auserwählter Passagier den Bordservice unterstützen. Stell dir doch mal das Hochgefühl vor, wenn du den Kollegen nach so langer Abstinenz hoch über den Wolken ihr erstes Bier servieren darfst!«

»Wenn das allererste Bier durch meine Kehle fließt, dann mach ich's!«, lachte Freddy.

KAPITEL 12
Der größte Coup

Montag, 30. Juli 1979, 19:00 Uhr

Ich kannte das Jahreseinkommen und den Bestechlichkeitsindex von Mullah Haschemi. Ebenso wusste ich über seine Alkoholsucht und seinen Gesundheitszustand Bescheid. Aber was für ein Mann war er? Wie war er vernetzt? Wusste er überhaupt, dass die Atomic Energy Organization of Iran in Teheran die Ausreise der Deutschen blockiert hatte? Bewusst hatte ich für meinen Besuch bei ihm die Zeit nach dem Abendgebet gewählt. Der steinalte Diener am Moscheeeingang meldete mich für etwas Bakschisch willig bei seinem Chef und brachte mich zu ihm.

»Danke, dass Sie mich empfangen konnten, Seine Exzellenz!«, sagte ich zur Begrüßung, einfach um mal auszuloten, wie Haschemi auf die Anrede ›Seine Exzellenz‹, die eigentlich nur Staatsoberhäuptern, Botschaftern und Bischöfen zustand, reagierte.

»Herr Doktor! Wie geht es Ihnen?«, antwortete der Mullah sichtlich geschmeichelt.

»Mir geht es gut. Besser jedenfalls als unserem Koch, dem ich vor zwei Tagen fünf Kugeln aus dem Rücken operieren musste. Eine davon war in die Lunge eingedrungen. Aber er ist mittlerweile außer Lebensgefahr!«, übertrieb ich maßlos.

»Ich habe davon gehört«, sagte der Mullah, »der Mann ist am Tor umgekehrt, wollte sich der Kontrolle durch die Wachposten entziehen und ist geflohen. Da mussten sie schießen.«

»Dumme Sache, soll nicht wieder vorkommen«, antwortete ich.

Diesmal lungerten eine Handvoll Revolutionsgardisten auf dem noblen Diwan im Arbeitszimmer des Mullahs herum. Diese ungehobelten Barbaren passten überhaupt nicht zu dem gebildeten Geistlichen und nicht in dieses wunderschöne, mit orientalischen Ornamenten ausgetäfelte Arbeitszimmer, das man im Persischen Diwan nannte, und schon gar nicht auf das schöne große Plüschsofa, das man auf Deutsch als Diwan bezeichnen würde. Außerdem passten die Herren auch nicht in meinen Plan. Ich bat daher ›Seine Exzellenz‹ um ein Vieraugengespräch. Der Mullah schickte mit einer kurzen Handbewegung die Revolutionsgardisten aus dem Raum und ließ den alten Diener zwei Glas Tee bringen.

»Wer ist hier im Dorf eigentlich der Kadi?«, fragte ich.

Der Mullah legte eine bedeutungsschwere Pause ein, bevor er antwortete:

»Der Kadi, das bin ich! Ich bin der Einzige in weitem Umkreis, der Islamisches Recht studiert hat. Und zwar auf der Theologischen Hochschule von Ghom, der gleichen Hochschule, auf der unser großer Führer Ajatollah Chomeini studierte, allerdings Jahrzehnte vor mir. Seit der Gründung der Islamischen Republik Iran vor wenigen Monaten bin ich hier nun nicht nur der Theologe und der Kadi, sondern auch zugleich Bürgermeister, Polizeipräsident, Kommandeur der Streitkräfte und Flughafenchef. Können Sie sich vorstellen, wie viel Arbeit das ist?«

»Nein, Seine Exzellenz. Aber Sie genießen meine Hochachtung!«

Den Gedanken, dass ich gerade überschwänglich einen Mann hofierte, der vor wenigen Tagen die brutale

Steinigung einer 17-Jährigen angeordnet hatte, verdrängte ich mit aller Kraft. Ich würde weder das Mädchen lebendig machen noch die Scharia umschreiben können und hatte hier und jetzt ein anderes Ziel zu verfolgen.

Wir tranken beide einen Schluck Tee, schauten uns in die Augen und ich sagte:

»Ich habe ein großes Anliegen, Seine Exzellenz. Und ich glaube, Sie sind der Einzige, der hier helfen kann.«

»Nur zu, Herr Doktor, was kann ich für Sie tun?«, fragte der Mullah.

»Sie wissen, wie schwer es ist, derzeit Flüge nach Deutschland zu bekommen«, begann ich, »deshalb hat die Baustellenleitung in Deutschland versucht, ein Flugzeug zu chartern. Die Lufthansa-Maschine landet morgen um 8:30 Uhr, soll so viele Deutsche wie hineinpassen aufnehmen, volltanken und um 9:30 Uhr wieder starten. Können Sie die Zollabfertigung und Passkontrolle organisieren?«

»Unmöglich!«, erwiderte der Mullah. »Das wird für morgen zu knapp. Da brauche ich drei bis vier Tage Vorlaufzeit. Warum haben Sie mir das nicht früher gesagt?«

»Ich hatte einfach zu viel zu tun«, log ich, »aber wir haben auch keine Telefonverbindung nach Deutschland und können den Flug nicht verschieben. Es ist eine einmalige Gelegenheit! Wenn Sie es schaffen, die Maschine morgen früh abzufertigen, darf ich Seiner Exzellenz im Namen der Kraftwerkunion eine kleine Spende zukommen lassen.«

Der Mullah wich meinem fragenden Blick aus, schaute zur Seite und kämpfte offensichtlich mit sich, ob er seine Ablehnung wiederholen oder sich mein Angebot zumindest anhören sollte.

»Wie klein?«, fragte er.
»Was?«, fragte ich zurück.
»Wie klein würde denn die Spende ausfallen?«, präzisierte der Mullah seine Frage.

Ich wartete mit der Antwort, bis sich unsere Blicke wieder trafen, und sagte dann langsam und getragen:

»100 000 US-Dollar. Und zwei Flaschen Ihrer persönlichen Medizin!«

Dem Mullah stockte für einen Moment der Atem, bevor er fragte:

»Woher haben Sie denn so viel Geld?«

»Aus Deutschland mitgebracht«, antwortete ich wahrheitsgemäß.

»Wenn Sie mir das Geld heute noch hier auf meinen Schreibtisch zählen und auch meine Medizin mitbringen, werde ich sehen, was ich machen kann«, meinte der Mullah.

»Die Spende darf ich nur übergeben, wenn sicher ist, dass Sie morgen früh alle deutschen Passagiere abfertigen. Ich würde das Geld und Ihre Medizin im Giftschrank hinterlegen, dem weißen Tresor in meinem Arztzimmer, das Sie ja von Ihren Behandlungen bei Dr. Zimmermann kennen. Sobald alle Passagiere im Flugzeug sitzen und die Maschine vollgetankt ist, übergebe ich Ihnen den Tresorschlüssel«, schlug ich vor.

»Vollgetankt geht überhaupt nicht! Wir dürfen höchstens so viel Sprit herausgeben, wie nötig ist, damit das Flugzeug den Flughafen Teheran Mehrabad erreicht. Die Piloten können das ausrechnen. In Teheran müssten Sie dann noch einmal durch die Zoll- und Passkontrolle. Das gilt derzeit für alle Auslandsflüge. Wenn ich erst ins Camp fahre, die Spende nachzählen und dann zurück zum Flughafen fahren soll, müssten die Passagiere drei bis vier Stunden in der Maschine sitzen bleiben, bevor ich die Startgenehmigung erteilen kann«, kalkulierte der Mullah.

»Das mit dem Tanken können wir so machen, wie Seine Exzellenz vorgeschlagen hat. Es reicht zunächst, wenn wir bis Teheran kommen und dort tanken. Aber es gibt noch ein Problem, das mit der Spende gelöst werden muss. Wir haben fast keine Fahrzeuge mehr auf der Baustelle. Wie kommen die Leute zum Flughafen?«, fragte ich.

Der Mullah zuckte ratlos mit den Schultern.

»Haben Sie vielleicht einen Bus zur Verfügung?«

»Nur einen alten amerikanischen Schulbus, mit dem die Kinder aus der Umgebung morgens zur Koranschule abgeholt werden«, erinnerte sich der Mullah.

»Wie viele Sitze hat der Bus und ab wann wird er für die Koranschülerinnen und -schüler gebraucht?«, fragte ich.

»Der Bus hat genau 72 Sitze. Und er ist ab 8:00 Uhr im Einsatz«, wusste Mullah Haschemi.

»Von der Baustelle zum Flugplatz fährt man eine knappe halbe Stunde. Dann muss der Bus zweimal hin- und herpendeln, um 5:00 Uhr die ersten 72 Passagiere abholen und um 6:00 Uhr den Rest. Wenn Sie um 6:30 mit den Zoll- und Passkontrollen beginnen, oder auch schon früher die erste Busladung überprüfen, können die Passagiere dann um 8:30 Uhr gleich nach der Landung des Flugzeugs einsteigen?«, fragte ich.

»Nicht so schnell, Herr Doktor! Ich brauche dafür ein paar Leute und muss das auch erst organisieren. Und das mache ich ungern, solange die Spende nicht geflossen ist!«, meinte der Mullah.

»Würde Seine Exzellenz sofort mit der Organisation beginnen, wenn ich jetzt gleich ins Camp zurückfahre und in etwa eineinhalb Stunden die Hälfte der Spende mitbringe? Die andere Hälfte kann Seine Exzellenz dann nach der Abfertigung aus dem Giftschrank holen«, schlug ich vor.

Der Mullah überlegte eine Weile. Dann nickte er mir freundlich zu und rief mir im Hinausgehen nach:

»Bringen Sie doch nachher meine Medizin gleich komplett mit!«

Es war 19:50 Uhr. Ich würde es nicht mehr pünktlich zur Versammlung in die Kantine schaffen. Als ich mit zwölf Minuten Verspätung den Saal betrat, begann die Stimmung gerade so richtig hochzukochen.

»Wir werden hier bloß noch verarscht und verschaukelt! So geht es nicht mehr weiter!«, brüllte einer der Männer.

Herr Wiesenthaler und Freddy waren schwer in Bedrängnis, weil sie das Ergebnis unseres »Arbeitskreises« nicht ohne mein Beisein erörtern sollten.

»Ruhe! Gute Nachrichten! Sehr gute Nachrichten!«, schrie ich in den Saal, um den Tumult zu übertönen.

»Es gibt eine, aber nur eine einzige Chance! Und ich beschwöre euch, diese Chance zu ergreifen! Und zwar ohne Diskussion und ohne Wenn und Aber! Auch die Frage, warum man euch nicht früher informiert hat, kann und will ich heute nicht erörtern. Morgen früh um 5:00 Uhr holt ein Schulbus hier vor der Kantine die ersten 70 von euch ab und fährt euch zum Flughafen. Um 6:00 Uhr werden die restlichen 70 abgeholt. Der Mullah und seine Leute übernehmen die Pass- und Zollkontrolle. Er hat es mir soeben selbst zugesagt. Um 8:30 Uhr landet eine Lufthansa-Maschine, die euch alle nach

Frankfurt/Main fliegt. Es sind 25 Kilo Aufgabegepäck und ein kleines Handgepäckstück pro Person erlaubt. Es wird weder Tickets noch Gepäckscheine geben.«

Ich beugte mich zu Freddy und fragte ihn, ob er die Buseinteilung übernehmen würde. Er nickte.

»Die 70, die um 5:00 Uhr im ersten Bus sitzen wollen, registrieren sich bitte bei Freddy. Die anderen dürfen eine Stunde länger schlafen«, verkündete ich und wusste, dass die wenigsten heute überhaupt ein Auge zumachen würden.

Es herrschte Stille im Raum. Wahrscheinlich mussten die Leute die Nachricht erst einmal verdauen. Ich hatte weder Zeit noch Lust, aufkeimende Fragen wie »Wer gießt dann meinen Kaktus?« oder »Wie soll ich nach drei Jahren Camp mit 25 Kilo Gepäck auskommen?« zu beantworten und raunte Freddy zu:

»Ich muss noch mal zum Mullah!«

Dann verließ ich die Veranstaltung, stürmte ins Arztzimmer, öffnete den Giftschrank, zählte die Hälfte der Spende ab, nahm die in metallic-blaues Weihnachtspapier eingewickelte Spezialmedizin für den religiösen Führer und verstaute alles in meinem Arztkoffer, in dem ich ausreichend Platz geschaffen hatte. Zur besseren Polsterung der Medizin stopfte ich ein paar Kompressen und Verbandpäckchen darauf und drückte ganz oben noch Stethoskop und Blutdruckmesser in den Koffer.

Einer der beiden Wachposten am Tor unseres Camps, ein blutjunger, dienstbeflissener Revolutionsgardist, wies mich an, auszusteigen und begann, den VW Kübel zu durchsuchen. Das hatte mir gerade noch gefehlt!

»Ich muss dringend zu Mullah Haschemi! Er ist krank und braucht meine Medizin«, sagte ich. Aber der junge Mann verstand außer dem Namen seines Führers nichts.

Als er nach dem Arztkoffer greifen wollte, erinnerte ich mich an den Schauspielunterricht, den ich bei der CIA genossen hatte, und führte die beste Pantomime meines Lebens auf. Laut rief ich: »Mullah Haschemi«, griff mir ans Herz, verdrehte die Augen, stürzte wie bewusstlos zu Boden, stand blitzschnell wieder auf, öffnete den Arztkoffer nur einen kleinen Spalt, zog Stethoskop und Blutdruckmesser heraus und begann dem verdutzten Revolutionsgardisten den Blutdruck zu messen, dann führte ich mit den Händen Lenkbewegungen aus und tat so, als drückte ich aufs Gas, um zu zeigen, wie eilig es war, rief wieder: »Mullah Haschemi«, griff mir nochmals ans Herz, verdrehte die Augen – und gerade bevor ich ein zweites Mal dramatisch zu Boden stürzen wollte, sagte der Revolutionsgardist nur ein einziges Wort: »Go!« – Genau das wollte ich hören!

»Haben Sie alles dabei?«, fragte der Mullah, als ich mit meinem Arztkoffer sein Arbeitszimmer betrat.

»Ja! Und haben Seine Exzellenz alles organisiert?«, fragte ich gespannt zurück.

»Der Bus kommt einmal um 5:00 Uhr und einmal um 6:00 Uhr ins Camp und holt die Leute ab. Auch der Chef der Wachposten ist informiert. Ab 7:00 Uhr bin ich mit fünf meiner Leute am Flughafen und übernehme die Abfertigung. Wir dürfen keinen Alkohol, keine Pornografie und keine Arbeitsmittel finden. Sagen Sie das den Passagieren!«, erklärte der Mullah.

»Mache ich«, antwortete ich und legte ihm die Geldbündel und zwei in metallic-blaues Weihnachtspapier eingeschlagene Dosen auf seinen Schreibtisch.

Während der Gottesmann das Geld zählte, überlegte ich, welche Bedürfnisse ein Mullah haben könnte und was er mit seinem Reichtum wohl anstellen würde. Die Moschee renovieren? Einmal ins Ausland reisen? Über schwarze Kanäle verbotene »Medizin« importieren? Oder ob er damit ein paar hübschen Gemeindetöchtern mal ganz diskret den Tschador – und vielleicht etwas mehr – lüpfen dürfte?

Als der Mullah mit dem Geldzählen fertig war, konnte ich mir die Bemerkung nicht verkneifen, wie gerne ich an einem Tag wie heute einen Schluck seiner vorzüglichen Medizin mit ihm teilen würde.

Mullah Haschemi ging erst zum Haupt- und dann zum Hintereingang und verriegelte die beiden Zugänge zu seinen Gemächern von innen. Dann entzündete er eine Öllampe auf seinem Schreibtisch, löschte das elektrische Licht und verschwand für eine Weile. Das Licht der Öllampe verbreitete eine herzerwärmende Stimmung in dem kunstvoll getäfelten Arbeitszimmer. Fast wie an Weihnachten!

Der Mullah kam mit zwei Teegläsern, je zu etwa einem Drittel mit bestem Single Malt Scotch Whisky auf Eis gefüllt, zurück, überreicht mir eines davon, hob sein Glas und nickte mir zu. Wir genossen, wie der edle Tropfen ganz langsam Zunge und Gaumen benetzte, die Speiseröhre ölte und den Magen erwärmte.

Auf der Rückfahrt ins Camp musste ich keine Alkoholkontrolle fürchten, denn es gab ja im Iran offiziell überhaupt keinen Alkohol. Als ich gegen 1:00 Uhr morgens im Camp ankam, brannte in den meisten Häusern noch Licht. Dennoch wollte ich keine Versammlung mehr einberufen, nur um den Leuten mitzuteilen, was man auf keinen Fall in ihren Koffern finden dürfte. Das sollten Freddy und Herr Wiesenthaler vor der jeweiligen

Busabfahrt kommunizieren. Ich suchte nur die beiden in ihren Häusern auf, auch um zu hören, dass auch wirklich alles in Ordnung ginge. Freddy würde die erste Busfahrt begleiten, Herr Wiesenthaler und ich die zweite.

Mein Koffer war schnell gepackt. Ich versuchte, noch drei Stunden Schlaf zu ergattern. Da hatte ich einen wunderbaren Traum: Der Alkohol strömte in Form von kleinen Handgranaten durch das Gehirn des Mullahs. Die Granaten explodierten genau an jenen Stellen, wo besonders brutale Strafen der Scharia gespeichert waren. Diese Gehirnzellen wurden damit zerstört und die Strafen aus dem Gedächtnis des Gottesmannes eliminiert.

Plötzlich riss mich lautes Katzengejammer und Klopfen aus meinem Traum. Als ich, nur mit meiner Unterhose bekleidet, die Tür öffnete, traten drei Damen mittleren Alters, vermutlich Ehefrauen deutscher Baustellenangestellter, in mein Haus. Jede hatte eine Katze auf dem Arm. Eine der Frauen ergriff das Wort:

»Herr Doktor, Sie müssen uns unbedingt helfen! Die Iraner, vor allem die Kinder und die Revolutionsgardisten, sind alle Tierquäler! Sie haben schon oft mit Steinen auf unsere Katzen geworfen und werden sie quälen und umbringen, wenn wir nicht mehr da sind. Ihr Vorgänger, Herr Dr. Zimmermann, hat uns versprochen, unsere Katzen einzuschläfern, wenn wir hier rauskommen. Nun müssen Sie das machen!«

»Muss ich das?«, fragte ich mit einem milden Lächeln auf den Lippen, während ich meine weiße Arzthose anzog und nach meinem Hemd griff.

Ich ging mit den Frauen zur Klinik und komplimentierte sie mit den maunzenden Patienten in den OP-Saal. Sie sollten besser nicht sehen, was im Tresor des Arztzimmers lagerte, wenn ich die hochwirksamen Narkosemittel entnahm.

Da Katzen bekanntlich sieben Leben haben, verpasste ich jedem der Tiere eine ordentliche Portion Fentanyl, ein sehr starkes Schmerzmittel, das bei Überdosierung zu Atemstillstand führt. Als die drei Damen schluchzend mit ihren eingeschläferten Haustieren davonzogen, kündigten sie mir an, es würde gleich auch noch eine Hundebesitzerin mit ihrem Mischling vorbeikommen, dem ich unbedingt ebenfalls das Schicksal der Steinigung ersparen müsste. Natürlich musste ich!

An Schlaf war nun nicht mehr zu denken. Ich fuhr mit meinem Wagen zur Kantine, um den Fünf-Uhr-Passagieren beim Einsteigen zuzusehen und sie wenigstens bis zum Tor zu begleiten. Es war gut, dass ich dabei war, denn der diensthabende Revolutionsgardist wusste von nichts und wollte den Bus nicht passieren lassen. Die beschwörenden Worte des Busfahrers, Mullah Haschemi persönlich hätte ihn mit der Fahrt beauftragt, verunsicherten den Wächter. Als ich dann noch mit etwas Bakschisch nachhalf, ging die Schranke hoch.

Eine Stunde später begleiteten Herr Wiesenthaler und ich die zweite Fahrt. Ich fragte den Bauleiter, ob wirklich ganz sicher alle Deutschen aus dem Camp heraus seien, und er antwortete mit feuchten Augen, als hätte er gerade seiner eigenen Beerdigung beigewohnt:

»Ja, alle Mitarbeiter sind weg. Das Camp und die Baustelle sind tot!«

Pünktlich um 7:00 Uhr begannen der Mullah und seine Leute mit der Kontrolle des Gepäcks. Meinen Koffer nahm sich der Gottesmann selbst vor. Er ließ mich ihn aufklappen und, ohne hineingeschaut zu haben, wieder zuklappen. Weniger Glück hatte Herr Wiesenthaler, der als Nächster seinen Koffer öffnen musste. Der Mullah wühlte in Gold- und Silberschmuck, zog ein kunstvoll mit Türkis und Perlmutt verziertes Kästchen hervor und fand sogar zwei zusammengerollte handgeknüpfte kleine Seidenteppiche. Der Bauleiter hatte seine Auslandsauslöse, wie viele Deutsche, im Basar versilbert. Das alles aber interessierte den Mullah nicht. Als er jedoch ein paar Arbeitshandschuhe entdeckte, beschlagnahmte er diese mit den Worten:

»Kein Arbeitsmaterial darf das Land verlassen!«

Es war die einzige Beschlagnahme während der gesamten Kontrolle. Herr Wiesenthaler konnte es verkraften.

8:30 Uhr: Die vorgesehene Landezeit der Lufthansa-Maschine. Nichts rührte sich. Weit und breit war kein Flugzeug zu sehen oder zu hören.

8:35 Uhr: Immer noch nichts. Die Spannung stieg von Minute zu Minute.

8:40 Uhr: Ich wurde unruhig. Hatte ich etwas missverstanden? Gab es vielleicht einen Triebwerksschaden oder ein unvorhergesehenes Ereignis, das nun die ganze Mission in Gefahr bringen würde? Wie oft hatten wir bei unserer letzten Besprechung im KWU-Büro in Anwesenheit der Piloten bekräftigt, wie wichtig das exakte Timing bei dieser Aktion sein würde?

8:42 Uhr: Ich glaubte, mit bloßem Auge einen winzigen Punkt am Horizont ausmachen zu können. Oder bildete ich mir das nur ein?

8:47 Uhr: Die Boeing 737-200 der Lufthansa berührte die Betonpiste und rollte nach sanfter Landung und ohrenbetäubender Schubumkehr direkt vor unsere Wartehalle.

Der Mullah stellte mir einen seiner Männer zur Seite, mit dem ich die Beladung der Maschine überwachen sollte. Ich delegierte die Aufgabe an Freddy.

Als eine Gangway an das Flugzeug geschoben wurde, die vordere Tür sich öffnete und die ersten Deutschen das Flugzeug betraten, überreichte ich dem Mullah den Schlüssel für die Klinik und den Giftschrank. Nun war er nicht nur um einen Haufen Dollar, sondern auch noch um zwei Ämter reicher geworden: *Er* war jetzt der Klinikchef und außerdem Chef der größten verwaisten Baustelle der Welt!

Ich bat Herrn Wiesenthaler, nach dem Boarding die Passagiere auf Vollzähligkeit zu prüfen und auf den Busbesetzungslisten einzeln abzuhaken. Dann stürmte ich ins Cockpit.

»Welche Freude, Sie zu sehen!«, begrüßte ich den Flugkapitän und den Co-Piloten, die ich beide von unserer letzten Sitzung in Offenbach kannte.

Der Kapitän wies die Stewardess an, die Tür zum Cockpit zu schließen und uns nicht zu stören.

»Sorry für die Verspätung«, sagte er, »aber das Auftanken in Ankara hat sich verzögert. Der Tower hier hat mich gebeten, nach Sichtflugregeln zu landen, was äußerst ungewöhnlich ist. Halten Sie es für möglich, dass das Radar hier nicht funktioniert?«

»Gut möglich«, antwortete ich, »es kann aber auch sein, dass es einfach kein Personal gibt, das es bedienen kann. Wenn das alte Flugsicherungspersonal als schahtreu bekannt war, dann sind die jetzt einfach untergetaucht.«

»Der Tower hat gerade angefragt, ob unser Sprit noch bis Teheran reicht und ich habe das bestätigt. Tatsächlich schaffen wir es auch zurück nach Ankara. Es gibt immer noch die beiden Optionen, die wir in Offenbach besprochen haben: Entweder wir fliegen ungeachtet aller Anweisungen nach Ankara. Dann sind wir allerdings nach dem Start noch ganze 85 Minuten im iranischen Luftraum. Oder wir geben nach fünf Minuten erhöhte Öltemperatur im linken Triebwerk vor. Dann müssten wir gemäß Flughandbuch nach 15 Minuten das Triebwerk abschalten. In diesem Fall könnten wir nach Kuwait abdrehen, dort eine Notlandung beantragen und wären in zehn Minuten raus aus dem iranischen Luftraum. Allerdings kann es Stunden, schlimmstenfalls sogar Tage dauern, bis wir aus Kuweit wieder rauskommen. Was meinen Sie?«

»Es ist natürlich Ihre Entscheidung, Herr Kapitän! Ich habe den Eindruck, dass hier immer noch das blanke Chaos herrscht und weder die Flugsicherungen noch die Behörden noch das Militär richtig strukturiert und koordiniert sind. Sie wissen hier allerdings, dass alle Auslandsflüge über Teheran laufen müssen. Ich kann mir jedoch nur sehr schwer vorstellen, dass in diesem Land derzeit irgendjemand eine militärische Abfangaktion befehlen kann, sofern es überhaupt Militärpiloten gibt, die zum neuen Regime übergelaufen sind. Vielleicht in einem Jahr, aber nicht jetzt«, meinte ich.

»Das deckt sich genau mit der Einschätzung, die uns heute vor unserem Abflug auch vom BND gegeben wurde. Wir starten in 15 Minuten, offiziell Richtung Teheran, inoffiziell wissen wir drei, wo die Reise hingeht!«, sagte der Pilot.

Als ich das Cockpit verließ, stand Herr Wiesenthaler etwas ratlos vor mir:

»Freddy fehlt. Aber es sind alle Passagierplätze besetzt. Selbst wenn er auftaucht, hat er keinen Sitzplatz.«

»Ohne Freddy fliegen wir nicht!«, entschied ich. »Aber das mit dem Sitzplatz ist kein Problem, denn Freddy und ich dürfen auf den Jumpseats neben den Stewardessen sitzen!«, klärte ich Herrn Wiesenthaler auf.

Die Gangway stand noch am Flugzeug, die Tür war offen.

»Es fehlt ein Passagier! Wartet noch, bis ich ihn gefunden habe!«, rief ich ins Cockpit.

Als ich gerade die Gangway hinunterlaufen und nach Freddy suchen wollte, kam er mir völlig abgehetzt und außer Atem entgegen.

»Ich hab' alle Koffer dreimal durchgezählt. Aber es sind nur 140, und wir sind 141! Ich kann mir nicht vorstellen, dass einer von uns ohne Koffer reist«, berichtete Freddy verzweifelt.

»Vergiss den Scheißkoffer, wem auch immer er gehört und was auch immer da drin gewesen sein mag! Wir starten gleich!«, schrie ich ihm gegen den Lärm der hochlaufenden Turbinen entgegen.

Wir stiegen ein, eine Stewardess schloss die Passagiertür. Die Gangway wurde weggerollt. Die Frachtraumtür verschlossen.

»Alle Mann an Bord! Und die Frauen natürlich auch!«, rief ich ins Cockpit.

Während die Maschine zur Startposition rollte, stellte ich Freddy und mich der Chefstewardess vor und bat um Anweisung, wo wir uns hinsetzen durften und wie wir sie später beim Bordservice unterstützen könnten. Wir mussten auf zwei wenig komfortablen Jumpseats Platz nehmen und uns anschnallen. Der Ausblick auf sechs wunderschöne schwarz bestrumpfte Damenbeine entschädigte uns jedoch für jede Unbequemlichkeit.

Nachdem wir die Reiseflughöhe erreicht hatten und

die Anschnallzeichen erloschen waren, fragte mich Freddy:

»Wo bleibt jetzt das Bier?«

Ich erklärte der Chefstewardess, einer hochgewachsenen Blondine mit grob geflochtenem, über der rechten Schulter baumelndem Zopf und knallrot geschminkten Lippen, wie wichtig das erste Bier als Geste der wiedergewonnenen Freiheit für die Passagiere sei und dass ich Freddy die erste Dose versprochen hätte.

»Über dem iranischen Luftraum darf kein Alkohol ausgeschenkt werden!«, konstatierte die kühle Blonde.

»Können wir da heute nicht mal eine Ausnahme machen? Ich meine, es ist doch äußerst unwahrscheinlich, dass hier in 10 000 Meter Höhe plötzlich ein Revolutionsgardist zum Fenster reinschaut und uns kontrolliert«, bat ich die Dame mit meinem charmantesten Lächeln.

»Ausnahmen kann nur der Captain erteilen!«, war die knappe Antwort.

Ganz schnell holte ich die Ausnahmegenehmigung vom Captain ein, Freddy bekam sein erstes Bier und dann unterstützten wir die drei Stewardessen, so gut wir nur konnten bei der Getränke- und anschließenden Essensausgabe.

Nach etwa 70 Minuten Flugzeit ging ich ins Cockpit und fragte die Piloten, ob alles planmäßig lief.

»Der Abflug aus Buschehr war unproblematisch. Der Mann am Tower sprach nur rudimentäres Schulenglisch und war ganz sicher kein nach internationalen Standards ausgebildeter Fluglotse. Wahrscheinlich gut für uns. Aber nun machen die Türken Probleme!«, sagte der Flugkapitän.

»Wieso denn das?«, fragte ich erstaunt.

»Ankaracontrol bemängelt, dass keine Fluganmeldung von uns vorliegt. Sie haben weder eine Übergabe von Teherancontrol noch einen Flugplan von uns aus Buschehr erhalten. Natürlich konnte ich in Buschehr keinen Flugplan mit Ziel Ankara aufgeben!«, erklärte der Captain.

»Was machen wir jetzt? Die Türkei kann uns doch nicht den Einflug in ihren Luftraum und das Auftanken in Ankara verweigern, oder?«, fragte ich.

»Theoretisch könnten sie das. Aber ich glaube nicht, dass sie es tun werden. Ich habe gerade den Flugplan per Funk aufgegeben und um Einfluggenehmigung in den türkischen Luftraum und Landegenehmigung in Ankara gebeten.«

»Kann man denn den Flugplan auch nachträglich per Funk aufgeben?«, fragte ich.

»Bei IFR-Flügen – und unser Flug geht nach Instrumentenflugregeln – normalerweise nicht. Aber ich habe es mit der besonderen Situation an unserem Abflughafen und im Iran begründet. Jetzt warten wir mal, was sie antworten«, schlug der erfahrene Flugkapitän vor, der, im Gegensatz zu seinem sichtlich nervösen Co-Piloten, Ruhe und Zuversicht ausstrahlte.

Es verstrichen spannende Minuten im Cockpit, von deren Dramatik niemand im Passagierraum etwas mitbekam.

Dann der erlösende Funkspruch aus Ankara:

»Einflug in den türkischen Luftraum und Landung in Ankara genehmigt!«

Die Freude in den Gesichtern beider Piloten war unübersehbar! Fünf Minuten später verkündete der Captain als Bordansage für alle Passagiere hörbar:

»Wir haben soeben den iranischen Luftraum verlassen und befinden uns über dem Staatsgebiet der Türkei!«

Unter den Passagieren brach Jubel aus. Die meisten verstanden, was das bedeutete! Und auch ich war erleichtert und glücklich! Was konnte jetzt noch schiefgehen? Dass sie uns in Ankara kein Kerosin gaben? Dass sie uns wieder in den Iran zurückschickten? Unmöglich! Die Schlacht war gewonnen! Fast jedenfalls. Richtig daran glauben mochte ich erst nach unserer Landung in Frankfurt.

Über drei Stunden mussten wir in Ankara bei brütender Hitze und abgeschalteter Klimaanlage im Flugzeug ausharren. Allein die Ankunft des Tankwagens ließ geschlagene zweieinhalb Stunden auf sich warten.

Nach weiteren drei Stunden und 45 Minuten landeten wir um 18:55 Uhr am Flughafen Frankfurt am Main.

Nach Verlassen des Flugzeugs, noch vor der Pass- und Zollkontrolle, empfingen mich zwei wohlbekannte Gesichter: Herr Schmitt und Herr Krause vom Bundesnachrichtendienst. Ihr knapper Glückwunsch hätte ruhig etwas emotionaler ausfallen dürfen! Stattdessen nahmen sie mir als Erstes meinen Pass ab und gaben mir meinen alten wieder. Ab sofort war ich nicht mehr Dr. Dagobert Dussmann, Chef eines Kleinkrankenhauses am Persischen Golf, sondern wieder Michael Müller, Krankenpfleger aus dem Städtischen Krankenhaus München-Schwabing. Während wir am Gepäckband warteten, tauschten Freddy und ich unsere Telefonnummern.

»Ruf mal an, wenn du in München bist! Dann gehen wir zusammen auf ein Bier! Und wundere dich nicht, wenn sich am Telefon ein Michael Müller meldet«, sagte ich zum Abschied. Freddy gehörte zu den Menschen, die ich auch gerne in meinem späteren Leben wiedersehen wollte.

»Wer ist Michael Müller?«, fragte Freddy.

»Das erkläre ich dir, wenn wir uns treffen!«, antwortete ich.

Das Gepäckband leerte sich. Dahinter standen die Leute vor jedem der zehn Münztelefone Schlange. Viele Rückkehrer wohnten im Großraum Frankfurt und wollten sich bei ihren Angehörigen melden oder sich abholen lassen.

Irgendwann standen nur noch Herr Schmitt, Herr Krause und ich vor dem Gepäckband, das nun anhielt. Auf dem Weg zur Gepäcknachforschung fiel mir siedend heiß ein, dass ein Koffer bereits beim Abflug gefehlt hatte – und dass dieser Koffer eigentlich nur meiner gewesen sein konnte! Der Koffer mit dem doppelten Boden und dem vielen Geld drin! Dabei war ich so stolz darauf gewesen, dass ich von den 500 000 mir anvertrauten US$ nur 100 100 ausgegeben hatte, 100 für die Taxifahrt von Schiras nach Buschehr und 100 000 für Mullah Haschemi. Der Mullah musste sich den Koffer unter den Nagel gerissen haben! Aber woher hatte er gewusst, dass da so viel Geld drin war? Die einzige Erklärung, die ich fand: Er wusste es nicht! Der alte Fuchs hatte einfach aus der Übergabesituation heraus vermutet, dass ich vielleicht noch mehr Geld aus Deutschland mitgebracht und es irgendwo in meinem Koffer versteckt haben könnte.

Mit gesenktem Haupt berichtete ich Herrn Schmitt und Herrn Krause von meiner Vermutung, ja der Gewissheit, dass mein Koffer nie ankommen würde. Auch eine Gepäcknachforschung wäre völlig sinnlos gewesen, zumal die Sachlage eindeutig war und es für diesen Flug nicht einmal einen Gepäckabschnitt gab.

Die beiden Herren von der Schlapphut-Fraktion klärten mich darüber auf, dass der Krisenstab heute den ganzen Nachmittag auf unsere Rückkehr gewartet und sich schließlich um 18:00 Uhr auf morgen 14:00 Uhr vertagt hätte. Sie würden mich jetzt zum InterContinental chauffieren, wo ein Zimmer für mich reserviert sei. Ich möge bitte morgen pünktlich am Kaiserlei erscheinen und Bericht erstatten.

Etwas widerwillig lieh mir Herr Krause 20 DM, damit ich an diesem Abend noch etwas essen und am nächsten Tag zum Meeting fahren konnte. Das Geld sah er tatsächlich nie wieder. Das Abendessen ließ ich auf die Hotelrechnung setzen und genehmigte mir mit Krauses Taschengeld zwei Bierchen – im Flieger hatte ich übrigens keinen Tropfen Alkohol getrunken – im Frankfurter Bahnhofsviertel, wobei ich zufrieden die letzten vierzehn Tage Revue passieren ließ. Nur die Sache mit dem Koffer ärgerte mich ein ganz klein wenig. Aber es war kein Mensch zu Schaden gekommen, sondern nur etwas Papier verbrannt. Geld, das nicht einmal meines war. Auch hätte ich nie, selbst wenn ich vor unserem Abflug gewusst hätte, dass der Mullah den Koffer hat, deswegen das Gelingen der Aktion aufs Spiel gesetzt.

Im großen Sitzungssaal des KWU-Hochhauses am Offenbacher Kaiserlei war wieder der gesamte Krisenstab vertreten, genau wie bei unserem letzten Treffen rund drei Wochen zuvor: der Staatssekretär, die Protokollantin, der KWU-Vorstandsvorsitzende, die beiden Herren vom Bundesnachrichtendienst, die beiden Piloten und ich. Nur Herr Wiesenthaler war neu hinzugekommen.

Staatssekretär Lautenschlager dankte mir ausdrücklich »im Namen der Bundesrepublik Deutschland« und bezeichnete mich als »einen der vielen kleinen Helden, die dem Vaterland einen großen Dienst erwiesen haben und trotzdem immer anonym bleiben werden«. Der KWU-Vorstandsvorsitzende bedankte sich ebenfalls für meinen erfolgreichen Einsatz.

Alle an der Rettungsaktion Beteiligten sollten nun möglichst detailgenau über den Verlauf der letzten Wochen und Tage berichten. Ich machte den Anfang und erzählte alles, von meinen Beobachtungen am Flughafen Schiras, über die Übergabe durch Dr. Zimmermann, die Stimmung im Camp, die Waffenverteilung am Dorfplatz, die Demütigung der Deutschen durch bewaffnete Kinder und Jugendliche, den angeschossenen Koch bis zu den Verhandlungen mit dem Mullah. Meine nicht allzu einfache Operation des von der Dattelpalme gerutschten Kindes ließ ich weg. Ebenso das für mich lebenslang unvergessliche Erlebnis der Steinigung der jungen Frau. Beide Geschichten waren für die Rückholaktion irrelevant.

Herr Wiesenthaler nickte zu allem, was ich sagte und ergänzte nur noch, mit welcher Unverfrorenheit die Revolutionsgardisten kurz nach meiner Ankunft den halben Fuhrpark beschlagnahmt hatten. Die Piloten beschrieben den Verlauf des Hin- und Rückflugs aus ihrer Sicht.

Last not least musste auch noch die Sache mit dem verlorenen Koffer, in dem fast 400 000 US$ deutsche Steuergelder gesteckt hatten, aus mir raus. Ich fühlte mich nach dem Eingeständnis dieser Schlappe von einer Last befreit! Eigenartigerweise schien die Story niemanden so recht zu interessieren, nicht einmal Herrn Lautenschlager.

Am Ende der Sitzung schrieb mir der Staatssekretär einen Order-Scheck auf meinen Namen über 240 000 DM

aus und überreichte ihn mir feierlich mit nur einem einzigen, aber durchaus gewichtigen Wort:
»Steuerfrei!«

Hätten es nicht 1000 DM mehr sein sollen? 100 000 DM Fixum und 1000 DM pro unbeschadet in der BRD angekommenem deutschen Staatsbürger machte bei 141 Passagieren 241 000 DM, allerdings mich mitgerechnet. Wahrscheinlich durfte ich mich nicht mitrechnen. Aber dann hätte man eigentlich Herrn Dr. Zimmermann mitzählen müssen, der auch deutscher Staatsbürger war und nur wegen meines Einsatzes den Iran hatte verlassen dürfen. Nun wollte ich angesichts des stolzen Sümmchens nicht kleinlich sein und bedankte mich artig.

Der KWU-Vorstandsvorsitzende besorgte mir noch für den gleichen Abend einen Lufthansa-Flug nach München und verabschiedete sich sehr herzlich von mir. Sein fester Händedruck und sein strahlender Gesichtsausdruck ließen mich seine Erleichterung deutlich spüren.

Ohne Gepäck, aber mit einem dicken Scheck in der Jeanstasche flog ich von Frankfurt ab, schloss nach dem Start die Augen und träumte zufrieden vor mich hin.

Als Allererstes musste ich mit Birgit, meiner großen Liebe, ins Reine kommen. Wie konnte ich sie versöhnen? Mit einem dicken Strauß langstieliger Baccara-Rosen? Mit einem fürstlichen Abendessen im *Tantris*, dem besten Lokal der Stadt?

Was wohl die zuckersüße, immer etwas schnippische kleine Bankangestellte meiner Sparkassenfiliale am Kurfürstenplatz angesichts der nicht alltäglichen Summe für eine Bemerkung bei der Annahme des Order-Schecks von sich geben wird?

Außer den gerade verdienten 240 000 DM hatte ich auch noch die 50 000 US$ von meinem letzten CIA-Auftrag, auf verschiedene Kuverts verteilt, unter meiner Matratze. Ich fühlte mich jetzt richtig reich! Was könnte ich mit so viel Geld anstellen? Mir schwebten da ein paar Möglichkeiten durch den Kopf:

1. Ein kleines Häuschen am Münchner Stadtrand kaufen, und zwar ohne jegliche Verschuldung, das Geld bar auf den Tisch legen! Dabei bliebe immer noch ein riesiger Batzen übrig. Ich würde mit Birgit eine Familie gründen und ein paar Quälgeister zeugen. Den Kindern richtig viel Zeit und Liebe widmen, jede Phase ihrer Entwicklung ganz bewusst genießen! Für dieses größte aller Abenteuer wäre ich bereit, meine Agententätigkeit jederzeit aufzugeben!

2. Abi nachmachen und Medizin studieren? Mit dem finanziellen Background müsste ich während des Studiums nicht einmal jobben und könnte mich später in eine Arztpraxis einkaufen oder eine eigene eröffnen.

3. Mit Gustl Harry Lechner die erste Gummibärchenfabrik in den USA gründen und es vielleicht doch noch zum Millionär, ja vielleicht sogar zum Multimillionär bringen?

4. Larry, dem Besitzer von Skylark Airfield im südkalifornischen Lake Elsinore, ein kleines Grundstück hinter der Fallschirmspringer-Packhalle abkaufen und darauf ein Bunkhouse errichten, so eine Art Hostel für Skydiver, mit Stockbetten für wenig Geld, Waschmaschinen, Billardraum, Bar und einem Vorführraum für Fall-

schirmspringerfilme, in dem die dort beheimateten legendären Fallschirmspringergrößen Carl Boenish, Ray Cottingham und Rande DeLuca ihre Filme zeigen konnten. Genau das, was ich in der weltberühmten Wiege des Fallschirm-Formationsspringens vermisst hatte. Von den Einkünften könnte ich täglich von Sonnenauf- bis Sonnenuntergang Fallschirmspringen, immer 4000 Meter, immer Sonne, immer große Formationen, immer neue Weltrekorde – grenzenlose Freiheit!

5. Eine Firma gründen, die mit Fallschirmspringen, Hubschrauberfliegen, Medizin oder am besten mit allen drei Gebieten zu tun hätte.

Ausgeträumt! Die Lufthansa-Maschine setzte zur Landung in München-Riem an.

Ich fuhr in meine Schwabinger Wohnung, zog den leicht verknitterten Scheck aus meiner Jeanstasche und deponierte ihn in einem Kuvert unter meiner Matratze. Dann schaute ich in meiner Nachttischschublade nach unseren Urlaubstickets. Vielleicht war Birgit ja doch allein oder mit einer Freundin gereist?

Die Tickets waren weg! An ihrer Stelle lag ein Zettel:
Bin jetzt mit Hannes zusammen und mache die Reise mit ihm.

Ein stümperhaft gezeichnetes Herz – *Birgit*

Das tat weh! Das tat sogar richtig weh! Hannes war ebenfalls Krankenpfleger. Ich hatte ihn mal in der Klinik kennengelernt und für das Fallschirmspringen begeistert. Er und Birgit waren meine besten Schüler gewesen.

Ja, Birgit hatte angedroht, mich zu verlassen, wenn ich noch einmal urplötzlich verreisen würde. Und dass ich diesmal sogar unseren Traumurlaub platzen ließ, war schon eine beinharte Nummer. Auch hatte ich Birgit in meiner Verzweiflung die Tickets geschenkt und ihr gesagt, sie könne damit machen, was sie wolle. Aber damit hatte ich nicht gerechnet! *Hannes!*

KAPITEL 13
Wie alles weiterging

Meine Mutter, die mich als Kind mit dem Vorwurf, ich sei der Nagel zu ihrem Sarg und trage einmal Schuld an ihrem frühen Tod, schwer belastet hat, ist heute 94 Jahre alt. Zahlreiche Aussöhnungsversuche meinerseits scheiterten kläglich. Dennoch bin ich ihr unglaublich dankbar, denn sie hat etwas Großartiges geleistet: Sie hat mich auf die Welt gebracht!

Gustl Harry Lechner ging irgendwann, nachdem der Sandbilderverkauf am Venice Beach gar nicht mehr lief, nach München zurück, lieh sich etwas Geld, flog nach Bangkok, kaufte sich ein Motorrad und fuhr damit zwei Jahre lang durch ganz Thailand. Wieder zurück in München, rutsche Gustl, der das Bier so liebte, ausgerechnet beim Kauf einer Flasche Milch aus und brach sich das Bein. Das war sein Todesurteil: Bei der Operation wurde er mit multiresistenten Krankenhauskeimen infiziert und starb wenig später in der Reha.

Der erfahrene Pilot **Barry Winslow Meeker** starb am 16. April 1982 bei einem Hubschrauber-Absturz mit einer Bell 222, 40 Meilen westlich von Oklahoma City. Die Presse spekulierte damals, er sei von der CIA ermordet worden, weil er zu viel wusste (tz München vom 20. April 1982) und vielleicht auch zu viel redete. Ich halte das für eine Verschwörungstheorie. Aber nicht alle Verschwörungstheorien müssen falsch sein …

Freddy bekam nach seiner Rückkehr aus dem Iran für einige Jahre einen hoch dotierten Job als Personenschützer eines der reichsten Deutschen. Danach war er bis zu seiner Pensionierung Chef einer Sicherheitsfirma am Münchner Flughafen.

Das Atomkraftwerk Buschehr bestimmt bis heute immer wieder die weltpolitischen Nachrichten, vor allem die Frage, inwieweit die abgebrannten Brennstäbe den Iran nach Wiederaufbereitung und Anreicherung dem Bau einer Atombombe einen Schritt näherbringen könnten.

1980 klagte der Iran gegen die KWU vor dem internationalen Gerichtshof, entweder das bis dahin geflossene Geld zurückzuzahlen oder den Bau des Kernkraftwerks zu vollenden – und gewann. Die Bundesregierung untersagte der KWU jedoch, nicht zuletzt auf Druck der USA, deren Botschaft im Iran damals gerade besetzt wurde, das Kraftwerk weiterzubauen. Zudem war fraglich, ob die inzwischen eingesetzte Korrosion der Bauten eine sichere Vollendung überhaupt noch zugelassen hätte. Unabhängige Expertengremien aus Indien, der Schweiz und Deutschland bezweifelten dies. Im Rahmen des Irakisch-Iranischen Krieges wurde die Kraftwerksbaustelle in den Jahren 1984 bis 1988 mehrfach bombardiert. 1996 erklärte sich Russland bereit, einen Block des Kraftwerks innerhalb von viereinhalb Jahren mit eigener Technologie fertigzustellen. Im Jahre 2013 ging dieser Block schließlich ans Netz.

Meine Tantiemen für die Buschehr-Aktion steckte ich in die Gründung einer erfolgreichen Firma. Danach war ich noch ein paar Mal für die CIA und den BND im

Mittleren Osten und in Mittelamerika unterwegs. Irgendwann gründete ich eine Familie und nahm keine Jobs mehr an, egal wie hoch die stets steuerfreie Bezahlung und wie verlockend die Aufträge selbst gewesen wären. Familie und Agententätigkeit vertragen sich nicht. Mit Familie ist man erpressbar. Und man trägt Verantwortung und kann nicht einfach sterben oder sich für ein paar Jahrzehnte hinter Gittern ins Ausland verabschieden.

Ich hatte viel Glück in meinem Leben, früher mit meiner nicht immer ganz ungefährlichen Agententätigkeit und später mit der richtigen Wahl meiner großen Liebe, die bis heute an meiner Seite steht und mir drei wunderbare Kinder schenkte.

Glossar

Aeromedical Evacuation (Medevac)
Ursprünglich (seit dem Korea-Krieg 1950–1953) Evakuierung verletzter Soldaten per Hubschrauber aus Kampfzonen sowie Ambulanzflüge aus Kriegsgebieten. Medevac-Hubschrauber und -Flugzeuge sind mit gut sichtbaren roten Kreuzen auf weißem Grund gekennzeichnet. Später wurde der Begriff auch auf die zivile Luftrettung ausgedehnt.

Ajatollah Ruholla Chomeini (1902–1989)
Politischer und religiöser Führer, der 1978 aus dem französischen Exil zur Islamischen Revolution im Iran aufrief. Nach der Vertreibung von Schah Mohammad Reza Pahlavi kehrte der Schiitenführer am 1. Februar 1979 nach Teheran zurück und rief am 1. April 1979 die Islamische Republik Iran aus. Chomeini war von 1979 bis zu seinem Tod Staatsoberhaupt des Iran.

AK-47, AKM, AK-74
siehe Kalaschnikow

American Breakfast
Zu einem typisch amerikanischen Frühstück gehören *Pancakes* (dicke Pfannkuchen), *Hash Browns* (Rösti, Kartoffelpuffer), *Eggs* (Eier), *Bacon* (Schinkenspeck), Orangensaft, ein Glas Wasser mit Eiswürfeln und ein »*bottomless coffee*«, Kaffee, der immer kostenlos nachgeschenkt wird.

Bei den Eiern hat man die Wahl zwischen »*scrambled*« (Rührei), »*sunny side up*« (einseitig angebratenes Spiegelei) und »*easy over*« (beidseitig angebratenes Spiegelei).

Amon Düül II
In den 1970er-Jahren populäre Münchner Psychedelic-Rockband. Meistverkaufte Alben: *Phallus Dei, Yeti* und *Tanz der Lemminge.*

Application for Naturalisation
Antrag auf Einbürgerung in die USA mit Regierungsformular »N-400«

ARVN (Armee der Republik Vietnam)
Bezeichnung für die Armee Südvietnams während des Vietnamkriegs. Verbündete: USA, Süd-Korea, Australien, Neuseeland, Thailand und Taiwan. Die ARVN wurde nach dem Ende des Vietnamkriegs 1975 aufgelöst.

Atlas
Der oberste Halswirbel, Atlas genannt, trägt als schädelnächster Teil der Wirbelsäule den gesamten Kopf.

Bakschisch
Wortbegriff aus dem Persischen, der im Balkan und Orient sowohl für Trinkgeld als auch für Schmiergeld verwendet wird, wörtlich: Geschenk, Gabe.

Bell UH-1 / Bell 205
Oft auch *Huey* oder *Iroquois* genannt. Der mit 16 000 Stück weltweit meistgebaute militärische Turbinenhub-

schrauber war ursprünglich für die Evakuierung verletzter Soldaten konzipiert. Das größte Einsatzspektrum deckte er im Vietnamkrieg ab, wo er sowohl als Medevac-Helikopter als auch für Truppentransporte und als Kampfhubschrauber Verwendung fand. In Vietnam wurden 7000 Hueys eingesetzt, wovon nach Kriegsende nur 2000 in die USA zurückgebracht werden konnten. Der Hubschrauber, unverkennbar durch sein typisches Teppichklopfergeräusch, wurde bis Ende des Jahres 2016 auch von der Bundeswehr verwendet, unter anderem für SAR-Einsätze (Such- und Rettungsdienst).

Bell 206 Jet Ranger / Long Ranger
Der leichte Mehrzweckhubschrauber Bell 206 ist der weltweit meistgebaute und kommerziell erfolgreichste zivile Hubschrauber. Der *Jet Ranger* (Bell 206B, 5 Sitzplätze inklusive Pilot) hatte seinen Erstflug bereits 1962. Die verlängerte Version Bell 206L *Long Ranger* (7-Sitzer) konnte mit einer Trage ausgestattet werden und wurde in den Anfängen der Luftrettung in Deutschland auch als Ambulanz- und Rettungshubschrauber eingesetzt.

C-9A Nightingale
McDonnell Douglas C-9A, zweistrahliges Schmalrumpfflugzeug, das ab 1968 speziell für die Bedürfnisse der U.S. Air Force als *Aeromedical Evacuation Aircraft* zur Evakuierung verletzter Soldaten im Vietnamkrieg gebaut wurde. Mit der C-9A konnten maximal 40 liegende Verletzte transportiert werden. Der zweistrahlige Tiefdecker flog mit einer Reisegeschwindigkeit von 811 km/h und hatte je nach Ausstattung eine Reichweite von 3200 bis 4200 km.

Chomeini
siehe Ajatollah Ruholla Chomeini

CIA
Die *Central Intelligence Agency* ist der Auslandsgeheimdienst der USA, gegründet 1947, mit Hauptsitz in Langley, Virginia, USA, einem Vorort nordwestlich von Washington D.C. Das Ausbildungszentrum der weltweit operierenden Agenten befindet sich in Camp Peary (nahe Williamsburg, Virginia), rund 250 km südlich von Langley, und wird unter Insidern nur »The Farm« genannt. Nach US-amerikanischer Rechtsauffassung darf die CIA im Ausland verdeckte Operationen unter Anwendung illegaler Mittel durchführen.

Dechiffrierung
Entschlüsselung geheimer Nachrichten, Kryptoanalyse, Codeknacken

Deep Purple
1968 gegründete englische Hard Rock Band, eine der kommerziell weltweit erfolgreichsten Rockbands. 1972 erschien Deep Purples meistverkauftes Studioalbum »*Machine Head*«.

Detachment
Militärische Einheit, oft in A-, B-, C- und D-Detachment aufgegliedert

Diogenes von Sinope
Griechischer Philosoph (um 400 v. Chr.), der in selbst gewählter Armut und bedürfnislos in einer Tonne gelebt haben soll.

DM
auch *DEM* (Bankenverkehr), *D-Mark, Mark* oder *Deutschmark* (engl. Sprachraum) war von 1948 bis 2001 gesetzliches Zahlungsmittel in der Bundesrepublik Deutschland und wurde danach durch den Euro abgelöst. 1 DEM entspricht 0,51 EUR und kann bis heute noch zu diesem Kurs bei der Deutschen Bundesbank eingetauscht werden.

Dust Off
Funkrufzeichen für Huey-Hubschrauber mit der Aufgabe, Verletzte zu evakuieren

Efendi
auch Effendi, höfliche türkische Anrede, etwa »Herr«

Exophthalmus
Hervortreten des Augapfels aus der Augenhöhle, volkstümlich auch Glubschaugen

Farsi
Persische Sprache, gehört zum iranischen Zweig der indogermanischen Sprachfamilie und ist Amtssprache im Iran und in Afghanistan

Feldjäger
Truppe mit militärpolizeilichen Aufgaben bei der Bundeswehr

Fentanyl
Synthetisches Opioid, starkes Schmerzmittel, das u. a. in der Anästhesie eingesetzt wird und bei entsprechender Dosierung zu Atemlähmung führt.

Freelancer
Freier Mitarbeiter. In der Luftfahrt: Piloten ohne feste Anstellung.

Fuß / Meter
Im Fliegerjargon werden vertikale Distanzen in der Regel in Fuß (engl.: foot) angegeben. 1 Fuß entspricht 30,48 Zentimeter; 1000 Fuß Flughöhe entsprechen demnach etwa 305 Meter.

G3, HK G3
Das G3 (Gewehr 3) ist ein vom deutschen Waffenhersteller Heckler & Koch entwickeltes und produziertes Schnellfeuergewehr. Die Stangenmagazine sind mit 5, 10 oder 20 Patronen des Kalibers 7,62 x 51 mm (NATO-Munition) bestückbar. Der Iran stellt das Gewehr seit 1967 unter deutscher Lizenz her.

Gadget
Kleiner, raffinierter technischer Gegenstand mit besonderer Funktionalität

GI (Government Issue, Galvanized Iron)
»Regierungsausgabe«, »galvanisiertes Eisen« – volkstümliche Bezeichnung für einfache Soldaten der US-Streitkräfte

Greyhound Lines
Ältestes und größtes Unternehmen im Fernbuslinienverkehr in den USA

HALO-Sprung
High altitude – low opening, zu Deutsch »große Höhe –

niedrige Öffnung«, war ein militärisches Verfahren, bei dem Freifallspringer in großer Höhe abgesetzt wurden und in niedriger Höhe ihre Fallschirme öffneten. So konnte das Absetzflugzeug nicht von der feindlichen Flugabwehr erfasst werden. HALO-Sprünge sind heute nicht mehr üblich und wurden nach der Entwicklung der Flächenfallschirme durch HAHO-Sprünge (high altitude – high opening) abgelöst.

Hamam
Nach Geschlechtern getrenntes orientalisches Dampfbad mit Waschungs- und Massageangebot und Klarwasserbecken

Helms, Richard
CIA-Direktor von 1966–1973. Helms sprach fließend Deutsch, hatte als junger Journalist ein Interview mit Hitler geführt, war der erste Spion im Amt des CIA-Direktors. In seine Ära fielen die Veröffentlichung der Pentagon Papers (Juni 1971), der Einbruch in den Watergate-Komplex (Juni 1972) sowie die Vorbereitung des Militärputsches in Chile (1973). Am Ende seiner Amtszeit ließ er einen Großteil der Aufzeichnungen des MK-Ultra-Projekts (siehe dort) der CIA vernichten.

Hovern
Zustand des Schwebeflugs unter Ausnutzung des Bodeneffekts in geringer Höhe beim Hubschrauberfliegen

Huey
Populäre Bezeichnung des Hubschraubers vom Typ Bell UH-1 (siehe dort)

Ikebana
Japanische Kunst des Blumenarrangierens

Intelligence
Nachrichtendienst, Geheimdienst, geheimdienstliche Informationen (siehe auch CIA und Military Intelligence)

Iroquois
Populäre Bezeichnung für den Hubschraubertyp Bell UH-1 (siehe dort)

Jet Ranger
siehe Bell 206

Kadi
Im Arabischen al-qadi, der Entscheider, Richter. Islamischer Rechtsgelehrter, der nach der Scharia richtet.

Kalaschnikow
Michail Kalaschnikow war ein russischer Waffenkonstrukteur. Das nach ihm benannte Sturmgewehr AK-47 (Awtomat Kalaschnikowa obrasza 1947) ist mit rund 100 Millionen produzierten Stück, inklusive der Varianten AKM, AK-74 und anderer, das weltweit meistverbreitete Sturmgewehr. Typisch für das AK-47 ist das 30 Schuss fassende Kurvenmagazin.

KIA
Killed in Action, im Krieg gefallener Soldat

Knoten
Geschwindigkeitsmaß aus der Luft- und Seefahrt, das

auf der Längeneinheit Seemeile beruht. Eine Seemeile misst 1852 Meter. Ein Knoten entspricht 1 Seemeile/Stunde, also 1,852 km/h. Eine Reisegeschwindigkeit von 100 Knoten ist gleichbedeutend mit einer Geschwindigkeit von 185 km/h.

Konturenflug
Der Konturenflug ist ein Flugmanöver, bei dem der Pilot dicht über dem Boden fliegt. Bei militärischen und geheimdienstlichen Operationen soll dadurch die Entdeckung durch das Radar der Luftraumüberwachung verhindert werden.

Krav Maga
Aus Israel stammende Kampfsportart, die Elemente aus Boxen, Wrestling, Aikido, Karate und Judo kombiniert. Sie wird vorwiegend bei Spezialeinheiten und Geheimdiensten gelehrt.

Kreiswehrersatzamt (KWEA)
Während der Jahre der Wehrpflicht in Deutschland (1956 bis 2011) waren die Kreiswehrersatzämter zuständig für die Erfassung und Musterung aller männlichen Staatsbürger, die das 18. Lebensjahr vollendet hatten. Das Kreiswehrersatzamt entschied über Wehrtauglichkeit und Verwendungsfähigkeit.

Laotse
Übersetzt »Alter Meister« war ein chinesischer Philosoph, der im 6. Jahrhundert v. Chr. gelebt haben soll.

M16
Sturmgewehr, U.S.-Army Model M16A1 (1967-82),

effektive Schussweite 300–400 m (max. 2000 m), 700–950 Schuss/Min., Standardmagazin 30 Schuss, Spitznamen »Mattel« (nach dem gleichnamigen US-Spielzeughersteller) wegen Plastikgriffschalen und »Sweet Little Sixteen«

M60
Vollautomatisches Mehrzweck-Maschinengewehr, das u. a. von den Bordschützen in den Hueys verwendet wurde, bestückbar mit Munitionsgurten (100–250 Patronen), Spitzname »The Pig«

Makarow-Pistole
Populäre russische Pistole des Kalibers 9 x 18 mm. Das Magazin fasst acht Patronen. Die Selbstladepistole ist komplett aus Stahl gefräst und wird seit 1952 bis heute produziert.

Medevac
siehe Aeromedical Evacuation

Melange
Mokka mit viel Milch, beliebtes österreichisches Kaffeegetränk

MIA
Missing in Action, nach Kriegshandlungen vermisster Soldat, bei dem unklar ist, ob er getötet, verwundet oder gefangen genommen wurde oder übergelaufen ist

Michael Müller, Pseudonyme
Der Deutsche Michael Müller wird unter dem Namen *Michael Miller* (»Michael« im Amerikanischen gespro-

chen wie bei Michael Jackson) in den USA eingebürgert und in den Vietnamkrieg geschickt, schlüpft während seiner Desertion in die Identität seines Kameraden *Bill McPherson* und des Washington Post-Reporters *Mike Love* und wird bei der CIA unter dem Decknamen *Martin Cooper* ausgebildet und lebenslänglich geführt. Als Schlafwagenschaffner arbeitet er unter den Namen *Hans Gruber* und *Hans Schulz*. Bei seinen Einsätzen im Iran ist er einmal der englische Reuters-Reporter *Thomas Freeman* und später der deutsche Arzt *Dr. Dagobert Dussmann*.

Military Intelligence
Militärischer Nachrichtendienst

MK-Ultra-Projekt
Forschungsprogramm der CIA mit psychoaktiven Substanzen zur Findung eines Wahrheitsserums von Anfang der 1950er- bis Anfang der 1970er-Jahre. Das Programm umfasste Humanexperimente an tausenden ahnungslosen Testpersonen. CIA-Direktor Richard Helms ließ am Ende seiner Amtszeit 1973 nahezu alle Unterlagen zu dem Projekt vernichten.

MTA
Medizinisch Technische Assistentin / Medizinisch Technischer Assistent

NCOs (Noncommissioned Officers)
Unteroffiziersränge der U.S. Army und U.S. Air Force

NGOs (Non-governmental organizations)
Nichtregierungsorganisationen mit sozialem Engage-

ment wie z. B. Rotes Kreuz, MHD, UNICEF, UNHCR, Amnesty International

NLF (National Liberation Front)
Die »Nationale Front für die Befreiung Südvietnams«, im allgemeinen Sprachgebrauch auch »Vietcong« genannt, war eine Guerillaorganisation, die während des Vietnamkriegs für den bewaffneten Widerstand gegen die Regierung Südvietnams und die USA stand. Die NLF wurde 1960 gegründet und 1977 aufgelöst. Zu ihren wichtigsten Verbündeten gehörten China und die Sowjetunion.

PAO
Public Affairs Officer, Presseoffizier

Pentagon Papers
1967 von Robert McNamara, dem damaligen Verteidigungsminister der USA, in Auftrag gegebene Studie, die die Vorbereitungen und Entscheidungsprozesse zum Vietnamkrieg dokumentiert. Der Informant Daniel Ellsberg hatte die Papiere 1971 der New York Times zugespielt. Die US-Regierung wollte die Veröffentlichung der Studie mit allen Mitteln verhindern, da sie zeigte, wie das amerikanische Volk über den Kriegsgrund und Kriegsbeginn belogen wurde. Die New York Times und die Washington Post gewannen jedoch den Prozess vor dem obersten US-Gericht und veröffentlichten 1972 Auszüge aus der 7000-seitigen Dokumentation. Die Veröffentlichung der Pentagon Papers führten 1972 zu weltweiter Empörung und stärkte massiv die Kriegsgegner.

Pinch-Hitter Flight Training
Pinch Hitter (amerikanisch), auf Deutsch: Vertreter, eine(r), die/der für jemanden einspringt. In einem Pinch-Hitter Flight Training soll der/die mitfliegende Passagier/in dazu befähigt werden, ein Flugzeug zu steuern und zu landen, falls der Pilot ausfällt. Die Ausbildung umfasst u. a. auch die Navigation zum nächstgelegenen Flugplatz sowie die Bedienung von Funkgerät und Transponder.

Pitch
Blattverstellhebel beim Hubschrauber; ähnelt auf den ersten Blick einer Handbremse und wird vom Piloten mit der linken Hand bedient; verstellt den Anstellwinkel des Hauptrotorblatts und beeinflusst Steigen, Sinken und Geschwindigkeit des Hubschraubers

Platoon
Militärischer Zug, bei der U.S. Army bestehend aus 16 bis 40 Soldaten

Private
Niedrigster Mannschaftsdienstgrad der US-Streitkräfte, Soldat nach Eintritt in die Army

Private First Class (PFC)
Soldat, der seine Grundausbildung abgeschlossen hat, etwa vergleichbar mit einem Obergefreiten der Bundeswehr

Radio Free Europe / Radio Liberty (RFE / RL)
Zu Zeiten des Kalten Krieges ein CIA-finanzierter Hörfunk-Propagandasender, der von seiner Zentrale am

Englischen Garten in München zunächst auf Tschechisch die westliche Sicht der Politik über den Äther kundgab. Die Nachrichtensendungen wurden stets massiv von russischen Störsendern überlagert. Es gab mehrere tödliche Angriffe von Ostagenten auf Mitarbeiter und Einrichtungen des Senders. Heute hat der Sender seinen Sitz in Wilmington (Delaware, USA), seine Hauptgeschäftsstelle in Prag und sendet in 26 Sprachen vorwiegend für Hörer im Nahen und Mittleren Osten sowie in Asien.

Reverend
In den USA die Bezeichnung einer Person, die rechtmäßig (und damit auch in Deutschland anerkannte) Eheschließungen durchführen darf. Reverends gehören meist, aber nicht zwingend einer bestimmten Glaubensgemeinschaft an. Der Beruf erfordert keine Ausbildung, sondern lediglich eine Registrierung/Lizensierung im jeweiligen Bundesstaat.

Sannyasin
Yoga-Praktizierender, der dem Besitz entsagt hat. In den 1970er-Jahren nannten sich auch die in dunkles Orange gekleideten Jünger des Maharishi Mahesh Yogi so. Der große Meister war Begründer der Transzendentalen Meditation und zog Hunderttausende in seinen Bann.

Schah Mohammad Reza Pahlavi
Der autokratische Herrscher Schah Mohammad Reza Pahlavi (1919–1980) aus der Pahlavi-Dynastie war der letzte Schah (König) Persiens. Er bestieg am 17. September 1941 mit Hilfe der CIA den Pfauenthron, regierte mit starker Hand und seinem gut organisierten und gna-

denlosen Geheimdienst SAVAC, bis er im Zuge der Islamischen Revolution am 16. Januar 1979 das Land verlassen musste. Nach kurzen Aufenthalten in den USA und Panama starb der schwerkranke entthronte Herrscher am 27. Juli 1980 im Exil in Ägypten.

Scharia
Regelwerk, das auf der Basis des Koran das Leben der Muslime bestimmt, eine Art »Gesetzbuch des Islam«. Die daraus abgeleiteten Strafen sind hart und unmenschlich. Auf Ehebruch steht ebenso die Todesstrafe wie auf »Abfall vom Glauben«. Öffentliche Auspeitschungen, Steinigungen und Aufhängen aufgrund der Scharia sind im Iran seit der Gründung der Islamischen Republik Iran im April 1979 bis heute an der Tagesordnung.

Schiiten
Nach den Sunniten die zweitgrößte Glaubensgemeinschaft innerhalb des Islam. Etwa 93 Prozent der Bevölkerung im Iran sind Schiiten.

Specialist
Mannschaftsdienstgrad in der U.S. Army, der durch spezielle Fähigkeiten und Qualifikationen erworben werden kann. In den USA gibt es außer bei den Streitkräften auch bei der Polizei, beim FBI und bei den Geheimdiensten Specialists für nahezu alle erdenklichen Sonderaufgaben. Die Specialists zeichnen sich durch hohe Kompetenz in ihrem jeweiligen Fachgebiet aus.

Stick
Steuerknüppel beim Hubschrauber; wird vom Piloten mit der rechten Hand bedient; verändert die Neigung

der Rotorkreisfläche und bestimmt damit die Flugrichtung

Sweet Little Sixteen
siehe M16-Sturmgewehr

The Star-Spangled Banner
zu Deutsch »das sternenbesetzte Banner«, ist seit 1936 die Nationalhymne der USA. Der Text wurde bereits 1814 von Francis Scott Key verfasst, der damit seine Freude über den Sieg Amerikas im Kampf gegen die Briten zum Ausdruck bringen wollte. Bei offiziellen Anlässen wird immer die erste, selten auch die zweite Strophe gesungen. Die Strophen 3 und 4 werden wegen ihrer stark anti-britischen Tendenz stets weggelassen. Unvergesslich und hörenswert: Die E-Gitarren-Version von Jimi Hendrix (Woodstock 1969).

Toter Briefkasten
Versteck zur Übermittlung geheimer Nachrichten, z. B. Astloch, Mauerloch oder die Hülle eines Kugelschreibers

Tschador
Großes, halbkreisförmiges Tuch, das von muslimischen Frauen im Iran um Kopf und Körper gewunden und über ihrer meist westlichen Kleidung getragen wird. Der Alltags-Tschador ist dunkel, meist schwarz, der Gebets-Tschador hell, meist leicht gemustert. Von Dezember 1936 bis Dezember 1978 war der Tschador im Iran verboten. Seit Anfang 1979, dem Beginn der Islamischen Revolution, ist das Tragen des Tschadors oder einer ähnlichen Verschleierung dagegen verpflichtend.

Unimog 404
Der Unimog (Universal-Motor-Gerät) Model 404 war ein von Mercedes-Benz zwischen 1955 und 1980 produzierter, vielseitig einsetzbarer Klein-Lkw, ausgelegt für eine Nutzlast bis zu 1500 kg.

U.S. Army
Landstreitkräfte (Heer) der Vereinigten Staaten vom Amerika. Verbündete im Vietnamkrieg: Armee der Republik Vietnam (ARVN), Süd-Korea, Australien, Neuseeland, Taiwan, Thailand.

USPA (United States Parachute Association)
Amerikanische Fallschirmspringer-Vereinigung, Dachverband, der unter anderem die Lizensierung seiner Mitglieder regelt

Vietcong
siehe NLF

Vietnamkrieg
1955–1975 (zweiter Indochinakrieg), Stellvertreterkrieg der Supermächte im Kalten Krieg. Nach der Teilung Vietnams 1954 in Nord- und Südvietnam wurde der Norden von der Sowjetunion und China unterstützt, der Süden von den USA, Australien, Neuseeland, Süd-Korea, Taiwan und Thailand. Man schätzt die Zahl der vietnamesischen Kriegsopfer auf zwei bis fünf Millionen Menschen. Es starben 58 220 US-Soldaten und 5264 Soldaten der mit den USA im Krieg verbündeten Staaten.

VW Kübelwagen, Typ 181
Der »Typ 181« (1969–1980) war ein von VW anfangs

nur für die Bundeswehr produzierter militärischer Geländewagen, der sich aber wegen seiner Einfachheit und Zweckmäßigkeit schnell auch bei Firmen und Privatabnehmern einer hohen Nachfrage erfreute.

Wanzen
Kleine Abhörgeräte, die in Räumen, unter Tapeten, Lampen oder Möbel geklebt, oder in Telefonsprechmuscheln versteckt zum geheimen Abhören von Gesprächen dienten.

Watergate
Die Watergate-Affäre wurde ausgelöst durch den gescheiterten Einbruch von fünf mutmaßlichen CIA-Agenten am 17. Juni 1972 in das Hauptquartier der Demokratischen Partei der USA im Watergate-Gebäudekomplex in Washington D.C. und die Aufarbeitung der Hintergründe durch die Washington Post-Journalisten Bob Woodward und Carl Bernstein. Die Recherchen brachten ans Licht, dass das Volk von der Regierung und seinem republikanischen Präsidenten Richard Nixon belogen worden war, und führten schließlich zu Nixons Rücktritt am 9. August 1974.

West Point-Absolvent
Absolvent der United States Military Academy (USMA), einer der renommiertesten Offiziersschulen der USA. West Point liegt etwa 80 Kilometer nördlich von New York City am Hudson River.

Zeitangaben
Im Zivilleben geben die Amerikaner die Zeit im 12-Stunden-Rhythmus mit dem Zusatz a.m. (ante meridiem =

vor Mittag) oder p.m. (post meridiem = nach Mittag) an. 11 a.m. entspricht also 11:00 Uhr vormittags und 11 p.m. 23:00 Uhr nachts. Militärisch wird jedoch die 24-Stunden-Uhr herangezogen, zwei Nullen am Ende (volle Stunde) werden als »hundred« gesprochen, also:

0800 spricht man »zero eight hundred«, was 8:00 Uhr früh bedeutet,

2000 spricht man »twenty hundred«, was 20:00 Uhr abends bedeutet.

Max Claro hat mehr als zehn Berufe erlernt und ausgeübt. Er war u. a. Postbote, Schlafwagenschaffner, Krankenpfleger, Rettungssanitäter, Profi-Fallschirmspringer, Journalist und Hubschrauberpilot. In den 1970er- und 1980er-Jahren arbeitete Max Claro für die CIA und den Bundesnachrichtendienst in den ehemaligen Ostblockstaaten, im Nahen und Mittleren Osten sowie in Mittelamerika, meist getarnt in einem seiner Berufe.

Max Claro
Drei Monate im August
9,90 €   416 Seiten   auch als eBook und Hardcover erhältlich!
ISBN 978-3-929403-70-1   HELLER VERLAG
www.dreimonateimaugust.de

Tom, ein erfolgreicher Kneipier und der Anästhesie-Fachpfleger Pfiff springen in ihrer Freizeit mit dem Fallschirm aus Flugzeugen, von Brücken und Gebäuden. Ihre zweite große Leidenschaft gilt dem Rettungsdienst. Sie rasen mit Blaulicht und Presslufthorn durch München und retten, was zu retten ist. Skurrile Einsätze und amouröse Abenteuer pflastern ihren Weg. Im Übrigen klären die beiden wichtige Fragen: Wie kommt man gratis in ein ausverkauftes Rockkonzert? Wie lange arbeitet das Gehirn nach dem Tod noch weiter? Wie weit sehen Kakerlaken? Und warum sollte man bei SM-Spielchen keine Kerzen anzünden? Authentisch, packend und voll Humor – zwischen Fallschirmsprung, Lotterbett und Lebensrettung. Langeweile ist ein Fremdwort.

Max Claro
Der Mann, der aus dem 3D-Drucker kam
12,90 €   186 Seiten   auch als eBook erhältlich!
ISBN 978-3-929403-72-5   HELLER VERLAG
www.heller-verlag.de

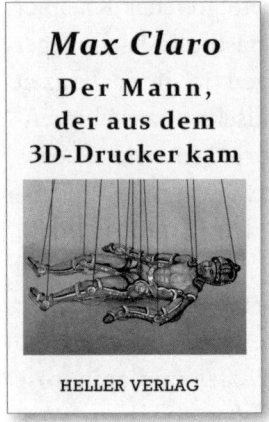

München, 2059: Walter Fabricius, einst gefeierter, nun vergessener und verwitweter Schauspieler, ist entschlossen, sein Leben an seinem 70. Geburtstag im Kreise seiner Kinder zu beenden. Bei den Vorbereitungen für seinen Abgang erfährt er von einer fast unglaublichen Möglichkeit: Eine mysteriöse Schweizer Firma bietet an, eine jüngere, optimierte Version von sich selbst mithilfe eines 3D-Bio-Druckers in Asien zu produzieren. Walter zögert nicht lang. Er lässt sich in Zürich einscannen und um 35 Jahre verjüngt in Bangkok ausdrucken. Dabei geschieht ein verhängnisvoller Fehler, der alles auf den Kopf stellt und sein junges Alter Ego auf einen atemlosen Trip durch ein Thailand der Zukunft und zu Walter selbst führt.